신앙과 신학 사이

신앙과 신학 사이

Believing vs Understanding

이영대 지음

좋은땅

나는 왜 이 책을 추천하는가?

오강남(캐나다 리자이나 대학교 종교학 명예교수)

어느 신학자에 의하면 21세기 그리스도인들의 가장 중요한 특징은 "질문하는 그리스도인"이라고 했습니다. 지금까지 그리스도교의 일반적 추세는 "묻지 말고 무조건 믿으라"고 하는 것이었다고 볼 수 있습니다. 이제 과학을 비롯하여 기타 학문의 발달로 교인들의 지적 수준도 높아짐에 따라 생각하고 질문하는 일이 그만큼 일반화되었다는 뜻이라 할 수 있습니다.

이영대 목사님의 이 책은 처음부터 "나는 왜 아직도 기도를 하는가?", "나는 왜 아직도 교회를 다니는가?"를 시작으로 "나는 왜 아직도 하나님을 믿는가?", "나는 왜 부처님 오신 날 절에 가는가?" 하며 '왜'라는 물음을 계속하고 있습니다. 책 전반부는 이처럼 신앙과 신앙 생활에 관한 기본 문제 수십 가지를 제기하고 있습니다. 심지어 "나는 왜 《예수는 없다》를 권하는가?" 하며 제가 쓴 책도 문제 제기의 일부가 되었을 정도입니다.

신앙이든 학문이든 가장 좋지 못한 자세는 "당연히 여기는 마음"입니다. 노벨상을 선정할 때도 연구 결과보다는 지금까지 당연시 여기던 세계관을 새로운 안목으로 볼 수 있게 질문하는 쪽을 선호한다고 합니다. 이영대 목사님이 이처럼 "당연하게 여기는 태도"에서 벗어나 모든 것을 새로운 안목으로 새롭게 질문하게 된 데는 그의 개인적 배경이 중요한 요인이었지 않은가 생각합니다. 신학과 목회에 발을 들여놓기 전 전자공학을 전공하고 여러 직장을 거치면서 폭넓은 경험을 한 것이 그를 폭넓은 안목을 가지고 이런 질문을 할 수 있는 목사님으로 아름답게 변신하게 한 것 아닌가 여겨집니다.

성경에도 하나님이 "오라 우리가 서로 변론하자"(이사야 1:18)고 하시며 우리를 초청하고 계십니다. 여기서 '우리가 서로 변론하자'를 영어 성경에 보면 "Let us reason together"라고 하여 우리의 이성(reason)을 사용하여 이유(reason)를 알아 보자라는 뜻으로 읽을 수도 있습니다. 가톨릭 주교회의 성경에 보면, "오너라, 우리가 시비를 가려 보자"라고 번역하여 이 뜻을 좀 더 분명하게 하고 있습니다. 하나님께서 우리에게 이성을 주신 것은 이유가 있을 것입니다. 이성을 활용하여 사물의 이유를 따져 보라는 뜻이라 할 수 있습니다.

11세기 중세의 유명한 사상가 성 안셀무스도 "나는 알기 위해서 믿는다"(Credo ut intelligam)라는 유명한 말을 했습니다. 물론 믿음을 강조하기 위한 말이라 할 수도 있지만, 무조건 믿기만 하는 것이 아니라 믿음의 목적이 결국 사리를 분별하는 앎을 얻기 위한 것이라는 말이라고도 할 수 있습니다. 그야말로 "이해를 추구하는 믿음(faith seeking understanding)입니다.

이뿐만 아닙니다. 일찍이 함석헌 선생님도 "생각하는 백성이어야 산다"고 일갈하셨고, 미국 클레어몬트 신학대학 존 캅 교수도《생각하는 기독교인이라야 산다》는 책을 낸 일도 있습니다. 이제 이성을 무시하고 덮어놓고 믿으라고 하는 시대는 지났습니다.

신앙과 신학 사이

17세기 영국의 성직자 존 던(John Donne)이 쓴 시구에 "누구를 위해 종은 울리나 묻지 마시라. 그것은 그대를 위해 울리는 것이니" 하는 내용의 글이 있지만, 이영대 목사님의 글을 보면서 "누구를 위해 '왜'를 말하는가, 그것은 생각하는 기독교인들을 위한 것이니"라는 말이 떠올랐습니다. 정말로 생각하는 그리스도인들에게 생각거리를 던져 주고 있는 이 책은 새 시대를 맞아 기독교 신앙의 의미를 새롭게 성찰해 보고 싶은 기독교인이라면 읽고 크게 눈뜸을, 마음 문의 열림을 경험하게 되리라 믿습니다. 이것이 제가 이 책을 추천하는 이유입니다.

차례

3부 신앙과 삶 그리고 교회

1부

전통의 새로운 해석과 적용

나는 왜 아직도 교회를 다니는가?

　지난 11월 중순 어느 수요일 오후 교회에 잠시 들른 나는 한 호주청년이 이미 교회 안에 들어와 있는 것을 발견했다. 성구실(Vestry)문이 열려서 그리로 들어왔다고 말하는 품이 무엇을 훔쳐 가려고 온 것 같아 영 수상쩍었지만, 교회의 청년 프로그램에 관해 물어보기에 대화를 시작했다. 차를 앞에 놓고 마주앉은 후에 데이빗은 놀랍고도 흥미로운 자신의 이야기를 하기 시작했다. 2년 전 본다이 비치에서 우연히 누가 놓고 간 성경책을 읽다가 스스로 예수를 구주로 영접한 후, 그는 가족들에게 복음을 전했고, 이웃들을 찾아 다니면서 그가 깨달은 예수를 통한 하나님의 구원을 말하기 시작했다. 어느 누구의 도움도 받지 않고 어느 교회에 속하지도 않은 채, 단지 그는 성경에서 발견한 예수만을 전했고 그에게 관심을 보이면 성경을 읽을 것을 권했다. 늘 교회를 통한 신앙과 목회만을 보고 들어온 내게 데이빗은 마치 전설 속의 누군가가 살아서 내 앞에 나타난 것 같았다.

　맑고 진지한 눈으로 수줍게 웃어가며 말을 이어 가는 그는 내게 나타난 초대교회 복음전도자의 현현이었다. 여행을 위하여 주머니나 두 벌 옷이나 신이나 지팡이를 가지지 않고 팔레스타인과 지중해 연안을 누비면서 오직 그들이 믿는 예수만을 의지하고 그들이 깨달은 하나님의 아들만을 전했던 복음전도자들의 모습이 바로 이렇지 않았을까? 건물과 조직을 갖춘 교회도 없고, 신학훈련과 안수를 받은 목사도 없고, 새 신자를 위한 프로그램이나 성경공부 교재도, 아니 정리된 성경조차 없던 시절에, 누가 예수를 영접하면 그를 위해 기도해 주고 가장 가까운 곳에 있는 가정교회 모임이나 도움을 받을 수 있는 사람을 소개해 주는 것 말고 무엇을 해 줄 수 있었을까? 이런 생각을 하며 데이빗을 바라보니 앳된 얼굴이지만 적당히 수염을 기른 모습이 머리만 좀 더 길었으면 마치 그림 속의 예수 모습과 너무나 흡사한 것 같았다. 강림절(Advent)이 다가오는 이 때에 예수가 드디어 내게 나타난 것일까?

하지만 그와의 대화를 이어가면서 그의 티 없이 맑고 순수한 믿음에도 불구하고 무언가 도저히 메울 수 없는 거리감을 점점 느끼게 되었다. 단순한 문자적 해석만으로 성경을 읽고 적용하려는 그에게 성찬과 세례, 교회와 교파, 교리와 신학, 선교와 재정 등 지난 2천 년 동안 교회가 발전시키고 전통으로 지켜온 것들을 몇 마디의 말로 도저히 설명할 수 없음을 깨달았다. 교회란 단지 기독교 신앙인들이 함께 모여서 예배를 드리는 것만이 아니라, 이러한 모든 전통을 서로 이야기하고 지켜 나가며 새로운 상황 속에서 새로운 전통을 만들어 나가는 살아서 움직이는 유기체인 것이다. 이러한 교회에 속하지 않고 기독교 신앙생활을 하는 것이 과연 가능한 일일까? 하나님의 성령은 교회의 삶을 통해서 지금도 우리들에게 말씀하며, 교회의 전통과 역사 역시 매 순간마다 하나님의 말씀을 듣고자 애썼던 하나님의 사람들의 고뇌와 기도의 산물인 것을 우리는 믿는다. 그렇다면 지금까지 교회가 역사 속에서 했던 모든 일들이 옳고 정의로우며 하나님을 이 세상에서 구현하는 데 부족함이 없었는가?

교회는 새로운 언약을 맺은 거룩한 하나님의 백성들의 모임이며, 예수 그리스도의 몸으로써 세상 중에 드러나는 그리스도의 성체(Sacrament)이며 은혜의 현존이다. 하나님은 교회를 통해서 세상에 말씀하시며, 세상은 교회를 통해서 하나님께로 나아간다. 하지만 우리가 아무리 교회를 아름답고 귀한 것으로 묘사한다 해도 지난 역사 속에서, 또한 현재에도, 교회가 직접 또는 간접으로 저지른 많은 실수와 잘못을 부정할 수는 없다. 교회는 하나님의 이름으로 많은 사람들의 육체와 영혼을 죽이고 상처와 고통을 주었으며, 때로는 하나님 나라를 확장한다고 하면서 평화를 깨뜨리고 정의를 저버렸으며, 교회와 성직자들을 보호한다는 명분으로 진실을 감추고 왜곡해 온 것이 사실이다. 따라서 분명한 것은 우리들이 교회에 속해서 신앙의 길을 간다는 것은, 교회의 영광과 함께 이러한 잘못까지도 우리 자신들의 한 부분임을 솔직히 인정하고, 인류와 기독교의 발전적인 미래를 위해 마음을 열고 편견을 배제하며 정의를 추구함을 의미한다.

이 일을 감당하는 데 바람직한 교회의 자세는 어떤 것일까? 지금까지 역사 속에서 교회가 취해 왔던 기본적인 자세는 하나님이 없는 세상에서 교회의 역할이 중요하며 특별하다고 주장해 왔다. 왜냐하면 교회는 그리스도의 권위를 가지고 거룩한 복음을 선포함으로써 세상을 가르치고 정화시키며, 하나님의 부름을 받은 백성들이 그의 은혜와 사랑 가운데 자라나게 하는 그리스도의 몸이기 때문이다. 하지만 근대문명과 계몽주의 이래로 과학과 기술의 발전은 세상을 향한 교회와 성경의 가르침이 항상 옳지만은 않다는 것을 확인시켜 주었다. 따라서 교회의 근본적이고 적극적인 자세의 변화가 없는 한, 세상을 향한 교회의 일방적인 선포는 메아리 없는 혼자만의 독백이 될 가능성이 많다. 즉 교회는 자신이 특별하다기보다는 모든 인류 가족의 한 구성원임을 깨닫고 겸손한 자세로 세상과 더불어 신앙과 영혼의 이야기를 나누어야 한다.

신앙과 신학 사이

우리들은 교회를 믿는 것이 아니라, 교회를 포함한 온 세상 중에 성령의 역사가 끊임없이 이루어져 온 것을 믿는다. 따라서 하나님의 집은 교회가 아니라 세상이며, 교회는 세상을 섬기는 일꾼이고 종(Servant)인 것이다. 이제 교회는 세상을 가르치기보다는 하나님께서 말씀하시는 세상으로부터 듣고 배워야 한다. 교회가 그리스도를 드러내는 우주적인 성체가 되기 위해서는, 힘과 권위에 대한 모든 것을 포기하고, 희생과 사랑으로 세상을 섬겨야 한다. 교회는 세상과의 긴밀한 대화를 통해 새로운 활력과 새로운 선교적 감각을 되찾고, 가난하고 억눌린 사람들을 향한 이타적인 봉사를 교회의 삶의 목표로 삼아야 한다. 교회는 배타적이고 이기적인 종교적 구분의 좁은 틀을 벗어나, 모든 인류와 온 세상을 향한 하나님의 사랑의 도구가 되어야 한다. 이러한 교회를 이루기 위해 나는 교회를 다니며 글을 쓰고 기도하면서 신앙과 목회의 길을 걷는다. (2004. 12)

나는 왜 아직도 기도를 하는가?

  어느 누구도 기도하지 않는 사람은 없지만 진정한 의미의 기도는 무엇이며 왜 우리들은 기도하는 것일까? 기독교의 관점에서 본다면 기도는 우리들을 영적 세계로 인도하는 통로이며, 하나님과 관계를 맺어주는 대화인 동시에 교제수단이다. 기도는 유한한 인간이 무한한 하나님을 경험하게 하며, 그의 은혜의 바다를 향해 노 저어가는 나룻배이다. 기도는 힘들고 지친 세상에서 우리를 돌보시는 하나님의 사랑과 용서의 손길을 깨달아 우리들의 인생 여정을 포기하지 않고 끝까지 가게 하는 원동력이다. 전신에 화상을 입은 여덟 살의 어린 한주가 아동병원에서 찬송과 기도에 의지해서 실낱 같은 생명을 이어 가는 이야기는 기도를 통한 기독교 신앙의 힘을 오늘 우리들에게 생생히 전해 준다.

  하지만 자신의 민족사를 한님(하느님)의 나라로부터 출발했다고 주장하는 우리 한민족에게 기도는 특정 종교만의 것일 수는 없다. 오랜 세월을 같은 민족인 지배세력과 이웃 국가들로부터 온갖 착취와 고난을 겪으면서 모질게 살아온 우리의 선조들이 어찌할 수 없는 아픔과 간절한 소원을 가지고 깊은 밤 정한수 한 사발을 떠놓고 천지신명을 향해 기도를 드렸던 그들의 신앙심은 지금도 우리들의 핏속에 여전히 녹아 있다. 조상의 삶과 은혜를 감사하며 드리는 제사의식을 통해서, 정성을 다해 절에서 드리는 불공을 통해서, 그리고 맺힌 한을 풀어 주고 복을 구하는 무당의 한판 굿을 통해서 우리의 조상들은 육신의 삶만이 전부가 아니라는 신앙 고백과 함께 그들이 깨달은 영의 세계를 향해 끊임없이 기도를 해 왔던 것이다.

그렇다면 이들 모두는 바람직한 기도인가? 우리들이 처한 상황에서 간절한 소원을 구하는 것은 홀로 정한수를 떠놓고 하든, 무당을 불러 굿을 하든, 절에서 스님과 함께 불공을 드리든, 교회에서 목회자의 인도로 기도회를 하든 모두가 기도인 것을 부정할 수는 없다. 하지만 기도가 신적인 존재와 우리들의 대화이며 교제수단이라고 정의할 때, 이러한 기도는 종교 간의 차이를 떠나 두 가지의 심각한 문제점을 갖고 있다.

첫째는 대화가 언제나 말하고 듣는 양방향이라는 것을 염두에 둔다면 기도 역시 우리들의 소원을 말하는 것과 아울러 우리들도 들어야 한다는 점이다. 이때 우리들이 들어야 할 것은 내 소원에 대한 단순한 응답이 아니라 나의 간구를 듣는 하나님의 관점에서 나를 바라보아야 한다는 것이다. 내가 하나님의 자비를 구한다면 나는 과연 그렇게 자비로운 하나님의 뜻에 합당하게 자비를 베풀며 살았는가? 내가 하나님의 용서와 능력을 구한다면 나는 이웃을 용서하며 내가 가진 모든 능력을 활용하며 살았는가? 나의 기도를 듣는 하나님은 지금 나의 상황에서 내가 어떻게 하기를 원하는가?

내가 기도를 드리는 대상의 관점에서 이렇게 나를 바라보고 나를 평가하며 나를 바꾸려는 자세가 없다면, 우리들의 기도란 무조건적인 소원성취나 이기적인 자기욕심일 뿐이다. 진정한 기도는 나를 변화시키고 나의 현재 입장을 새로운 각도에서 바라보게 한다. 항상 기도하라는 예수의 가르침이나 쉬지 말고 기도하라는 바울의 권면은, 늘 나의 소원을 기도해서 기필코 그것을 받으라기 보다는, 나를 향한 하나님의 뜻을 찾고 그에 합당한 삶을 살아가도록 끊임없이 자신을 뒤돌아보고 새로워지라는 말씀으로 나는 해석한다.

둘째 문제점은 나의 소원만을 구하는 기도는, 나와 같이 기도하는 이웃들을 무시하며 결국은 나와 그들의 기도를 똑같이 듣는 하나님을 부정하는 결과를 가져온다는 점이다. 내가 기도할 때 다른 곳에서 다른 것을 구하며 기도하는 다른 사람들이 있음을 기억하는 일은 매우 중요하다. 그들의 아픔과 소원이 담긴 기도는 무시하고 내 기도만 응답받기를 바라는 것은 만인의 하나님을 나의 종으로 만드는 일이다. 올바른 기도는 이웃들과의 관계 속에서 나를 찾고 그들과 함께 하는 하나님을 발견하도록 도와줌으로써 우리들이 이기적이 아니라 이타적으로 살아가도록 돕는다.

따라서 상처받고 고통 중에 있는 이웃과 함께 울고 그들을 위로할 때 나는 기도한다고 믿는다. 차별받고 억압받는 이웃의 권리와 이익을 위해 애쓸 때 나는 하나님께서 들으시는 기도를 하고 있다고 믿는다. 집에서, 병원에서, 육체적으로, 정신적으로 고통 중에 있는 이웃과 함께 기도할 때 나는 예수의 임재 가운데 있다고 믿는다. 춥고 배고픈 이웃에게 나의 것을 나눌 때 나는 그들의 속에 있는 하나님께 기도한다고 믿는다.

나의 기도는 이제 큰 소리로 길게 하기보다는 점점 짧아지며 조용해진다. 나의 기도는 단정적이기보다는 여러 가능성을 향해 열려 있다. 나의 기도는 유창하지 못하고 늘 합당한 말을 찾으려고 더듬거린다. 나는 오래 자주 그리고 많은 사람들이 하는 기도를 하나님께서 더 잘 들어준다고 믿지 않는다. 결과적으로 나의 기도는 내 마음의 깊은 곳에 있는 생명의

신앙과 신학 사이

본질과 나누는 교제이다. 나의 기도는 예수의 삶과 가르침을 실천하는 일이다. 나의 기도는 정의와 자유, 인간의 존엄성과 평등을 위한 투쟁이며, 편견과 차별에 대한 저항이다. 나의 기도는 마술이 아니라 누구나 알고 있는 상식일 뿐이다. (2004. 11)

1990.12 제주도 신혼여행

나는 왜 아직도 헌금을 하는가?

  우리는 십일조, 주정헌금, 월정헌금, 감사헌금, 건축헌금 등 다양한 제목으로 교회의 재정을 위해 헌금을 한다. 감사헌금의 경우 출생, 입학, 생일, 취직, 결혼, 주택구입 등의 제목으로 삶의 모든 순간마다 헌금을 드린다. 그 외에 1,000일 동안 일정액을 매일 헌금하는 일천번제 헌금도 있고, 심지어 희망하는 수입을 정해서 미리 십일조를 내기도 한다. 아직도 대부분의 교회에서는 각 헌금의 종류에 따른 명단을 주보에 발표해서 누가 무슨 헌금을 하는지 모든 교인들에게 알리고 금액을 밝히는 곳도 있다. 교회에 출석하기 시작하면 교리공부와 함께 다양한 헌금생활에 대해 배우고, 신앙생활의 중요한 부분으로 끊임없이 강조된다. 교회에서 관리하는 헌금자료는 모든 직분심사에서 빠짐없이 고려된다.

  삶의 모든 순간마다 하나님의 은혜를 기억하고 감사하는 것은 아름답고 귀한 일이다. 또한 나의 수입의 일부를 하나님의 것으로 돌리는 일은 깊은 믿음의 행위임에 틀림없다. 그러나 교회에서 늘 헌금생활을 강조하고, 그 명단과 금액을 서로 알게 하며, 헌금에 대한 하나님의 특별한 복을 비는 행위는 우리들에게 잘못된 동기로 헌금을 하도록 만들 위험이 크다. 즉 하나님께 대한 감사는 오로지 헌금으로만 해야 하고, 헌금을 하면 하나님께서 더 크게 물질의 복을 주시며, 헌금액수가 바로 믿음의 분량이고, 교회에서 헌금의 사용과 집행에 대한 잘못은 하나님께서 할 일이니 교인들은 열심히 드리기만 하면 된다는 것 등이다.

이러한 문제의 중심에 십일조가 있다. 초기 한국교회에서 네비우스 선교정책들 중의 하나인 '자급자족의 원칙'에 영향을 받아 시작된 십일조는 한국 개신교의 급성장을 이룬 중요한 배경이 된 것은 사실이다. 그러나 이러한 긍정적인 단계를 지나서 이제 십일조는 대부분의 교회에서 가장 중요한 교리가 되었고 그에 관한 논쟁은 금기시되어 있다. 십일조는 교인들이 복받는 최고의 비결로 목회자들이 언제 어디서나 가르쳐야 할 중심 주제가 되었고, 반면에 십일조를 내지 않는 것은 하나님의 것을 도둑질하는 행위로서 큰 재앙이 따른다고 동시에 가르친다. 십일조를 장려하기 위해 복받은 증거로 수많은 신화들이 유포되는데 주로 미국과 한국의 여러 부유한 사업가들에 관한 이야기가 주를 이룬다. 또한 십일조는 반드시 출석교회에 내야지 선교나 구제의 목적으로라도 다른 곳에 임의로 쓰는 것은 하나님의 것을 자기 마음대로 하는 또 다른 죄가 된다고 설명한다.

하지만 이러한 십일조에 관한 모든 내용들은 결코 바른 성경해석과 적용이 아니며, 우리의 믿음과 헌금생활을 단지 하나님으로부터 물질적인 복을 받기 위한 효율적인 수단인 것처럼 인식시키고, 동시에 하나님을 오로지 돈만 밝히는 탐욕스러운 수전노로 전락시키는 결과를 가져왔다. 십일조는 하나님으로부터 수십 배의 보상이 약속된 최고의 투자가 되었고, 수입이 없는 상황에서도 미리 선불로 내면서 십일조의 열 배의 수입을 기대하는 도박으로까지 변질되었다. 결과적으로 이제 십일조는 한국교회의 복이 아니라 재앙이며, 예수의 복음이 더 이상 무당의 굿거리가 되지 않도록 시급히 바로잡아야 할 청산대상이 되었다.

십일조의 성경적 근거는 창세기 14장에서 살렘 왕 멜기세덱이 싸움에서 이기고 돌아오는 아브람을 축복하고 하나님을 찬송하자 '아브람이 그 얻은 것에서 십분 일을 멜기세덱에게 주었다'는 부분과, 창세기 28장에서 아브람의 손자 야곱이 형 에서의 추격을 피해 삼촌 집으로 도망가다가 광야에서 하나님을 꿈에 보고 난 후 서원하기를 하나님이 자신을 지켜 주고 무사히 아버지 집으로 돌아가게 하면 '내게 주신 모든 것에서 십분 일을 반드시 하나님께 드리겠다'고 한 부분이다. 레위기, 민수기, 신명기의 언급은 주로 십일조를 제사의 직분을 맡은 레위인들에게 주는 것으로 설명한다. 그리고 말라기에서 십일조를 도적질함으로써 저주를 받은 것과 온전한 십일조를 해서 쌓을 곳이 없도록 복을 받는 이야기는 분명한 십일조의 증거본문(Proof-text)이다.

우선 아브람의 이야기에서 십일조는 하나님의 요구가 아니라 그가 하나님께 대한 감사와 헌신의 표시로 싸움에서 뺏은 것 중에서 주었으며, 그 후에 전혀 십일조에 대한 언급이 없는 것으로 보아 일회성의 사건으로 해석하는 것이 타당하다. 더구나 야곱은 단지 서원만 했을 뿐 실제로 십일조를 드렸는지 그의 삶의 행적으로 보아 매우 의심스럽다. 모세의 십계명에는 십일조에 관한 언급이 없지만 레위기 27장에서는 십일조를 하나님이 시내산에서 모세에게 명하신 것으로 기록하고 있다. 흥미롭게도 십일조를 레위 자손들에게 주라는 말씀은 민수기 18장에 들어있다. 어쨌든 광야에서 떠돌이 생활을 하던 이스라엘 백성들이 수확의 십일조를 레위 자손들에게 주게 된 것은 가나안에 들어가 땅을 분배받고 농사를 짓게 된 후의 상황이 분명하다. 그리고 이 단계에서 십일조는 개인적인 감사와 헌신의 표시가 아니라 하나님이 요구하신 원칙으로 바뀐다.

하지만 십일조의 구체적인 실천방법은 신명기 12, 14, 26장에 나와있다. 이 부분은 십일조를 이해하는 데 가장 중요한 반면, 그 동안 우리들이 가장 무시해 온 구절들이기도 하다. 십일조에 관한 신명기의 가르침은 가족의 축제와 공동체를 위한 나눔으로 정리된다. 즉 소득의 십분의 일을 떼어서 가족들과 함께 하나님께 감사의 축제를 열어 먹고 마시고 즐겁게 놀며, 아울러 마을에 함께 사는 어렵고 외로운 이웃들의 삶을 돌아보고 필요한 것을 나누어 주는 것이 바로 십일조의 기능이며 바른 실천방법이다. 물론 이때 돌아보아야 할 이웃에는 레위 자손들과 함께 떠돌이, 고아, 과부 등 가난하고 힘든 생활을 하는 모든 사람들이 포함된다.

하지만 시간이 흐름에 따라 십일조를 통한 축제와 나눔의 신명기적 정신은 어느덧 사라지고, 각자가 내 소득은 모두 내 것이라는 이기적인 마음과, 이웃의 소유까지도 빼앗아 내가 가지려는 탐욕만이 넘치게 되자 이들을 향해 말라기 선지자는 준엄한 심판의 말씀을 전한다. (말라기 3:8 -10 참조)

이러한 십일조에 관한 구약의 전체적인 흐름에서 볼 때, 오늘 우리들의 십일조에 관한 이해와 실천은 그 본래의 정신으로부터 심히 왜곡되어 있음이 분명해진다. 십일조를 가져갔던 성전은 곧 오늘날 교회이고 십일조를 받는 대상인 레위인 또는 제사장들은 오늘날 목회자라고 하는 잘못된 등식이 우리들로 하여금 얼마나 형식주의적이고 율법주의적인 십일조 생활을 하게 만들었는가? 소득의 십분의 일을 바치면서도 실제로 공동체 안에서 축제와 나눔의 실천이 없다면 과연 십일조는 누구를 위해서 왜 하는 것인가? 하나님께 헌금을 드린다는 의미는 진정 무엇인가?

신약에 오면 복음서의 예수 역시 무조건적으로 강요되는 헌금을 크게 책망한다. 마가복음 12장에서 가난한 과부가 동전 2개를 성전에서 헌금하는 것을 보고 예수는 제자들에게 그녀가 가장 많이 헌금했다고 이야기한 후 그 큰 성전이 완전히 무너질 것을 예언한다. 가난한 과부의 생활을 도와주지는 못할 망정 그녀의 생활비 전부까지도 받아내서 성전의 웅장함을 유지하기 위해 헌금을 아낌없이 사용하는 종교지도자들에게 예수는 분노하는 것이다. 즉 가난하고 어려운 사람들은 헌금을 내는 주체가 아니라 헌금의 사용대상이 되어야 한다는 신명기적 정신 위에 예수는 서 있다. 그렇다면 교회가 조금만 부흥해도 너나없이 대형건물을 짓고 웅장함을 유지하려고 엄청난 돈을 쏟아 붓는 우리의 자리는 분명하지 않은가?

구약과 신약을 망라해서 오늘 같은 우리들의 십일조 생활을 지지하는 구절은 어디에도 없다. 성경적이라는 말이 단순히 성경에 있다는 뜻이 아니라 성경의 근본정신과 취지에 부합하는 것이라고 볼 때 우리의 십일조는 분명히 비성경적이며 미신적이고 기복적이다. 나아가 십일조가 공동체적인 구제와 복지를 위한 것으로 본다면 현대사회에서 우리 모두는 이미 세금으로 정부에 십일조 또는 그 이상을 내고, 목회자를 비롯한 교인 모두는 이 세금을 통해 정부에서 제공하는 복지혜택을 입고 있는 마당에, 공동체 전체를 위한 아무런 복지정책도 없는 교회에 또 다시 십일조를 내라는 것은 탐욕이다. 모든 현대국가는 크든 작든 세금을 통해 십일조의 정신을 살려가고 있음을 교회는 인정해야 한다.

십일조를 비롯한 모든 헌금에 관련해서 꼭 다루어야 할 문제는, 그래도 교회를 유지하고 목회자의 생활을 위해 최대한의 헌금을 해야 한다는 주장이다. 우선 지나치게 비대해진 조직과 엄청난 유지보수비가 필요한 건물을 가진 교회는 그들 스스로가 감축의 뼈아픈 과정을 거쳐 예산절감을 이룸으로써 교인들에게 헌금의 부담을 줄이는 것이 하나님 나라에 합당한 일이다. 아울러 목회자 사례는 각 교회들이 총회에 공동 출연하는 기금으로 동등한 사례비를 미자립교회에 지원하고, 장기적으로는 총회마다 목회자 수급을 조절하여 필요 이상 공급되지 않도록 하는 일이 급선무이다. 아무런 대책 없이 양산되는 목회자는 하나님 나라를 확장시키는 것이 아니라 오히려 파괴할 뿐이다.

그렇다면 헌금은 어떤 마음으로 얼마나 내는 것이 바람직한가? 우선 헌금에 여러 종류와 이름을 붙이는 것은 헌금의 기본정신인 자원하는 마음에 비춰볼 때 바람직하지 못하다. 헌금은 원칙적으로 하나님의 은혜와 사랑에 대한 감사, 우리의 삶과 마음을 하나님께 드리는 믿음과 헌신의 상징, 그리고 교회의 운영과 다양한 활동에 필요한 재정분담을 위해 헌금을 드린다. 사람 사이와 마찬가지로 하나님에 대해서도 나는 감사의 말과 마음만으로 충분하다고 믿는다. 우주를 창조하시고 우리 마음의 중심을 보시는 하나님께서는 인간들의 돈을 필요로 하시는 분이 아니다. 다만 변하기 쉽고 연약한 우리의 마음을 담을 접시로 헌금을 한다고 나는 생각한다. 그리고 이 접시의 이름이나 크기는 전적으로 교인들 각자에게 맡기는 성숙한 자세가 필요하다.

우리들의 교회는 잘못된 마음으로라도 헌금을 많이 하도록 애쓰기 보다, 부담 없이 편한 마음으로 모이고, 사회의 복지 시스템에서 소외된 이웃까지 포함하는 완전한 축제와 나눔이 있는 신명기적 교회가 되기를 간절히 바란다. (2004. 9)

나는 왜 장례식에 가는가?

　마이클은 내가 일주일에 3일을 원목(Chaplain)으로 일하는 맨리의 노인숙소에서 아내와 함께 30여 년을 살고 있다. 잉글랜드에서 서른 살이 넘어 호주로 이민 온 그는 곧 85회 생일을 맞이하는데 큰 키에 콧수염을 멋있게 기른 노신사이다. 셀프 케어 유닛에서 살고 있는 이들 부부는 물론 늙고 거동이 약간은 불편하지만 그렇다고 호스텔이나 양로원으로 들어가야 할 만큼 아직은 다른 사람들의 도움을 필요로 하지는 않는다. 그런 그가 지난 주에 함께 일하는 다른 원목을 통해서 자기의 장례예배에 관한 당부와 순서를 만들어서 보내왔다. 자기의 자녀들 앞으로 쓴 3페이지 분량의 원고에는 여러 내용들이 들어있었다.

　모든 일들을 미리 계획하고 준비하는 호주인들의 생활 습관에 비추어 볼 때 나이 많은 노인분들이 자신의 장례식에 관한 계획과 준비를 하는 것이 특별히 이상한 것은 없다. 많은 경우 거동이 불편하지 않고 의식이 분명할 때 장의사(Funeral Director)를 방문해서 미리 협의하고 계약을 하는 것이 일반적이다. 특별히 생명이 다한 육신이지만 나와 한 평생을 지낸 내 육신의 마지막 처리 과정에 전혀 나의 의사가 반영되지 않는다면 그것은 큰 슬픔이요 내 자신에 대한 나의 마지막 직무유기이다. 평생에 내가 최고의 정성과 사랑을 기울였던 내 몸이 비록 호흡은 끊어졌지만 내가 의미 있게 생각하는 방식으로 정중하게 처리되고 흙으로 돌아가게 되기를 나 역시 바란다. 아울러 이런 면에 별 다른 주의를 기울이지 않는 우리들의 장례의식은 지금이라도 바뀌어야 마땅하다.

하지만 이런 맥락에서 보더라도 마이클의 준비는 조금 지나친 면이 있어 보인다. 자녀들에게 조목조목 밝힌 그의 당부는 너무나 완벽해서 자녀들은 오로지 장례식이 끝난 후 하객들을 위한 다과준비밖에는 할 일이 없어 보인다. 그가 우리들에게 부탁한 예배순서 역시 완벽하게 꾸며져 있었다. 찬송가 2곡, 성경본문(요한복음 14장 1-6절, 고린도 전서 13장 3-8절), 가족친지들의 조사, 설교, 기도, 특별 찬양곡(The Lord's my shepherd), 시 낭송(Miss me but let me go), 축도에 이르기까지 그는 누가 무엇을 할 것인지 빠짐없이 준비해 놓았다. 마치 그는 살아서 자신의 장례식을 총지휘하는 것처럼 보였다. 지금까지 장례식을 많이 하지는 않았지만 30회 정도의 경험 중에 이런 부탁은 처음이었다.

그가 준비한 원고를 읽고 나서 나는 두 가지 생각이 들었다. 첫째는 그에게 죽음이 조만간 찾아온다면 모르지만 어느 정도 시간이 지난다면 과연 그의 순서지에 기록된 사람들 중에서 몇 사람이나 맡은 순서를 감당할 수 있겠느냐는 것이었다. 큰 변화 없이 이어지는 것이 호주의 삶 같지만 일상의 생활에서 사람들은 끊임없이 떠나가고 찾아오고 병들고 죽는다. 그가 순서를 부탁한 사람들이 언제까지 그 부탁을 들어줄 수 있을지는 아무도 모른다. 심지어는 그보다도 먼저 세상을 떠나는 사람이 있을지 누가 알겠는가? 그의 순서지는 그의 희망사항일 뿐이며 그의 지휘대로 장례식이 진행될 가능성은 매우 낮아 보인다.

둘째 의문은 과연 장례식은 누구의 것인가 하는 문제이다. 같은 관점에서 백일잔치나 돌잔치는 누구의 것이며 누구를 위해서 누가 주도하는 것일까? 네 아이를 낳고 키우면서 나는 그들이 어느 정도 자라 의사표현을 하기 전까지는 아내와 상의해서 그들의 생일 파티에 관한 모든 것을 결정했다. 흔히 보는 대로 백 일 된 아기는 예쁘게 옷 입혀서 사진 찍고 나면 아무 것도 모른 채 여러 어른들의 손을 거쳐 침대로 향하고 가족과 친지들이 늦은 시간까지 새 생명의 탄생과 건강의 기쁨을 나누고 삶의 많은 이야기들을 나눈다. 그렇다고 그것이 잘못된 일이라고 탓하는 사람들은 없다. 우리들의 백 일이나 돌잔치처럼 새 생명의 탄생을 축하하는 문화가 없는 호주에서 세례는 기독교 의식으로서의 중요성을 떠나 여러 곳에 흩어져 있는 가족 친지들이 함께 모여 만남을 갖는 귀한 기회이다.

물론 한 성인의 죽음을 아기의 백 일이나 돌처럼 다룰 수는 없다. 장례식은 고인의 평생의 삶의 방향과 의미를 기억하고 되새기며 그를 우리들 가운데서 떠나보내는 뜻 깊은 자리이다. 가족과 친지들은 그로부터 받았던 또한 그와 나누었던 사랑과 소중했던 시간들을 회상하고 아쉬움과 아울러 감사를 드린다. 이런 자리에서 고인의 뜻을 받들어 장례 절차와 순서를 따르는 일은 매우 중요하지만 이것이 전부라고 말할 수는 없다. 장례식이 고인만을 위한 자리라고 한다면 그곳은 차가운 죽음만이 있는 곳이며 그 시간은 죽은 시간일 뿐 살아 있는 우리들에게는 아무런 의미 없는 죽은 행사이다.

반면에 내게 있어서 결단코 장례식은 죽은 행사가 아니며 죽은 이를 위한 시간이 아니다. 오히려 장례식은 죽은 이의 앞에 모여 있는 모든 사람들이 각자의 삶을 뒤돌아보고 더욱 바르고 성실하게 우리가 가야 할 길을 가야겠다는 결단의 시간이다. 죽음 앞에서 보는 자신의 모습만큼 솔직한 모습이 어디 있을까? 죽음 앞에서 흘리는 눈물만큼 진실된 것이 어디 있을까? 죽음 앞에서 하는 맹세만큼 결연한 것이 어디 있을까? 장례식을 인도하면서 때로는 장례식에 참석하면서 나는 내 앞의 관속에 누워있는 나의 모습을 바라본다. 나의 죽음 앞에서 나의 가족과 친지들을 무엇을 생각하며 무엇을 이야기할 것인가? 그들의 마음 속에 있는 나의 묘비에 저들은 과연 무엇이라 쓸 것인가?

돌잔치에서 가족 친지들은 잠든 아기 곁에서 새 생명의 기쁨과 소망과 무한한 가능성을 이야기하고 노래하는 것처럼, 장례식에서 가족 친지들은 잠든 고인 곁에서 그와 나누었던 사랑의 기쁨과 못다한 아쉬움 가운데 내 삶의 의미를 새롭게 찾고 떳떳한 죽음을 맞이할 수 있도록 바른 길을 가야겠다는 서로의 맹세를 나눈다. 장례식을 준비하면서 가족 친지들은 고인을 회상하고 그의 삶의 의미를 되새기며 각자의 결단을 다양한 방법으로 표현한다. 그런 면에서 가족 친지들이 장례예배를 꾸미고 준비하는 일은 매우 중요하다. 목사나 교회에서 일방적으로 장례예배의 순서를 강요하는 것이 바람직하지 않은 것처럼, 고인이 자신의 장례예배의 모든 것을 준비하는 것도 바람직하지 않다. 내 장례예배의 주인은 내가 아니니까. (2005. 3)

나는 왜 아직도 설교를 하는가?

설교란 무엇인가? 설교는 누가 어떻게 해야 하는가? 전통적, 권위적, 배타적인 신앙생활을 지양하고 좀 더 개방적, 진보적, 다원적 목회를 추구하는 나는 왜 어떻게 설교하는가?

Madonna의 노래 중에 "Papa don't preach"가 있다. 물론 목사의 딸이 아버지에게 하는 이야기는 아니다. 사춘기의 소녀가 연애를 하면서 아빠의 훈계에 얽매이지 않고 자신의 길을 가겠다는 노래이다. 이에 비추어 본다면 일반인들에게 인식되는 설교란 "기성세대의 노파심 섞인 잔소리" 쯤으로 치부되는 것이 현실이다. 여기에는 교회에 대한 무지와 아울러 의도적인 폄하의 탓도 있지만, 상당 부분 설교자들의 책임도 부정할 수 없다.

설교를 정의하자면 기본적으로 예수와 하나님 나라에 대한 복음의 선포이다. 아울러 설교는 성서적 계시에 근거하기 때문에 늘 특정 성경 본문을 배경으로 한다. 따라서 설교의 구성요소는 다음과 같다. 1) 성경 본문이 쓰인 당시 상황에서의 의미를 설명(석의: Exegesis), 2) 본문의 의미를 21세기 현재 상황과 문화적 배경에서 설명(해석: Interpretation), 3) 본문의 의미를 청중의 개인적이며 공동체적인 삶에 연결(적용: Application).

신앙과 신학 사이

일반적으로 설교는 교회와 안수받은 목회자들의 고유하고 절대적인 권한이며, 최고 최대의 임무로서 특히 개신교회에서는 "목회의 생명"으로까지 불린다. 설교는 주일예배를 비롯한 모든 예배에서 가장 중심적인 요소이며, 예배 참석자들은 설교를 듣기 위해 모였다고 말할 정도이다. 설교에 앞서 읽는 성경봉독과 성가대의 찬양도 결국 설교를 위한 부수적인 요소일 뿐이다. 설교자의 말은 거의 하나님의 말씀과 대등하게 취급되어 비평이나 평가의 대상이 될 수 없었던 것이 현실이다.

　하지만 종교와 신앙, 진리와 권위에 대한 사회전반의 인식변화를 탓하기 전에, 설교에 대한 부정적인 인식이 확산된 책임을 설교자들 자신이 면할 수는 없다. 빠르게 움직이는 컬러 TV와 인터넷 시대에 꼼짝 않고 30-40분을 한 사람의 말만을 들어 주기를 바라는 것은 불가능하다. 목회자보다 고령자들이 많고, 고학력자들이 적지 않으며, 신학자들과 헬라어, 히브리어 전문가들도 회중에 있는 상황에서 훈육적인 설교, 편협하고 근본적인 본문해석과 일방적인 적용은 자연히 설교에 대한 회의를 불러일으킨다. 별 준비 없이 하는 즉흥적인 설교는 주제가 산만해지고 동일한 내용이 계속 반복되어 청중들이 지루해하고 설교에 대한 기대가 사라지는 것은 당연하다.

　특히 "강단의 사유화"(Pulpit Privatisation)로 불리는 공격적이고 비윤리적이며 무리한 본문의 적용은 설교꾼들(Pulpiteers)이 흔히 저지르는 잘못이다. 가장 일반적인 예는 자신의 권위에 도전하거나 문제를 일으키는 교인들, 정치적 또는 신학적 등의 이유로 자신과 의견이 다른 목회자들과 일반인들을 설교 중에 강단에서 직간접적으로 비난함으로써 사랑과 화해의 말씀이 아니라 정죄와 폭력의 화풀이를 하는 경우이다. 부흥회라는 형식의 집회에서는 종종 외부강사가 대신 나서서 담임목사 대신에 이러한 일들을 해결하는 극단적인 경우도 드물지 않다.

설교는 왜 목회자만이 해야 하는가? 만일 본문해석과 적용능력이 유일한 근거라면 교인들 중에서도 얼마든지 우리는 설교자를 세울 수 있다. 실제로 호주연합교회에서는 훈련받고 노회에서 인정된 수많은 일반교인 설교자들(Lay Preachers)이 있어 무보수로 주일예배에서 설교하고 예배를 인도함으로써 교회의 사역에 큰 기여를 하고 있다. 필자의 첫 목회지였던 아마데일 연합교회에서는 당시 12명의 일반교인 설교자들이 있어 작은 지역교회들의 주일예배를 거의 전담할 정도였다. 하지만 이런 경우에도 설교의 빈도수는 목회자들이 훨씬 높은 것이 현실이다.

목회자들이 주로 설교를 감당하는 근거는 신학적 훈련의 이유 외에도 목양(Pastoral Care)이라고 하는 역할이 있음을 들 수 있다. 즉 설교는 목양의 관계(Pastoral Relationship)에서 행해지는 복음의 선포라는 사실이다. 교회와 교인들의 현재 상황에 성경본문을 비추어서 적용한 결과가 설교임을 상기할 때, 나는 목양이 설교의 시작이며 또한 마지막이라고 믿는다. 아울러 이런 관점에서 볼 때 대형교회의 가장 근본적인 문제는 설교자와 목양자가 분리되어 있기 때문에 대다수의 교인들과 목양의 관계 없이 행해지는 설교가 가질 수 있는 허구성이다.

나는 내 설교가 전 교인들에게 감동을 주고 한 주간의 그들의 삶에 영적인 양식이 되어야 한다고 주장하지 않는다. 수많은 사람들에게 다양하게 역사하는 하나님의 말씀을 나는 내 경험과 상황에서 해석하고, 내가 파악한 교회와 교인들의 삶에 적용해서 그들과 함께 나눌 뿐이다. 예수 안에서 자신을 충만히 드러내신 하나님은 심판과 정죄보다는 사랑과 용서의 동반자이기에, 나는 늘 격려와 위로의 메시지가 되도록 설교를 준비한다. 설교가 예배의 중요한 요소이긴 하지만 전부는 아니므로 1시간 예배에서 10-15분의 설교시간이 되도록 예배를 진행한다. 때때로 설교 중에 교인들과 대화를 주고받음으로써 경직된 분위기가 되지 않으며 관심을 이끌도록 한다. 무엇보다도 설교가 나의 분풀이나 한풀이가 되지 않도록 감정이입을 최대한 억제한다.

아울러 교인들의 설교에 대한 지나친 기대와 관심은 설교자들로 하여금 왜곡되고 과장된 설교를 하게 하는 주요원인이다. 설교자 역시 하나님 앞에서 부족하고 죄성을 가진 한 인간일 뿐임을 잊지 말자. 따라서 오늘 우리의 교인들에게 진정 필요한 것은 설교자들이 겸손히 자신의 한계를 인정하면서 예수와 하나님 나라에 대한 복음을 선포할 수 있도록 절제된 사랑과 격려 가운데 드러나지 않는 기대와 관심을 베푸는 일이라고 나는 생각한다. (2005.8)

나는 왜 아직도 심방을 하는가?

호주인 교회에서 목회하면서 내가 교인 가정에 심방(Visitation)을 다닌다고 하면 대부분 한인교인들은 무척 의외라는 반응을 보인다. "호주교회에서도 심방을 합니까?" 중요한 것은 호주교회에서도 심방을 한다는 사실이 아니라, 그 내용과 방법에 있어 한인교회와 상당한 차이가 있다는 사실이다.

특별한 경우를 제외하고 한인교회에서의 심방은 연례행사의 일환으로 일정기간을 정해 전교인들을 대상으로 진행된다. 교회조직에서의 관련자들이 담임(교구)목사와 팀을 이뤄 가정을 방문하면 간단한 일상대화를 나누고, 형식을 갖춘 예배를 통해 목사님의 말씀을 듣고, 미리 정해진 대로 어떤 가정에서는 식사를 대접하고 다른 가정에서는 다과와 차를 나눈 후 심방일행은 서둘러 다음 목적지로 향한다. 심방은 목사님의 말씀과 아울러 접대에 비중이 있고, 여러 사람들이 참석하는 공적인 행사로 진행되기에 마음속의 깊은 이야기를 나눈다는 것은 불가능하다.

반면에 내 경우 심방은 목회에서 주일예배와 더불어 일 년 내내 진행되는 기본적이며 일상적인 부분이다. 하지만 특별한 경우를 제외하고 저녁때나 식사시간에 교인가정을 방문하는 경우는 없다. 가끔 티나 커피를

신앙과 신학 사이

대접받기는 하지만 그것도 어쩌다 한 번 있는 정도이다. 심방의 중심은 예배나 다과가 아니라 교인들과 나누는 대화에 있기 때문에 나는 교인들과 그들 가족들의 일상의 삶과 아울러 개인적이고 공적인 문제들에 대해 편한 분위기에서 그들이 하고 싶은 이야기를 마음껏 하도록 대화를 유도한다. 즉 심방의 목적은 목사인 나의 생각을 주입하는 데 있지 않고 교인들의 의견과 고민을 들어주는 데 있다.

기본적으로 심방은 주일예배의 설교와 밀접한 관계가 있다. 일요일 공적인 예배에서 전교인에게 일방적으로 말씀을 전한 목사는 반대로 주중에 교인들을 만나 그들의 이야기를 일방적으로 듣는 것이다. 설교는 이렇게 심방을 통해 파악한 교인들의 삶의 이야기를 하나님의 말씀에 비추어 묵상한 목사의 감상문이며 평가서이다. 우리들이 주일예배 때 위대한 목회자의 훌륭한 설교를 구해서 읽지 않고 각 지역교회 목회자들이 준비한 설교를 듣는 이유는 지역 목회자들과 교인들 사이의 목양의 관계(Pastoral Relationship)가 설교를 이루는 중심이라고 믿기 때문이다. 결국 심방은 설교를 위한 기초자료이며 동시에 필수자료이다. 이런 관점에서 본다면 대형교회가 갖는 큰 문제점들 중의 하나는 설교자와 심방자가 분리되어 있다는 점이다. 심방자가 설교하지 못하고, 설교자가 심방하지 않는 대형교회는 기형이며 허구이다.

이야기를 들어 주는 심방에서 지켜야 할 기본 원칙은 우선 본인의 이야기를 벗어나서는 안 된다는 점이다. 제3자에 관한 이야기를 하는 것은 금물이며 분명히 제지해야 한다. 아울러 명백한 오해와 편견의 이야기가 아니라면 심방자는 최소한의 반응으로 교인들의 말을 요약해서 반복해 줌으로써 그의 말에 공감하고 있음을 보여 주어야 한다(Empathic Listening). 아무런 비판이나 판단하지 않는 심방자의 동일한 감정 표시에 교인들은 마음을 열고 자신을 온전히 드러냄으로써 해방의 경험을 통해 쌓였던 상처의 치유가 이루어진다. 대화 중에 맹목적인 맞장구나 무반응, 섣부른 판단이나 초점을 흐리는 질문은 심방자가 피해야 할 부분이다.

이러한 교인들과의 대화는 일회성 면담이 아니라 계속 이어지는 것이기 때문에 나는 심방에 앞서 이전 방문에 그와 나누었던 이야기를 떠올리며 현관 문을 들어선다. 함께 자리에 앉아 인사를 나누고 근황을 물어본 후 특별히 새로운 문제가 없으면 이전에 나눈 대화를 잠시 요약하고 그 후의 진행상황을 물어본다. 같은 교인들과 여러 해 이렇게 이야기를 계속 나누다 보면 그의 가족관계와 인생경험, 신앙관과 삶의 문제들에 대해 웬만한 가족이나 친구보다도 깊이 있게 이해하게 된다. 한번도 만난 적이 없는 교인의 손자나 증손자들의 이름도 알고, 그의 자녀들이 어디서 무엇을 하는지 자연스럽게 기억하게 된다.

심방은 목회자로써 나의 의무이자 특권이다. 심방을 하면서 나는 신앙 안에서 교인들과 한 가족이고 형제자매인 것을 확신한다. 사랑하는 아들의 이름을 기억하고 물어보면 눈에 생기가 돌면서 이야기를 하는 양로원의 맥스 할아버지를 보면서, 십 수 년 만에 교회에 다시 나온 후에 집에 찾아가니 1시간 반을 혼자서 계속 이야기하던 메리 할머니를 보면서 나는 본질적으로 위로받고 기억되고 관계 맺기 원하는 인간 실존의 거부할 수 없는 몸부림을 느낀다. 열린 마음으로 열심히 들어 주는 심방의 시간에 그 격렬한 몸부림은 안도의 한숨을 내쉬며 우리들을 포근히 감싸고 있는 하나님 어머니의 품에 안겨 짧지만 편안하고 기쁜 안식을 누린다. 나에게 심방은 목회의 시작이며 끝이다. (2006. 7)

삼천포에서 만난 예수

흔히 한 주제를 가지고 시작한 이야기가 중간에 생각지 않은 엉뚱한 방향으로 흘렀을 때 우리들은 삼천포로 빠졌다는 말을 한다. 하지만 삼천포로 빠지는 것이 이야기만은 아니다. 크게 보면 청소년 시절 꿈 꾸었던 장래 희망과는 전혀 다른 인생의 길을 가는 사람들은 필자를 포함해서 누구든지 삼천포로 빠진 것이 아닐까? 아울러 많은 사람들이 추구하는 신앙의 길에서도 종종 삼천포로 빠지는 것을 보게 된다.

금요일 저녁 구역예배를 잘 마치고 식사를 하면서 한국의 정치이야기를 하다가 서로 간에 감정이 상할 만큼 언쟁이 있었다면 삼천포로 빠진 것이며, 일요일 아침 교회 가는 길에 날씨가 너무 화창해서 경치 좋은 곳으로 드라이브를 가거나, 교회문제로 차 안에서 말싸움이 벌어져 그냥 집으로 돌아오게 되면 삼천포로 빠진 것이다. 설교자가 설교 중간에 자기도 모르게 흥분해서 성경본문과는 전혀 관계없는 자식 자랑을 늘어놓거나 평소에 관계가 안 좋았던 교인들을 비방하게 되면 틀림없이 삼천포로 빠진 것이며, 여러 해 동안 열심히 신앙생활 잘 하던 교인이 사이비 종교집단의 유혹에 빠져 재산과 친구들을 잃고 가족들과도 떨어져 혼자 살아간다면 삼천포로 빠져도 한참 잘못 빠진 것이다.

누가복음 24장에 보면 예수의 십자가 죽음 후에 예루살렘을 떠나 엠마오로 가는 두 제자들 이야기가 나온다. 2-3년을 예수와 함께 지내면서 그의 가르침을 듣고 하나님 나라를 이루는 일에 큰 소망과 열심을 가지고 있던 이들은 다른 제자들과 마찬가지로 예수가 별다른 기적의 능력도 보여주지 못하고 십자가에서 무기력하게 죽자 너무나 실망한 나머지 허탈한 마음으로 예루살렘을 떠나 엠마오로 가는 중이었다. 여행 중에 함께 동행하던 나그네가 설명해준 그리스도에 관한 성경의 말씀을 들으면서도 그가 부활한 예수인지도 모르고 그들은 여행을 계속했다. 중간에 날이 저물어 나그네를 숙소에 초청해서 함께 식사를 하고 성찬을 나눌 때 비로소 그가 예수인 것을 알지만 예수는 이미 사라져서 보이지 않게 된다.

예수와 함께 지낸 동안 다가올 고난과 영광의 길에 관해 여러 번 들었으면서도 막상 예수가 십자가에서 숨을 거두자 크게 낙심한 그들은 예루살렘을 떠나면서 결국 삼천포로 빠지고 말았다. 이천 년 전이나 오늘날이나 신앙생활을 하면서 삼천포로 잘못 빠지는 사람들이 너무나 많은 게 현실이다. 예수를 통한 하나님의 사랑과 은혜를 알고 기쁨과 감사로 열심히 신앙생활을 하다가 어려움이 닥치거나 유혹이 오면 이기지 못하고 실수하게 되면서 아예 주저앉게 되거나 신앙을 저버리는 것이다. 결국 문제는 길을 가다가 삼천포로 빠진 것이 아니라, 실수로 잘못 들어간 삼천포에서 나와서 다시 길을 가려고 하지 않는 데 있다는 것을 알아야 한다.

하지만 누가복음 24장에서 부활한 예수는 어려움 중에 있거나 유혹에 넘어가 삼천포에 빠진 사람들에게 나타나 깨달음을 주고 자신을 드러내 보여 줌으로써 삼천포에서 벗어나 다시 바른 길을 가도록 도와준다. 즉 신앙생활을 하면서 닥치는 고난과 괴로움과 유혹 중에도 우리 곁에서 예수가 함께 걸어가며 우리들에게 힘과 위로를 주며 그의 임재를 알아보도

신앙과 신학 사이

록 우리 눈을 끊임없이 밝혀준다는 사실이다. 고난과 괴로움과 유혹을 못 이겨 때로는 방황하고 낙심하고 실수하게 되더라도 그것이 결코 끝은 아니다. 역경과 실패 속에서도 자신을 포기하지 않고 함께 걸어가는 예수를 찾으면 다시 일어나 원래의 길을 갈 수 있다.

누가복음 24장의 제자들은 함께 길을 가던 나그네가 부활한 예수인 것을 모르면서도 그를 숙소에 초청하고 식사를 함께 나누었을 때 비로소 눈이 밝아져 그를 알아보고 다시 예루살렘에 돌아가 다른 사도들과 함께 예수의 가르침을 전파할 수 있었다. 나의 고난이 차고 넘쳐 이 자리에서 한 걸음을 움직이기 힘 들어도 이웃의 어려움을 그냥 지나치지 못하며, 나는 비록 악의 유혹에 빠져 허덕일지라도 이웃은 바른 길을 가도록 도와줄 때 예수의 은혜는 결국 내게 임하여 나를 일으켜 세우며 새로운 힘과 용기를 주어 잘못 빠진 삼천포에서 벗어나 내가 가야 할 본래의 길을 가도록 인도한다. 삼천포는 예수 안에서 참 나를 찾을 수 있는 복된 곳이다. (2008. 4)

나는 왜 비판적 읽기를 권하는가?(I)

　언론은 객관적인 사실보도를 주목적으로 하지만 어떤 언론도 객관적인 사실만을 보도하지도 않거니와 객관적인 사실만을 보도할 수도 없다. 각 언론은 자체적인 사설과 외부 기고가들의 글을 통하여 여러 사실들을 분석하고 평가하는데 자신만의 고유한 방향을 갖게 된다. 또한 특정 사안을 취재하고 전하는 기자들의 개인적인 관점과 성향, 그리고 여러 기사를 정리하고 취합하는 편집진의 편집방향으로 인해 어떤 언론도 결코 중립적이거나 완전히 객관적이 될 수 없음을 우리들은 알고 있다.

　하지만 이런 현실을 십분 고려한다 해도 현재 한국의 언론들이 보여주는 편향성은 그 정도가 너무 지나치다. 간단히 말해 어느 한 언론의 보도만을 갖고는 그 사건의 실체를 분명히 알 수 없을 뿐 아니라 많은 경우 독자들은 특정 언론의 관점에서 해석된 정보로 인해 무의식 중에 편견과 오해를 갖게끔 되었다. 대부분의 언론들은 이제 보수와 진보로 양분되어 객관적인 사실보도보다는 주관적인 감정전달과 그에 따른 국민들의 편 가르기가 주목적인 것처럼 보인다. 인터넷이 보편화된 요즈음 한국의 여러 언론들의 웹사이트를 읽고 있노라면 이들이 다루는 기사들이 과연 같은 사건인지 다른 일들을 말하는 것인지 정말 혼란스럽다.

사실 한국의 언론들이 객관적 사실보도에서 신뢰를 잃어버린 것이 어제 오늘의 일은 아니다. 국가 권력의 철저한 언론통제의 시절, 국민들의 "알 권리"보다는 권력의 "감추어야 할 필요"를 충실히 대변했던 많은 사례들이 있다. 그때는 권력의 직접적이고 강제적인 압력 때문이었다면 지금은 무엇 때문에 객관적인 사실보도에 진력하지 못하는 것일까? 사실 언론내부의 자발적이고 총체적인 편향의 깊은 사정을 호주에 사는 범부들이 파악하기란 애초 불가능한 일이다. 그보다 우리들은 이러한 언론의 편향성에 휘둘리지 않고 나름대로 여러 사안들의 실체에 근접해서 좀 더 분명히 문제점을 파악할 수 있도록 비판적 읽기에 힘쓰는 것이 현실적인 대응이 아닐까?

비판적 읽기의 출발은 동일한 사건에 대한 여러 매체들의 보도를 함께 읽는 일이다. 어느 한 매체만을 읽다 보면 자신도 모르게 그 매체가 가진 특정 관점과 논조에 빠지게 된다. 인터넷의 발달은 이런 면에서 특히 유용하다. 적어도 3-4개 이상의 언론 사이트를 "즐겨찾기(Favorites)"에 넣어 두고 서로 비교하면서 읽으면 각 매체의 특성과 방향이 자연스럽게 드러난다. 같은 사건도 전하는 매체에 따라 차지하는 위치와 비중 그리고 분석하고 국민들의 실생활에 적용하는 논리의 상이점들을 발견하게 된다.

이러한 상이점들을 발견하는 것이 비판적 읽기의 첫 단계라면 다음 단계는 구체적으로 무엇이 어떻게 다른지를 파악하는 것이다. 동일한 사건을 어떤 매체에서는 주로 누구의 입장을 대변하거나 변호하고 강조하는지 살피면서 읽어야 한다. 즉 언론의 기사를 무비판적으로 수용하는 것이 아니라 일정거리를 유지하면서, 때로는 행간의 의미에 주목하면서 읽는 성숙함이 절대적으로 필요하다. 기사가 갖는 편향성은 기사를 작성한 기자 개인의 것일 수도 있고, 때로는 편집진들이나 해당 언론매체의 전체적인 논조나 편견 또는 의도일 수도 있음을 유의하자.

따라서 비판적 읽기의 세 번째 단계는 이러한 편향성이 일회성인지 반복적, 구조적, 고질적인지를 날카로운 판단력을 유지하면서 주의 깊게 관찰하는 것이다. 물론 이때에 주위 사람들의 경험과 의견을 폭넓게 수렴하는 것도 필요하다. 기사를 읽고 판단하는 독자인 나 역시 내 주관적이고 자의적인 해석의 범주에서 완전히 벗어날 수 없음은 분명하다. 어쨌든 여러 해 동안 수많은 사건들을 취급하는 과정에서 각 언론의 감추어진 본래 얼굴은 서서히 모습을 드러내고, 이성과 상식이 있는 건전한 독자들에게 그들이 가진 편향성은 더 이상 비밀이 될 수 없다.

비판적 읽기의 마지막 단계는 이러한 과정을 통하여 내 자신이 세상을 보고 판단하는 관점의 폭을 넓히고 깊이를 더하는 의식화의 단계이다. 세상은 겉으로 보이는 것처럼 그렇게 단순하지도 않고 맹목적인 것도 아니며 임의적이지도 않다. 아프리카에 사는 나비의 작은 날갯짓이 카리브해의 허리케인을 불러오고, 내 자동차의 배기가스로 인해 거대한 빙하가 녹고 남태평양의 섬이 바닷물에 잠긴다. 짧은 이생의 삶이지만 오늘 내가 무엇을 생각하고 어떻게 행동하는지에 따라 내 자녀들과 이웃의 삶이 달라지고 영향을 받는다. 비판적 읽기는 이 세상을 생각하면서 살아가도록 하는 첫 걸음이자 동시에 가장 큰 걸음이다. (2008.8)

신앙과 신학 사이

나는 왜 비판적 읽기를 권하는가?(II)

지난 달에는 극단적 편향성을 보여 주는 한국의 언론보도에 휘둘리지 않고 여러 사안들의 객관적 실체에 최대한 접근해서 좀 더 분명히 문제점을 파악하고 이 세상을 생각하면서 살아가는 방법으로 비판적 읽기를 권유하였다. 특별히 이명박 정권의 언론장악이 노골화되고 현실화되고 있는 이때 이성과 상식이 있는 독자들의 성숙한 판단만이 지나간 독재정권을 어설프게 흉내 내서 권위주의로 회귀하려는 시도를 막아내는 유일한 길이다.

여기서 우리들은 '비판적'이라는 표현에 거부감을 갖는 경우가 있다. 흔히 '비판'을 부정적인 뜻에서, '비난'에 가까운 의미로 이해하는데 사실 '비판'의 사전적 의미는 "옳고 그름을 판단하거나 지적한다"는 뜻이니 오히려 지극히 건전할 뿐 아니라 발전적인 삶을 살아가려는 우리들에게는 꼭 필요한 덕목이다. 이런 관점에서 본다면 '비판적 읽기'는 '비난을 위한 읽기'가 아니라 '바른 판단력을 가지고 읽기'임을 분명히 밝힌다.

무엇보다도 현대사회에서 비판적 읽기가 절실히 요구되는 분야는 신앙생활이다. 각 종교마다 그들이 가진 거룩한 경전을 읽고 해석해서 실생활에 적용하는 과정을 거치는데 이때 그 경전의 가르침을 바르게 이해하는 일이 무엇보다도 중요하다. 아무리 훌륭한 가르침도 잘못 해석해서 엉뚱하게 적용한다면 차라리 읽지 않음만 못하다. 따라서 기독교인으로서 비판적 읽기의 실제 목표는 '비판적 성경 읽기'이며 그 내용은 '바른 판단력을 가지고 성경 읽기'이다.

우리들은 왜 비판적 읽기를 해야 하는가? 모든 언론이 엄정 중립을 지키면서 객관적이고 무사 공평한 진실을 찾아서 전달한다면 비판적 읽기라는 힘들고 어려운 과정을 거칠 필요가 전혀 없다. 독자들은 언론이 전하는 기사를 있는 그대로 읽고 그에 따라 무엇이 문제였는지 누가 잘하고 잘못했는지 판단하면 된다. 즉 언론 보도만으로도 진실이 있는 그대로 전부 밝혀지기 때문에 경찰 수사나 재판 과정을 거칠 필요가 전혀 없다. 즉 기사가 바로 대법원 판결문이 되는 것이다.

그러나 현실은 그렇지 못하다. 언론 보도는 자연과학처럼 가치가 완전히 배제된 100% 객관적 진실이 아니며 여기에 기자들의 개인적 관점과 성향, 언론사 편집진의 편집방향, 그리고 각 언론사의 정치성향과 정권과의 관계 등 수많은 요인들에 의해 객관적인 진실과 주관적인 판단이 뒤섞이게 된다.

마찬가지로 성경의 말씀이 문자 그대로 하나님의 말씀이라면 우리들은 비판적 성경 읽기라는 고되고 고난도의 과정을 거칠 필요가 없다. 성경 전체가 순전한 하나님의 말씀이라면 우리들은 쓰여진 대로 읽고, 읽은 그대로 살면 된다. 예배시간에도 성경을 읽기만 할 뿐 설교를 할 수도 없고 들을 필요도 없다. 순전한 하나님의 말씀에 무엇을 더할 수도 없고 뺄 수도 없으며 그것을 다르게 표현하면 오히려 그 순수함이 변질될 뿐이다. 성경공부도 전혀 필요가 없다. 무엇을 어떻게 왜 공부하겠다는 것인가? 모든 신앙인들은 모여서 성경을 읽기만 하면 충분하다. 신학이라는 힘 들고 어려운 학문도 필요 없고 신학교들은 전부 성경 읽기학교로 간판을 바꾸어 달아야 한다.

따라서 성경이 하나님의 말씀인 것은 분명하지만 우리들이 고민해야 하는 것은 성경이 '어떻게' 하나님의 말씀인지를 이해하는 일이다. 비판적 성경 읽기란 결국 이것을 위한 장거리 경주이다. 오늘 우리들이 가지고 있는 성경이 어느 날 갑자기 하늘에서 떨어진 것이 아닌 이상 우리들은 역사 속에서 성경을 쓰고, 읽고, 외우고, 베끼고, 외우다가 틀리고, 베끼다가 틀리고, 외우다가 바꾸고, 베끼다가 바꾸고, 외우다가 덧붙이고, 베끼다가 덧붙이고… 등을 반복했던 수많은 신실한 하나님의 사람들이 있었음을 잊어서는 안 된다.

성경의 신비는 축자영감설이니 성경무오설과 같은 거창한 제목을 붙여놓고 이런 인간적인 오류와 모순과 편견이 전혀 없다고 억지를 부리는 데 있는 게 아니라, 이런 인간적인 오류와 모순과 편견이 있음에도 불구하고 오늘의 우리들에게 성경은 여전히 하나님의 뜻을 알려 주고 전해 주는 데 부족함이 없는 하나님의 말씀이라는데 있다. 하나님의 말씀을 사랑하는 것과 '성경의 광신적 숭배'(Bibliolatry)는 다르다는 것을 잊지 말자.

분명한 것은 성경은 하나님의 말씀이면서 동시에 사람들에 의한 기록이다. 다른 말로 하면 사람들에 의해서 기록되고 전달되고 수정되고 보완되고 기억되고 잊혀지고 말하고 들려진 하나님의 말씀이다. 따라서 성경에는 사람들의 숨결이 스며 있고 손때가 묻어 있고 미소가 담겨 있고 한숨이 배어 있고 눈물이 고여 있다. 성경은 인간의 문화와 전통과 규범의 틀 안에서, 인간의 지식과 의식과 인식의 한계를 뛰어넘어, 만질 수 없고 보이지 않고 들리지 않는 하나님의 말씀을 우리들에게 전해준다. 결국 비판적 성경 읽기는 성경에서 인간의 연약함과 문화와 전통과 규범의 틀을 넘어서서 우리들로 하여금 순전한 하나님의 말씀에 좀 더 가까이 다가가도록 도와준다. (2008.9)

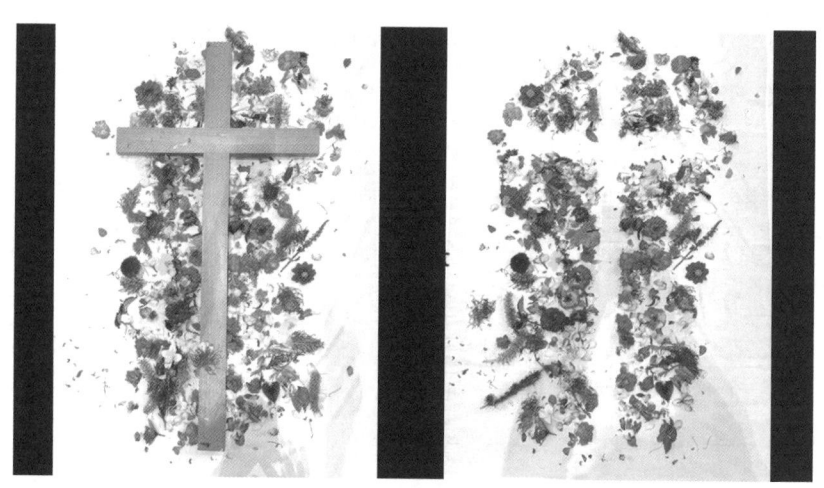

2025.4 성 금요일 예배 후 바닥에 놓인 십자가 위에 꽃을 뿌리고
이틀 후 부활주일 아침에 다시 모였을 때 십자가를 없앰으로써 부활의 의미를 시각적으로 구현

Ash Wednesday

물질적, 인적, 영적 자원이 풍부한 한인교회를 오래 다니다 보면 거룩과 영광과 권위가 예수를 따르는 기독교회의 전부인 것처럼 느껴지는 게 현실이다. 특히 대형교회 목회자들에 관한 가십성 기사가 하루가 멀다 하고 터져 나오는 한국언론을 보면 목회자와 교회는 한국사회의 상류층과 특권층이 된 지 오래이다. 나아가 천문학적 예산을 집행하고 목회자들에게 대기업 임원급에 뒤지지 않는 사례비를 지급하는 교회이든 또는 규모가 작아 예산과 사례비가 적은 교회이든 실제 운영하는 내용은 권위적, 수직적, 물질주의적 종교재벌의 모습을 적나라하게 보여주고 있다. 과연 이것이 우리들이 주문처럼 입에 올리는 예수를 따르는 교회의 모습일까?

복음서를 차분히 훑어보면 예수는 그를 따르는 사람들로부터 큰 환호와 감사와 권위를 인정받기도 했지만, 대부분은 그의 반대자들로부터 핍박과 증오, 멸시와 천대를 받고 끝내는 십자가에서 비참하게 그의 생을 마쳐야 했다. 예수에게 주어지는 거룩과 영광과 권위는 그의 사후 교회의 삶과 고백에서 이어지지만, 실제 그의 삶은 매우 고단하고 괴로운 죽음의 길이었다. 그의 공생애의 삶의 여정을 성구집(Lectionary)과 더불어 해마다 되새기는 교회력을 따르다 보면, 건강과 물질과 복을 무한정 부어

주는 예수는 대부분 우리들이 만든 허상으로 드러난다. 따라서 예수의 길을 따르는 교회라면 영광과 권위를 앞세우기보다는 그의 고난과 죽음을 늘 묵상하고 실천하려는 "종의 지도력"(Servant Leadership)을 가진 "종의 교회"(Servant Church)가 되어야 하지 않을까?

여러 교회 절기 중에서도 사순절(Lent)은 예수의 고난과 죽음을 묵상하고 실천하는 데 매우 중요하다. 많은 한인기독교인들도 다양한 방법으로 사순절을 지키고 예수의 고난과 죽음에 동참하려고 노력하는데, 아쉬운 점은 교인들보다는 교회의 모든 활동과 운영방식 중에 예수의 고난과 죽음이 드러나지 않는다는 것이다. 즉 "종의 지도력"과 "종의 교회"됨은 개인적, 사적, 영적인 면보다는 전체적, 공적, 그리고 예배와 교회의 삶에서 드러나야 한다. 특히 기독세계 이후(Post-Christendom)의 교회는 세상에서 거대한 조직과 예산을 가지고 언론의 주목을 받으며 엄청난 일을 보여주려 애쓰는 것이 아니라, 오히려 보이지 않는 곳에서 한정된 예산과 인원으로 보조적인 역할을 겸손히 감당함으로써 예수의 고난과 죽음의 길을 가야 한다.

지난 2월 18일 수요일은 예수의 고난과 죽음을 묵상하는 40일 동안의 사순절이 시작되는 "재의 수요일"(Ash Wednesday)이었다. 2월 18일부터 부활주일 직전 토요일인 4월 4일까지 실제 날수는 46일이지만 연중 모든 일요일은 예수의 부활을 기억하며 기뻐하는 축제일이기 때문에 사순절의 날수에 포함되지 않는다. "재의 수요일" 예배에서 신자들은 구약시대에 재를 뒤집어쓰고 참회하듯, 고난 당하신 주님을 생각하며 우리의 죄를 회개한다는 의미로 재를 뿌리거나 또는 십자가를 그린다. 재(ash)는 지난 해 종려주일(Palm Sunday - 부활주일 전 일요일)에 썼던 종려나무 가지를 말려 태운 재를 사제 또는 목사가 그대로 신자들의 이마나 머리에 뿌리거나 재에 기름을 섞어 이마나 손등에 십자가를 그린다.

 "재의 수요일" 예배는 묵상과 멈춤을 통해 자신의 내면을 들여다보는 일에 초점을 맞춘다. 예배자들은 눈을 감고 세상 일의 분주함을 떠나 구별되고 성스러운 사순절기에 서서히 우리들 자신을 몰입시킨다. 사순절 촛불들은 켜 있지만, 다가오는 6주의 어두움은 이미 우리들 주위를 무겁게 감싸 안는다. 우리들은 신앙의 중심을 향해 여정을 시작하고, 우리 마음의 심연으로 들어가는 떨림을 느낀다. 우리 신앙의 중심에서, 우리 마음의 한가운데 깊은 곳에서 예수는 두 팔을 크게 벌리고 서서 우리들을 향해 기다리고 있다. 바쁘고 힘들었던 우리들의 일상의 시간을 떠나 그를 십자가로 데려갔던 여정으로 우리들을 따라오라고 그는 안내한다.

 재(ash)는 우리들이 단지 유한한 존재일 뿐임을 일깨워 주는 슬픔의 지혜를 품고 있다. 동시에 생명은 단지 흙먼지 이상의 것임도 알려준다. 이것은 숨겨진 우리들의 어둠을 드러내고 빛의 창문을 열어젖히는 죄의 고백의 지혜이며, 또한 우리들의 발걸음을 멈추고 사랑의 길로 인도하는 회개의 지혜와 같다. 재(ash)가 주는 지혜는 우리들을 새롭게 하는 선물이다.

 재로 십자가를 그리면서 목회자들이 하는 말은 우리와 더불어 교회에게도 변함없는 진리이다.

 당신은 흙먼지일 뿐, 다시 흙먼지로 돌아감을 기억하소서
 "Remember that you are dust, and to dust you shall return"(2015. 2)

2부 ——————————————————— ········

전통의 다른 해석과 적용

나는 왜 아직도 하나님을 믿는가?

우리가 믿는 하나님은 어떤 분인가? 하늘 위에 계서서 우리 인간들의 모든 행동을 일일이 살펴보시는 흰 수염의 할아버지 같은 분인가? 종종 만왕의 왕이라 불리는 이분은 무소부재 하시며, 다른 생명체에는 관심이 없고 오직 인간이라 불리는 생물들의 행동만을 불꽃 같은 눈으로 지켜보다가 자신이 정한 원칙에 벗어나는 일을 하는 사람에게는 벌을 내리고 그 원칙들을 잘 지키는 사람에게는 후한 상급을 내리는 분인가?

이 분과 대화하기 위해서는 기도라고 하는 특정한 형식과 방법을 사용해야 하고 자신과 자주, 간절히 그리고 오랫동안 대화하는 사람들의 소원은 더 잘 들어주고 그렇지 않은 사람들에게는 아무런 관심도 기울이지 않는 분인가? 특히 이분은 인간들의 경제활동에 관심이 많아서 어떻게 벌었든 수입의 10%를 그들의 교회에 헌금하면 주체할 수 없을 정도로 재산 증식을 약속하고 그것으로 자신을 시험해 보라고 권유하는 분인가? 또한 이분은 너무나 인간들과 유사한 감정을 갖고 있어서(Anthropomorphic) 때로는 마음이 즐겁고 기쁘고 흐뭇하고 좋은 반면, 어떤 때는 진노하고 슬프고 근심하고 한탄하며 심지어는 질투하기까지 하는 분인가?

이 하나님은 그 옛날 중동의 좁은 지역에 살았던 히브리 족속에게만 나타나서서 주위의 다른 모든 민족들은 죽이고 그들만을 사랑하고 그들만을 인도하셔서 복을 주시고 자신의 백성으로 삼아 전세계 모든 사람들이 부러워하게 만드는 분인가? 그러나 이들 하나님의 백성들조차 정기적, 부정기적으로 소나 양 등의 짐승들을 죽여서 그 피를 뿌리고 고기를 태워 냄새를 피워야만 만날 수 있고 기도를 들어주는 분인가? 반면에 그들의 모든 예배와 기도에도 불구하고 때때로 자기 이외의 다른 신과 우상들을 섬긴다고 주위의 강대국들에게 그들이 철저히 파괴당하고 무너지도록 방치하는 분인가?

그 후에 이 하나님은 한 유대 여인을 선택해서 육체적 관계없이 자신의 아들을 탄생케 하여 그를 구세주로 믿고 고백하고 세례 받은 사람들만 천국 행을 약속하는 분인가? 무엇보다도 이분은 모든 인간들의 죄를 용서하기 위해 자신의 유일한 아들인 그가 온갖 모욕과 채찍질과 못 박힘과 갈증으로 인한 엄청난 고통 가운데 끝내 십자가에서 질식사한 후에야 비로소 그를 부활, 승천시켜서 모든 사람들의 구세주가 되게 하셨는가?

지금까지 우리들이 맹목적으로 믿어왔던 하나님의 이러한 모습들을 조금만 이성과 상식의 눈으로 바라보면 그것이 얼마나 불합리하고, 기복적이고, 배타적인지 알 수 있다. 만일 이것이 하나님의 유일한 모습들이라면 나는 신학과정을 시작한 1993년부터는 분명히 하나님을 떠났을 것이다. 이러한 하나님은 도대체 나를 감동시킬 수도 없을 뿐만 아니라 내가 다른 사람들에게 전할 필요성도 느끼지 못한다. 이러한 하나님은 변덕스러운 폭군이 아니면 과연 무엇이겠는가?

내가 믿는 하나님은 저 하늘 높은 곳에서 나를 굽어보시는 것이 아니라 내 마음의 깊은 곳에서 나를 붙들어 주신다. 그는 나의 존재 자체이고 내 생명의 본질이며 장차 내가 돌아가야 할 고향이다. 그는 내가 그의 이름을 빌어 이 세상에서 내가 원하는 것들을 얻으려고 하기보다는, 그의 일부분을 가지고 태어난 내가 그의 성품을 드러내고 이 세상의 한계를 뛰어넘도록 권유하신다.

내가 믿는 하나님은 가부장적이고 권위적인 남성이 아니며, 여자, 노예, 이민자 그리고 동성애자와 같은 사회적 약자들을 혐오하고 그들을 거리낌 없이 차별하도록 부추기는 잔인한 분이 아니라, 지극히 작은 자에게도 그의 모든 사랑을 아낌없이 쏟아붓고, 들의 풀 한 포기, 꽃 한 송이에도 더 할 수 없는 아름다움을 베푸시는 세밀하고 세심하신 분이다. 그는 내가 내 자신과 가족만을 돌볼 것이 아니라, 나와 더불어 살아가는 이 세상의 모든 사람들을 돌아보고 돌보며, 나아가 모든 생명체와 자연까지도 나와 더불어 살아가는 운명공동체임을 깨닫고 그들과 대화와 사랑을 나누도록 속삭이신다.

따라서 나와 하나님과의 관계에서 죄란, 무엇을 하고 무엇을 하지 말라고 그가 명한 율법을 어기는 것이 아니라, 이러한 사랑과 평화공존의 관계를 파괴하거나 손상시키는 일이다. 민족과 종교, 이념과 소유, 외모와 행동의 편협한 차이를 넘어서서 그의 존재의 무한 속으로 들어가도록 내가 전심으로, 마음을 다해, 깊이 있고, 풍성하게 살지 않는다면 나는 내 자신 속의 하나님에게 죄를 짓는 것이다. 또한 내가 다른 사람들이 인간다운 삶을 추구하며 하나님의 존재의 무한 속으로 들어가려는 것을 방해하거나 적어도 도와주지 않는다면 나는 그들과 함께 하는 하나님에게 크나큰 죄를 짓는 것이다.

내가 하나님을 추구하는 신앙의 근본동기는 이 세상에서 누릴 수 있는 그 어떤 보상이나 영원한 지옥형벌을 피해 보려는 것이 아니라, 나의 삶을 통해서 보여지는 하나님의 모습과 그로 인해 나와 타인의 생명이 조금이라도 온전케 되는 일이다. 나의 하나님은 이 일을 위해 그의 존재의 깊은 곳으로 나를 불러내며, 나를 객관적으로 바라보게 하여, 내가 이 세상에서 열심히 살고 온 마음으로 사랑하며 그의 영원의 가치관을 이웃과 나누며 살아가도록 나를 일깨운다. 이러한 하나님이기 때문에 나는 그를 믿으며, 나는 그를 전한다. (2004. 5)

나는 왜 부처님 오신 날 절에 가는가?(I)

작년에 이어 올해에도 나는 시드니 정법사 초파일 봉축예불에 참석하고 여러 불자들과 함께 점심 공양을 나누었다. 한국에서도 예불에 참석한 경험이 없는 나로서는 모든 것이 낯설고 어색하기만 하다. 법당의 여러 장식과 목탁소리, 이해할 수 없는 불경의 암송과 마루바닥에서 계속 절을 하는 모습은 마치 수백 년 전으로 돌아간 듯한 착각을 불러일으킨다. 현대적 찬불가, 순서지의 한글 반야심경, 그리고 식사 후에 마시는 절의 커피는 시대의 흐름을 반영하고 있지만, 정법사에서 내가 잠시 경험한 불교는 과거의 모습을 여전히 간직하고 있다.

하지만 이러한 형식의 여러 차이를 넘어서서 그들의 마음을 조금만 들여다보면 찰나와 순간의 유한함을 뛰어넘어 영원의 진리를 추구하는 진지함과 경건함을 찾을 수 있다. 운전 중에 1-2초를 참지 못하고 경적을 울리고 고함치는 사회, 조금의 이익을 찾아서 그리고 조금의 손해를 피해서 몰려가고 몰려오는 약삭빠른 현대사회 속에서 불교는 기다림과 멈춤, 침묵과 너그러움의 귀중함을 우리들에게 가르쳐 준다. 자신의 국가적 이해를 이웃을 위한 해방과 민주로 포장하고, 파괴와 살인을 발전의 대가라고 강변하는 잔인하고 이기적인 기독교적 제국주의자들이 지배하는 이 세상에서, 자비를 통해 이웃의 마음을 깊이 들여다보고 진정한 사랑과 평화

신앙과 신학 사이

로 인도하는 부처의 가르침은 너무나 귀중하다.

따라서 나에게 불교는 결코 적대자가 아니며 함께 신앙의 길을 걸어가는 소중한 친구이고 동반자이다. 불교는 기독교가 그동안 무시해왔던 것들을 도와주는 현명하고 성실한 조언자(Mentor)이다. 서로를 인정하고 협력하는 일은 종교인들에게 주어진 피할 수 없는 시대적 요청이다. 작금 상생의 정치를 바라는 한국사회에 기실 필요한 것은 상생의 종교이다. 종교인들도 이루지 못하는 상생을 정치인들이 이루기를 바라는 것이 가당키나 한 일인가? 이 일을 위해서는 무엇보다도 지금까지 진리를 독점한 것처럼 주장해 왔던 기독교의 겸손한 자기반성과 회개가 필수적이다. 교만한 독선의 열매는 곳곳에서 타종교인들에 대한 무례와 공격으로 이어지고 오히려 그것이 신앙의 행위로 치부되는 무식함이 만연하고 있다. 한국적 상황에서 그 어떤 종교보다도 기독교와 불교는 협력해야 하며 그럼으로써 함께 발전할 수 있다.

이러한 종교 간의 상생과 협력의 관계를 이루기 위해 무엇보다도 기독교인들은 성경의 말씀을 읽고 적용하는 일에 성숙해져야 한다. 주일학교 수준의 성경해석은 자랑이 아니라 부끄러움이다. 문자적인 해석은 신앙의 순수함이 아니라 지적능력의 부족함인 것을 깨달아야 한다. 더 나아가서 우리들은 성경의 저자들이 가졌던 편견에서 벗어나야 한다. 즉 성경 저자들의 공통적인 편견은, 자기들의 주관적인 입장에서 이웃을 바라보고 판단하는 것이 하나님의 뜻이라고 믿었다는 것이다. 구약에서는 이것이 유대중심주의로 나타났고 신약에서는 예수중심주의로 나타났다.

신약에서 예수가 길과 진리와 생명이라는(요14:6) 요한의 주장이나 예수 외에 구원을 얻을 다른 이름이 없다는(행4:12) 베드로의 주장은 예수를 구세주로 깨닫고 믿은 그들의 입장에서 한 말이다. 요한이나 베드로가 언제 세계 곳곳을 다니면서 수많은 종교를 연구하고 타종교인들과 대화를 나누어서 그 같은 결론에 도달했다는 말인가? 특히 그들의 주장의 대상은 불교인이나 모슬렘과 같은 타종교인들이 아니라 자신들과 같은 유대인들이었다. 따라서 이 말씀을 타종교와의 관계에 적용하는 것은 명백한 잘못이다. 그들의 주장은 유대인의 하나님이 예수 안에서 완전히 자신을 보이셨다는 것이고 이것은 유대인들의 관점에서 철저한 신성모독이었다.

불교나 다른 종교에 구원이 없다고 주장하는 것은, 마치 영어에 존댓말이 없으니 예절이 없는 사람들이라고 주장하는 것과 같다. 영어권의 사람들은 아이들이나 할아버지에게 똑같이 "You" 라고 말하니 버릇없는 상놈들이라고 우리들은 말할지 모르지만 호주에서 14년 동안 내가 경험한 그들의 예의범절은 오히려 우리들보다도 더 철저하고 엄격하다. 다만 그 내용과 방법이 우리들과 다를 뿐이다. 구원은 기독교의 가르침을 전하는 중심 주제이지만 불교의 가르침에서는 큰 의미가 없다. 서로 지향하는 바가 다르고, 각자가 깨달은 진리를 유한한 인간의 언어와 문화로 표현하려는 과정의 다양함을 무시한 채, 단순히 나의 척도로 상대방을 평가하려는 자세는 명백한 폭력이다. 내가 상대방에게는 용납하지 않는 자세를 내 스스로가 행하는 것은 자기기만이며 모순이다.

내가 교회에 매주 네 아이들을 데리고 가듯, 그날 정법사에서도 많은 아이들이 부모를 따라와서 예불을 드리고 점심을 먹고 뜰에서 놀고 있었다. 종교는 선택이 아니라 많은 경우 주어지는 것임을 깨닫는다. 이 세상의 어느 누가 모든 종교를 두루 경험해 보고 하나를 택해 믿고 있는가? 때로는 가정적으로, 때로는 지역적으로, 때로는 민족적 또는 국가적으로 종

신앙과 신학 사이

교는 주어진다. 개인의 선택의 여지는 생각보다 많지 않은 것이 현실이다. 그럼에도 이렇게 주어진 종교가 대부분 사랑과 영원을 가르치니 하나님께 진심으로 감사드린다. 다음에 절에 가면 스님과 함께 좀 더 깊은 대화를 나누게 되기를 소원해 본다. (2004. 6)

2005 Old Toongabbie Uniting Church 교인들과 함께

나는 왜《예수는 없다》를 권하는가?

정치지망생인 인터넷 저자에서 여러 신학자들과 한국 최고의 기독교 저술가인 대형교회 목회자에 이르기까지《예수는 없다》를 향한 광적인 분노와 신경질적인 폄하의 본질은 과연 무엇인가? 그럼에도 불구하고 같은 신앙인이며 목회자인 나는 왜 3년이 지난 지금도 이 책을 친지들에게 읽어보도록 권하는가?

지난 2001년 5월 발간된 이래 40쇄 이상 인쇄된 (2017년 개정판이 나올 당시까지) 책에 대한 독자들의 극단적인 반응은 다양한 경로로 나타나지만, 무엇보다도 오로지 이 책만을 반박하기 위해 쓰인 책들이 있다는 사실만큼 상징적인 것은 없다. 이들은 모든 감성적 접근과 학문적 정성을 들여《예수는 없다》의 내용과 논리를 반박하고 기존의 교리가 여전히 진리임을 강변한다. 특히 이들 모두 미국 거주 한인들에 의해 쓰여졌다는 사실이 흥미롭다.

하지만 그 의도와는 정반대로 이들의 눈물겨운 노력은 오히려《예수는 없다》를 널리 선전하는 결과를 가져올 뿐임을 모르는 것이 안타깝다. 무엇 때문에 촌음이 아까울 만큼 바쁜 교수, 사업가, 목회자들이 신학논문에 버금가는 서평을 쓰고 똑같이 목차를 따라가며 일일이 감정적으로 대

신앙과 신학 사이

응하는 책들을 잇달아 출판하는가? 이 책이 단지 시대에 뒤떨어진 낡은 주장들이고 논리적으로 허구일 뿐이라면 차라리 무시하는 편이 낫지 않겠는가? 이 책의 논지를 철 지난 것으로 가볍게 치부하는 그들은 왜 자신들의 엄청난 최신지식을 담은 책들을 그동안 쓰지 않았는가?

이 모든 상황의 밑바닥에는 《예수는 없다》로 인한 감당하기 힘든 도전과 충격이 있으며, 이들 신앙인과 목회자들은 여전히 변화와 개혁을 두려워하고 있음을 여실히 보여 준다. 그들이 아무리 새로운 학문적 지식을 앞세워도 변화와 개혁의 요구를 대하는 자세는 저 낡은 중세시대의 범주에서 한 치도 벗어나지 못하고 있다. 100년이 넘는 세월 동안 교회, 교권, 교리, 전도, 확장 지상주의에 깊이 몰입된 목회자와 신앙인들은 조금만 다른 이야기에도 목숨을 걸듯이 극단적인 반응을 감추지 않는다.

2차 바티칸 공의회(1962~65) 이후 엄청난 개혁의 길을 가는 가톨릭교회와는 정반대로 우리의 개신교회들은 중세 가톨릭교회를 무색하게 하는 반개혁과 권위의 상징이 된 지 오래다. 인류역사에서 완전히 폐기 처분된 '비느하스'의 창(민수기 25:7)을 모든 도전과 충격에 들이대는 그들의 모습은 보기 안타깝다. 아무리 거룩해도 분노의 표출은 명백한 폭력이며 범죄행위인 것을…. 도대체 무엇을 두려워하는 것일까? 한 권의 책에 그 근본이 흔들릴 만큼 그들의 교회는 허약한 것일까?

다분히 도발적인 책의 제목 《예수는 없다》는 일종의 역설적인 표현이다. 예수가 실제 인물이 아니라거나 지금까지 신앙의 동반자로 믿어왔던 예수가 허구라는 말은 결코 아니다. "신은 죽었다", "부처를 만나거든 죽여라", "죽일 수 있는 신은 죽어야만 한다" 등과 유사한 표현일 뿐이다. 또한 《예수는 없다》가 지금까지 교회가 선포해온 기독론적, 대속론적, 구원론적, 삼위일체론적, 종말론적 예수를 모두 부정하는 것도 아니다.

그렇다면 어떤 예수가 없다는 것일까? 기독교인들만 복 주고 타종교인과 무신론자들은 저주하는 예수; 믿고 기도하는 자에게는 모든 세상적인 복을 주는 예수; 자연과 환경을 파괴하고 인간들의 생육번식만을 권장하는 예수; 이 세상의 현실문제에는 관심이 없고 오로지 천당 가는 것만 중요시하는 예수; 평화를 무시하고 육체적, 영적 전투를 통해서 반대파를 억누르는 예수; 모든 세상사람을 기독교인으로 만들라고 명령하는 예수; 부자, 권력자, 미국으로 대표되는 자본주의를 좋아하는 예수; 남성우위, 인종차별, 동성애차별, 권위주의를 지지하는 예수…. 이 책의 주장은 이렇게 잘못 이해되고 잘못 믿어온 그런 예수가 없다는 것이다.

개인적으로 2002년 11월 캐나다 파크민스터 연합교회(Waterloo, Ontario)에서 3개월의 교환목회 중 두 차례 만난 오강남 저자는 우거지된 장국을 좋아하는 소탈한 성품의 학자이며 신실한 기독교인이다. 토론토 한국일보사에서 주최하고 그가 인도한 유료 신앙좌담회에 100명 이상의 교민이 참석하고, 1967년 설립된 토론토 한인연합교회 성도들과 신앙토론회를 인도할 만큼 많은 한인들의 지지와 존경을 받고 있다.

나에게 《예수는 없다》는 한국교회가 그동안 애써서 눈 감고 귀 막아왔던 것들을 정리해서 전해 주는 훌륭한 참고서이다. 사람들을 교회로 불러들이고 헌금을 많이 하게 하는 일에는 도움이 안 되겠지만, 하나님(하느님, 그분, 신, 알라, 천지신명, 초월적 존재, 존재의 근거 …)을 추구하는 사람들의 신앙적인 사고의 폭을 넓혀주고 신학적인 사색으로 인도하는 신학입문서로서 손색이 없다. 이 책으로 인한 충격이 전혀 없지는 않겠지만 그것은 지금까지 교인들을 교회성장의 도구로만 대해 온 한국교회 전체의 업보이다. 오히려 지금이라도 이런 책을 통해서 교인들 스스로 하나님과 예수를 깊이 깨달아 가도록 도와야 할 것이다.

도전과 충격은 늘 우리를 불편하게 하지만 결국은 우리를 성숙하고 강하게 만든다. 아이들이 따뜻한 집안에서 좋은 음식만 먹는다고 튼튼해지는 것은 아니다. 약간 춥게 입히고 밖에서 친구들과 부딪히고 넘어지면서 뛰어놀 때 몸이 자라고 성숙해진다. 신앙 역시 반복적인 학습의 결과가 아니라, 매일매일의 삶 속에서 우리들이 부딪히고 고민하고 뒤돌아보는 가운데 흘러나오는 진액의 결정체이다. 이 일을 도와주는 것이 목회이며, 함께 이 일을 하는 곳이 교회이다. 많은 사람들이 《예수는 없다》를 통해서 진짜 예수를 찾게 되기를 간절히 소망한다. (2004. 7)

나는 왜 게리 집에 갔는가?

내가 게리를 처음 만난 것은 2002년 12월 1일 일요일 캐나다 파크민스터 연합교회였다. 그날은 3개월의 교환목회(Exchange Ministry) 일정으로 캐나다 온태리오주 워털루에 온 우리 가족이 맞이한 세 번째 일요일이었고 아울러 새로운 교회력이 시작되는 강림절(Advent) 첫 주여서 더욱 의미가 깊었다. 나는 그날 "Come, break through"라는 제목으로 다음과 같은 설교를 했다.

강림절의 4주 동안 우리들은 우리에게 찾아와서 우리의 삶을 간섭하고 해방시키는 하나님을 찬양합니다. 구약에서 가장 중요한 하나님의 모습은 출애굽을 통한 해방의 하나님입니다. 그렇다면 나는 언제, 어디서, 어떻게 나의 삶에서 해방의 하나님을 경험했을까요? …. 나의 삶과 특히 목회의 방향에 결정적인 하나님의 경험은 주로 호주연합교회 신학교(United Theological College, North Parramatta)에서 학업과 실습을 통해서였습니다. UTC는 내가 신학, 목회 그리고 교회구조와 치리 가운데 역사하시는 하나님을 새롭게 발견하게끔 만들어 준 성령의 보금자리였습니다. 신학과정 중에 남자보다 더 많은 여자 신학생들을 보면서, 그리고 안수와 임직에 아무런 성적차별이 없음을 보면서 나는 오래되고 고질적이며 정신적 문화적 질병인 성차별(Gender Discrimination)에서 비로소 해방될 수 있었습니다. 신학과정 첫 해에 성서입문과 성서비평을 배우면서 나는 오래되고 고질적이며 정신적 문화적 성서해석학적 질병인 문자주의와 근본주의에서 비로소 해방될 수 있었습니다.

호주연합교회의 목사는 한 교회에서 최대 10년까지만 목회가 가능하며, 성별, 나이, 경력, 교인 숫자에 관계없이 동일한 최소사례비를 받고, 공동목회 중인 모든 목회자들은 동등한 지위에 있다는 것을 알게 된 후 나는 오래되고 고질적이며 정신적 문화적 교회적 질병인 권위주의에서 비로소 해방될 수 있었습니다. 동성애를 성경적, 생물학적, 사회적, 정신적 관점에서 다룬 여러 논문들과 호주연합교회의 성에 관한 보고서들을 읽으면서 나는 오래되고 고질적이며 정신적 문화적 성적 질병인 동성애공포증(Homophobia)에서 비로소 해방될 수 있었습니다. 우리들은 우리 모두에게 찾아오시는 하나님을 찬양합니다. 우리들은 모두 은혜 가운데 우리에게 찾아오신 하나님을 경험한 이야기들을 갖고 있습니다. 성령은 우리에게 찾아와 우리를 새롭게 하고 확신을 주며 삶을 인도하고 능력을 줍니다. 이러한 믿음의 이야기들을 나누는 것은 실제로 성령의 사역에 동참하는 것이며, 하나님을 우리 삶에 모시는 길입니다.

이런 내용의 설교 후에 호주 찬양 "The Great Southland"를 부르고 성만찬으로 예배를 끝냈다. 예배에 참석한 300여 명의 교인들과 인사를 나눈 후 다시 예배당으로 들어가려는 내 앞에 게리는 서있었다. 40대 초반의 마른 체구에 수줍은 표정으로 게리는 나에게 설교 원고를 이메일로 보내 줄 수 있는지 물었다. 설교자에게 설교원고를 원하는 것 이상의 격려는 없기에 기쁜 마음으로 그의 이메일 주소를 받고 게리와의 첫 만남은 그렇게 끝났다. 이틀 후 화요일에 갖는 성서일과(Lectionary)토론시간에 은퇴목사인 맥럭클린 목사는 나에게 지난 일요일 게리가 예배에 참석하고 얼마나 기뻐했는지를 말해 주었다.

동성애자인 게리는 워털루에 있는 다른 교회에서 단지 그가 동성애자라는 이유로 쫓겨났던 아픈 경험을 가지고 그날 예배에 참석해서 나의 해방의 이야기에 깊이 공감했던 것이다. 지금은 이혼하고 혼자 생활하지만 장성한 자녀들이 있는 맥럭클린 목사 역시 모든 교인들이 알고 있듯이 동성애자이다. 캐나다 연합교회에서의 오랜 목회경험과 목회학 박사로서 학문적 깊이가 있는 그와의 만남과 교제 그리고 자상한 지도는 교환목회 기간 내내 나에게 큰 힘이 되었다.

오늘 이 시대를 살아가는 우리에게 동성애자들은 과연 누구인가? 오랜 인류의 역사 속에서 그래왔듯이 우리는 그들의 삶을 부정하고 계속 자신을 속이며 살아가도록 강요할 수 있는가? 지난 세기 후반부터 시작된 인권운동에 힘입어 이제 동성애자들은 이성애자들과 함께 동등한 사회구성원으로 인정되며 그들에 대한 어떤 차별도 법으로 금지된다. 하지만 예수의 급진적 하나님 나라 운동을 이어가야 할 교회는 편견과 관습에 얽매여 사회의 변혁을 이끌기는커녕 사회가 이루어 놓은 변화조차 수용하기를 거부하고 있다. 동성애자 목사안수를 금하는 모든 교회들이 그들의 교회법에 이것을 명시적으로 언급하지 못하는 이유가 반차별법 때문일지도 모른다고 생각하면 쓴웃음이 나온다.

다른 많은 교회의 오류와 잘못처럼 이 문제도 잘못된 성경해석과 적용에 기인한다. 성경은 컴퓨터나 기계의 매뉴얼처럼 우리 인간의 모든 삶의 문제들을 일일이 지시하고 해결해주는 책이 아니다. 성경은 많은 신앙의 선배들이 만나고 경험했던 하나님에 관한 이야기를 모아 놓은 책이지, 결단코 오늘 우리들이 받아들일 수 있는 과학이나 역사책이 아니다.

신앙과 신학 사이

성경에 단편적으로 나오는 동성애에 관한 언급도 현재 우리들의 관점에서 보면 일방적 편견과 잘못된 이해들이 대부분이다. 이것은 또한 여자, 이방인, 노예, 그리고 이민자들의 경우와도 정확하게 일치한다.

성경에서 여자, 이방인, 노예, 이민자들에 대해 어느 정도로 현대사회의 이해를 대변하고 있는가? 지금도 바울 서신서를 들먹거리는 교회지도자들이나 교인들에 의해 여성비하 발언이 공공연히 행해지고, 아담을 타락시킨 하와의 죄가 여성목사안수 금지의 주요이유로 등장한다. 그렇다면 성가대원, 지휘자, 교사들은 누가 할 것이며, 예수를 십자가에 못 박은 남자들은 어떻게 목사안수를 받은 것일까? 살인하지 말라는 모세의 계명을 이방인들에게 적용한 유대인이 있던가? 성경에서 지속적으로 노예제도를 문제시하고 완전한 노예해방을 이루었는가?

지금까지 여자, 이방인, 노예, 이민자차별로 인해 가장 큰 피해를 입은 곳은 바로 교회이다. 여자, 이방인, 노예, 이민자들의 믿음, 헌신, 재능, 지도력을 무시해온 것만큼 하나님의 나라는 위축되었다는 것을 왜 모르는가? 마찬가지로 지금까지 동성애차별로 인해 가장 큰 피해를 입은 곳도 바로 교회이다. 교회가 그들의 예술적 감각, 섬세한 정서, 예민한 지도력을 적극적으로 포용했다면 하나님의 나라는 지금보다 훨씬 더 확장되었을 것이라고 나는 믿는다. 교회가 하나님 나라의 정의, 평등, 자유, 진리를 외치면서 사회의 변화, 진보, 개방, 개혁을 선도하지 못했다는 사실에 나는 부끄러움을 느낀다. 그리고 거룩한 하나님의 말씀이 하나님의 백성들을 고취시키고 북돋우기 보다는, 그들을 억누르고 차별하고 핍박하는데 쓰였다는 사실에서 나는 균형 잡힌 성경해석의 크나큰 책임을 느낀다.

동성애를 적극적으로 포용하는 사람들의 대부분은 그들 가족 중에 동성애자가 있는 사람들이다. 교회가 어떻게 가르쳐왔든, 성경에서 무어라 말하든, 가까운 가족으로써 그들의 삶의 고통, 방황, 번민, 갈등의 긴 과정을 지켜보면서 결국 그들을 있는 그대로 받아들이게 된 것이다. 그리고 이것은 예수가 그와 함께 살았던 수많은 민중들을 용서와 사랑으로 끌어안았던 바로 그 모습이다. 유대교에서 어떻게 가르쳐 왔든, 율법에서 무어라 말하든 예수는 개의치 않고 자유롭게 수많은 삶의 경계선들을 넘나들며 자기에게 나아 오기를 재촉하는 하나님이 아니라 우리들에게 찾아와서 묶인 것을 풀어주는 해방의 하나님을 보여 주었다.

그런 그가 동성애자들만 그의 포용의 대상에서 제외했으리라고 나는 믿지 않는다. 오히려 그는 적극적으로 그들의 삶의 자리에 찾아가서 함께 울고 그들의 눈에서 눈물을 닦아 주었음이 틀림없다. 따라서 믿음의 길을 가는 우리 모두가 그리스도 안에서 하나라고 하는 바울의 위대한 선언(갈라디아서 3:28)은 동성애의 관점에서 보면 충분하지 못하다. 나는 이 부분을 늘 다음과 같이 고쳐 읽는다: "너희는 유대인이나 헬라인이나 종이나 자주자나 남자나 여자나 이성애자나 동성애자나 다 그리스도 예수 안에서 하나이니라."

캐나다에서 풍성한 눈 속의 성탄절과 연말연시를 보내고 2003년 1월 26일 일요일 예배 후에 게리는 그의 집으로 우리 가족과 함께 몇몇 교인들을 점심식사에 초대했다. 드문드문 집들이 있는 워털루 교외의 그의 넓은 정원은 전날 내린 눈이 두껍게 쌓인 위로 밝은 햇살이 따사롭게 비쳐 환상적인 겨울풍경을 연출하고 있었다. 집안에서는 남자와 여자, 어른과 아이, 목회자와 교인, 장애인과 비장애인, 이성애자와 동성애자, 그리고 다양한 문화가 뒤섞여 맛있는 식사와 함께 정겨운 대화가 이어졌다. 우리 세 아이들은 게리 집의 이곳 저곳을 다니면서 즐겁게 뛰어 놀고,

나는 5개월 된 넷째를 재우면서 그리스도 안에서 하나된 우리들의 모습에 가슴 한 곳이 저려 옴을 느꼈다.

3개월의 교환목회가 끝나고 호주에 돌아온 어느 날 맥럭클린 목사님에게서 이메일이 왔다. 우리들과 함께 한 시간들을 추억하며 마지막에 게리의 이야기를 덧붙여 주었다. 그날 처음으로 목회자 가족이 그의 집을 방문해서 기도하고 함께 식사를 나눈 것을 그는 아직도 감사하게 생각한다는 것이었다. 진정으로 고맙게 생각하는 것은 우리들인데⋯. (2004.8)

나는 왜 자유주의자인가?

　해방된 조국땅에서 벌어진 변화와 혼란 가운데서 새 나라의 정체성과 미래에 결정적인 영향을 준 것은 무엇이었을까? 그것은 2차 세계대전 이후 동서냉전의 각축장이 된 한반도에서 강력한 반공정권의 수립을 원했던 미국이 임시정부 세력을 제치고, 제국주의 체제에 순종하여 지식과 국정경험을 쌓았던 친일파들을 앞세워 민족 대 반민족의 정치구도를 좌우대립의 구도로 급속히 재편했다는 사실이다. 이 와중에서 탄생한 국가보안법은 공산주의자들로부터 국가와 국민을 보호한다는 명분 아래, 실제적으로는 정치적 반대파와 국민들의 민주적 요구를 고문과 총칼로 억누르고 독재권력의 유지를 가능케 했던 최고의 수단이었다. 인권과 자유를 요구했던 수많은 민족주의자들은 국가보안법에 의해 공산주의자로 몰려제거되었다.

　이러한 역사의 숨결 속에서 자라온 한국교회에서의 공산주의가 바로 자유주의이다. 즉 반공을 앞세운 친일, 친미세력이 그들의 권력을 키우기 위해 국가안보의 명분으로 반대파와 민족주의자들을 공산주의자로 몰아 제거했던 것처럼, 정통보수를 앞세운 교회정치세력이 교회성장의 명분으로 반대파와 합리적 신앙인들을 자유주의자들로 몰아내고 자신들의 힘을 키워왔다는 사실이다. 그들에 의해 자유주의는 너무도 쉽게 하나님, 성령, 예수를 부정하는 무신론으로 매도되었고, 정통보수 신앙의 수호와 교회성장을 위해 반드시 제거해야 할 악의 세력으로 치부되었다. 하지만 자유주의가 바로 무신론이라면 자유주의자들은 왜 신앙, 신학 그리고 목회의 길을 가는 것일까?

넓은 의미에서 자유주의는 외부의 구속으로부터 각 개인의 자유를 강조하는 지극히 평범하고도 당연한 정치적 신념을 지칭한다. 신학적 자유주의는 전통의 권위보다 규범에 근거해서 종교적 질문을 정착시킨 종교적 사색의 한 형태로 정의된다. 하지만 일상의 교회생활에서 말하는 자유주의는 성경을 읽고 해석하는 기독교인들의 다음 네 가지 자세들 중의 하나이다.

문자주의자(Literalist) - 성경은 하나님의 입에서 나온 말씀이며 성령의 직접적인 인도와 영감 아래 쓰여졌다고 믿는다. 성경은 역사적, 과학적 그리고 교리적으로 영원히 진리이며 어떤 면으로도 오류나 잘못이 없다. 하나님의 말씀은 믿음의 중심이며 우리들의 모든 삶을 늘 구체적으로 인도한다. 성경은 기독교인들의 삶에서 질문의 대상이 아니라 순종의 대상이다. 근본주의자(Fundamentalist)라고도 불린다.

자유주의자(Liberalist) - 성경은 하나님을 찾고 경험한 사람들이 쓴 글들의 모음이다. 그들은 완전하지는 않지만 하나님과 신앙의 진정한 의미를 이해하려고 애썼던 사람들이다. 그들은 성령의 영감에 인도되었지만 그들의 글에 오류가 없는 것은 아니다. 성경을 읽으면서 우리들은 직간접으로 인간실존의 기본문제들을 다루는 이야기들을 만난다. 성경의 본래의 메시지를 찾기 위해서는 성경을 덮고 있는 초자연적인 요소들을 벗기고 성경을 자세히 살펴보아야 한다. 인본주의자(Humanist)라고도 불린다.

해방주의자(Liberationist) - 성경의 중심목적은 억압과 부정으로부터 모든 인류의 해방이다. 정의와 자유가 없는 곳에서 사람들은 하나님을 알 수 없다. 정의, 자유 그리고 인권의 확립은 하나님 나라가 도래한다는 징후이다. 하나님이 성육신한 예수는 하류계급에 속하면서 그의 목숨을 대가로 치를 만큼 그들에게 자신의 운명을 던진 사람이었다. 정의와 자유를 통한 사회적 복음은 하나님 나라에 관한 예수의 가르침의 중심이었다. 영적인 것보다 더 가치 있는 것은 사회적, 정치적으로 참여하는 행동이다.

교회주의자(Ecclesiastic) - 믿음의 중심은 교회의 삶, 증거 그리고 사역이다. 신앙생활에서 성경은 필수적이지만, 각각의 기독교인들은 그들 스스로 성경을 이해할 수 없기 때문에 교회의 역사와 전통에 비추어 교회가 해석해 주는 것을 따라야 한다. 성경은 교회의 삶의 결과이며, 성경과 교회 전통은 매우 밀접하여 동일한 목표를 추구한다. 성경의 권위는 하나님이 교회에 주신 권위와 분리해서 이해할 수 없다. 전통주의자(Traditionalist)라고도 불린다.

지난 우리들의 교회 역사를 뒤돌아볼 때 문자주의와 교회주의는 바람직한 신앙의 모습으로 권장된 반면, 자유주의와 해방주의는 반신앙적인 것으로 매도되었다. 하지만 분명한 것은 참으로 건강한 신앙공동체를 이루려면 네 그룹이 적절한 균형을 이루어 상호존중과 서로를 의지하는 가운데 다양성(Diversity)과 통일성(Unity)의 조화를 추구해야 한다는 점이다. 우리들이 흔히 언급하는 복음주의(Evangelicalism)는 개신교 내에서 신앙생활의 한 흐름을 일컫는 말로서 성경의 권위, 철저한 회심과 중생의 체험, 성경 읽기와 기도, 전도와 선교에 대한 헌신, 변화된 삶 등을 강조한다. 이와는 별도로 무조건적인 교회성장이나 목회자의 권위를 신성시한 것은 한국상황에서 권력지향적 목회자들의 자기합리화일 뿐, 진정한 복음주의와는 전혀 관계가 없다.

지나간 교회역사와는 달리 오늘날 현대사회의 삶에서 문자주의와 교회주의는 힘을 잃어가는 반면, 자유주의와 해방주의는 점점 더 사람들에게 호소력 있게 다가간다. 19세기부터 시작된 과학과 기술의 발전은 이제 모든 면에서 우리들의 삶을 지배하며, 현대인들은 성경해석과 교회생활에서도 이성과 상식을 중요시한다. 권위와 형식을 타파해온 시민혁명과 높아진 인권의식은 교회와 성경의 일방적인 권위에서 해방되고 자유롭게 되기를 원한다. 문자적으로 믿어지지 않는 것을 억지로 믿는다고 하기보다, 솔직히 이야기하면서도 하나님을 추구하는 자세가 성숙하고 진실하다고 믿는다. 도대체 우리 모두가 현대과학과 기술의 혜택을 누리면서도, 교회 안에서는 수 천년 전의 의식세계를 고집하는 이중성을 어떻게 감당할 수 있겠는가?

더구나 문자주의와 교회주의는 성경과 교회전통을 절대화함으로써 하나님과 동일시하는 큰 잘못을 저질렀다. 성경이 하나님의 말씀이라는 것은 그 근본정신과 가르침이 하나님의 뜻을 담고 있기에 하나님의 말씀이라는 것이지, 성경 자체가 하나님이라는 뜻은 아니다. 교회전통 역시 그 속에서 하나님의 뜻을 찾을 수 있지만, 하나님이 교회 밖의 사람들을 통해서도 말씀하고 계심을 교회는 겸손히 인정해야 한다. 그것이 비록 성경과 교회전통이라 할지라도 하나님과 동일시한다면 우상이라는 것을 명심하자. 따라서 우리들의 과제는 성경 또는 유신론적 표현과 교회전통을 하나님과 분리함으로써 생명 없는 문자와 화석화된 교리 속에 갇혀 있는 하나님을 해방시키는 일이다. 즉 하나님을 추구하면서 동시에 성경과 교리에 도전하는 것이다.

무엇보다도 우리들이 잊지 말아야 하는 것은 예수 자신이 정통 유대사회의 율법과 형식에 도전하면서 급진적으로 자유로운 삶을 살았다는 사실이다. 율법과 형식에 구애받지 않으면서도 그 근본정신을 이룸으로써 그는 진정한 자유주의자의 본을 보여 주었다. 오늘날 예수를 따르는 자유주의자는 자신과 이웃에게 솔직하며, 성경과 교리의 경직성과 잘못을 인정하면서도 최대한도로 도덕적이고 윤리적인 삶을 살려고 애쓰는 사람들이다. 반면에 오늘날 어떤 형태로든 신앙생활에서 정통보수를 자처하면서 자유주의를 비신앙으로 매도하는 사람들에게서 예수 당시의 바리새인들과 율법주의자들의 모습을 보는 것은 참으로 가슴 아픈 일이다.

나는 완벽한 자유주의자는 아니지만 이성과 상식이 있는 신앙생활을 추구하며, 나의 자유와 함께 이웃의 자유를 존중하고, 위선과 가식이 없는 삶을 살려고 애쓴다. 나는 오늘도 예수에게서 하나님 나라의 해방과 정의를 배우며, 교회 전통 속에서 성령의 인도하심에 따라 성경의 문자적, 상징적 해석을 통해서 하나님의 뜻을 깨닫고 실천하려고 노력한다. 율법과 형식을 넘어서 예수가 보여 준 하나님 나라의 삶의 근본정신에 따라 살아가려는 나는 작은 자유주의자이기를 소원한다. (2004. 10)

나는 왜 종교 간의 대화를 추구하는가?

지난 해 12월 14일 올드 퉁가비 연합교회에서는 색다른 한인들의 송년 모임이 열렸다. 불교인, 가톨릭교인 그리고 개신교인 50여 명이 모여 함께 식사를 나누고 노래와 캐롤을 부르면서, 타종교인과의 만남과 교제 가운데 한 해를 보내고 새해를 맞이하는 시간을 가졌다. 무엇보다도 불교계의 참여가 두드러져서 시드니 정법사 회주 기후 스님과 지범 법사, 그리고 한국에서 방문 중인 비구니 스님 두 분과 여러 불자님들께서 기쁜 마음으로 참석해 주셨다. 서로 처음 만나는 많은 얼굴들이 있었지만 자연스러운 인사와 다정한 대화 속에서 서로를 향한 존경과 신뢰의 마음을 읽기는 어렵지 않았다. 과연 우리는 왜 만났고 앞으로 무엇을 할 것인가?

2002년부터 부정기적으로 이루어진 종교 간의 대화 모임은 2004년 6월 11일자 본 칼럼 "나는 왜 부처님 오신 날 절에 가는가?"(이하 "왜 절에 가는가?")를 계기로 2004년 8월부터 매월 만났고 12월 송년모임을 갖기에 이르렀다. 우선 필자의 칼럼 "왜 절에 가는가?"에 대해 여러 독자들이 보여 준 반응은 예상을 훨씬 뛰어넘는 것이었지만, 서로 극적으로 대조되는 의견들이 많았다. 특히 부정적인 반응들은 전부 개신교 목회자들과 교인들로부터 나왔음은 특기할 만하다. 하지만 이들 모두가 칼럼 본래의 주제에 이르지 못했음은 너무나 아쉬운 일이다.

우선 사랑과 희생을 근본 가르침으로 삼는 기독교회의 한 목사로써, 필자는 이웃에게 회개를 외치기 앞서 먼저 우리 자신들을 뒤돌아보고 우리들이 먼저 회개할 것을 주장했다. 서로 다른 종교를 단순히 비교해서 어느 것이 좋고, 진리를 소유하고 있고, 힘이 세다는 식의 논리는 이제 아무도 설득할 수 없기 때문이다. 서로가 더불어 살아감은 자연의 근본이치요, 더불어 살아가는 근본원리는 상호존경과 이해, 관용과 사랑임을 우리는 모두 알고 있다.

따라서 예수의 이웃사랑과 자기희생의 가르침을 이제는 더불어 살아가는 이웃 종교와의 관계에서 실천할 것을 촉구했고, 그 방편으로써 지금까지 잘못 해석되고 본문의 상황과는 전혀 관계없이 적용된 성경구절(요 14:6, 행4:12)들을 좀 더 객관적이고 균형 잡힌 시각에서 볼 것을 주장했다. 아울러 불교를 비롯한 타종교의 가르침과 논리를 구원이라는 기독교의 일방적인 잣대로 판단하려는 자세는 옳지 않다는 것을 지적했다. 중요한 것은 나의 주관적인 기준으로 상대방을 판단해 온 유대교와 기독교의 잘못된 전통을 벗어버리고 사랑과 영원을 추구하면서 더불어 살아가자는 것이 칼럼의 주제였다.

"왜 절에 가는가?"로 인한 한인교회 협의회 명의의 성명서에 대한 사과문과 필자의 유감표명이 지난 12월 17일 호주일보에 동반 게재됨으로써 6개월 만에 이 문제는 일단락되었지만, 정작 중요한 것은 과연 오늘 우리들의 종교가 서로 간에 사랑과 평화를 이룰 수 있는지 보여 주는 일이다. 개인간의 오해와 편견을 해소하려면 만남과 대화가 필요하듯, 서로 다른 종교 간에도 만나서 교제하지 않으면 불필요한 오해와 어처구니없는 편견으로 극단적인 대립을 일으킨다는 것이 역사의 교훈이다. 따라서 종교간의 대화는 일차적으로 존경과 절제 가운데 이해증진과 상호교류를 이

신앙과 신학 사이

루는 것이 주요목적이다.

서로 다르다는 것이 분명 잘못이 될 수는 없다. 오늘의 호주사회에서 수많은 다른 민족들이 함께 더불어 살아가는 것처럼, 자연 속에서 수많은 다른 피조물들이 함께 더불어 살아가는 것처럼, 다른 종교인들도 역시 더불어 살아가는 우리의 이웃이다. 종교의 좁은 틀 안에서 우리들은 다를 수밖에 없지만, 신앙의 길에서 우리 모두는 동반자이며 친구들이다. 만나서 교제해 보면 다른 모습 속에 있는 한 마음을 느낄 수 있다. 무엇보다도 이웃과의 만남 속에서 진정한 나를 발견할 수 있음은 하나님의 은혜이다. 이웃은 나의 모습을 비춰주는 거울이며 나를 바로 볼 수 있도록 도와주는 스승이다. 따라서 종교 간의 대화는 양보가 아니라 발전이다.

종교 간의 대화를 이어가면서 나는 종교가 전도라는 구호 아래 힘겨루기를 통한 세력확장이라는 악습에서 벗어나, 인간다운 삶을 위한 깨달음의 나눔이라는 본래의 자리로 돌아가야 한다는 것을 거듭거듭 마음에 새긴다. 12세기 한 신학자의 말은 정곡을 찌른다. "자신의 고향을 아름답다고 생각하는 사람은 아직도 순진한 초보자이다. 모든 땅을 자신의 고향으로 보는 사람은 제법 성숙한 사람이다. 그러나 모든 세계를 하나의 타향으로 생각하는 사람이라야 비로소 온전한 사람인 것이다." 내게 처음 깨달음을 준 나의 종교는 내게 귀하고 소중하다. 하지만 다른 종교에 속한 사람도 역시 그렇다는 것을 종교 간의 대화를 통해서 나는 배운다. 나는 이제 이 세상의 삶을 떠났을 때 내게 종교는 과연 무엇인지를 생각해 본다.

희망과 기대 속에 시작한 2005년이지만 지나온 많은 날들과 특별히 다르리라고는 믿지 않는다. 단지 오늘 나의 작은 생각과 행동의 변화가 훗

날 큰 변화를 가져오는 밑거름이 되기를 바라며, 새해에는 어렵게 시작된 종교 간의 대화가 확고히 자리잡게 되기를 기도 드린다. (2005.1)

2006 가족 사진

신앙과 신학 사이

성장과 탐욕

민주화와 탈권위로 나아가고 있는 한국사회에서 박정희 전대통령에 대한 향수에 젖어 있는 사람들이 상당수 있다. 그의 독재와 철권정치의 피해자들 중에서도 이제 사회 각 분야에서 지도자가 되어 그를 예찬하고 그 시절을 미화하는 이들을 보는 것은 역사의 아이러니이다. 당시 정통성을 갖지 못한 군사정권은 강력한 수출드라이브를 통한 성장위주의 경제개발을 밀어붙였지만, 그 과정에서 정경유착, 부의 편중, 독재심화, 인권탄압, 공해배출, 물질만능주의 등 수많은 문제점들을 노출시켰다. 이들이 중요시한 것은 방법이나 절차의 정당성보다는 당장 눈에 보이고 손으로 만져지는 결과였다. 명령에 무조건적으로 복종하는 군대시스템을 신봉했던 이들에게, 각자의 개성을 존중하고 다양한 요구를 수용하는 일은 사치며 나아가 반역이었다. 따라서 집중화, 대형화, 그리고 획일화는 1960-70년대 한국사회를 대변하는 키워드였다.

한국 개신교 역시 이러한 사회의 흐름에 큰 영향을 받아 교회성장을 목회의 최우선 목표로 삼아 지금까지 질주해왔다. 한 대형교회는 1950년대 후반 서울에서 개척교회를 시작해서 지금은 기독교 2천 년 역사상 최대의 단일교회를 이루었다. 하지만 담임목사는 교인들을 심방하고 위로하는 목회 본연의 일보다는, 개인 경호원들에게 겹겹이 둘러싸여 세계 각국을 다니며 목회영역을 확장하기에 너무나 바쁘다. 그가 전하는 예수는 누구나 어디서나 만날 수 있지만 그를 만나는 것은 불가능한 일이다.

무에서 세계최대의 교회를 탄생시킨 담임목사는 성장제일주의를 교회에 적용해서 성공한 최고종교인(Chief Religious Officer)이다. 하지만 현재 수 조원에 이르는 교회재산과 헌금을 관리하고 집행하는 그의 모습은 여느 재벌 기업가들보다도 더 세속적이다. 교회와 관련기관의 모든 중요 직책은 직계가족과 친인척이 맡는 족벌세습 경영체제를 확고히 구축했다. 특히 문어발식 확장으로 계열사 20여 개를 거느린 미디어 재벌을 탄생시켰고 교회건물을 담보로 1천 억을 빌리기도 했다. 이 와중에 이러한 불법과 족벌경영을 비판하고 문제 삼은 교회소속 장로들을 출교시키고 제명하기에 이른다. 결론적으로 전반적인 교회경영은 주먹구구식이며 규정과 절차가 구멍가게만도 못하다고 한 저널은 꼬집었다.

서울의 세계 최대의 한 감리교 대형교회의 담임목사 역시 성장제일주의가 이룩한 한국교회의 또 다른 신화이다. 예수 믿지 않는 자들에게는 지진과 해일로 하나님께서 심판하시며 믿고 바치는 자에게는 차고 넘치는 복을 주시니, 원수마귀들을 무찌르고 승리의 면류관을 받을 때까지 나를 따르라고 그는 소리 높여 외친다. 하지만 헌금해야 복받는다면서 거둬들인 돈의 많은 부분을 그는 감독회장 선거에서 부정선거자금과 당선사례비, 불륜관계에 대한 합의금, 교회장로를 구속시키려는 변호사비, 부인명의의 별장건축비, 아들명의의 교회건축비 등 부정한 일에 개인용도로 사용한 후 모두 목회에 필요한 것이니 교회가 감당해야 옳다고 주장했다. 결국 서울고등법원에서 거액의 교회공금 횡령으로 유죄판결을 받자 그는 예수 믿기 때문에 오는 핍박이라고 둘러댔다.

신앙과 신학 사이

최근에 들어서야 서서히 그 베일을 벗는 한일협정 문서에서 보듯, 쿠데타로 시작된 군사정권의 유일한 치적인 경제발전의 종자돈을 만들기 위해 국민들의 피와 눈물과 한 맺힌 설움을 빼앗아 일본 정부로부터 돈을 받아낸 것은 국민에 대한 배신이자 사기이다. 만일 이것이 국가와 국민 모두를 위해 어쩔 수 없는 선택이었다면 당연히 경제발전의 대가를 일제 식민지배의 피해자들에게 우선적으로 돌려주었어야 마땅하다. 하지만 우리들이 익히 아는 대로 성장에 따른 모든 이익은 권력자들과 그들과 야합한 재벌들이 독식해 왔다. 도대체 자신의 국민들을 보호하고 돌보는 일을 망각한 정부, 상처받은 국민들에게 또 다른 상처를 주는 정부는 누구를 위해 왜 존재하는가?

목회는 하나님을 믿고 그의 뜻에 따라 살아가기를 소원하는 하나님의 백성을 돌보고 위로하는 일이다. 어린 아이들에게 성장은 삶의 결과일 뿐 성장하기 위해 사는 것이 아닌 것처럼, 교인들에게 교회성장은 신앙생활의 결과일 뿐 교회성장을 위해 신앙생활 하는 것이 절대 아니다. 성장제일주의자들의 가장 큰 문제는 성장의 주체이며 그들에게 지도력을 위임한 말 없는 다수인 국민과 교인들 전체를 위해 일하지 않는다는 데 있다. 국가와 하나님의 이름으로 이들 정치인과 목회자들은 그들이 섬기고 봉사해야 할 국민과 교인들 위에 군림하면서 개인적인 명예와 힘을 즐기고, 국민과 교인들의 바램과는 무관하게 국가와 교회의 재산을 제멋대로 낭비하는 엄청난 잘못을 저지르고 있다. 공과 사를 구별하지 못하고 직업현장에서 윤리의식이 전무한 우리들의 고질적인 풍토가 교회에서는 목회자의 권위라는 미명으로 오히려 심화되는 서글픈 현실 앞에 우리들은 서 있다. 도대체 우리의 목회자들은 누구를 위해 무엇을 위해 지금까지 교회를 성장시켰고 목회를 하고 있는가? 오늘의 목회자들에게 과연 교인들은 누구인가? 단순한 교회성장의 도구인가 아니면 섬김의 대상인가?

누가복음 12장의 한 부자는 풍년을 맞아 창고를 헐고 더 크게 지어 평생을 즐길 생각에 빠져 있을 때 영혼을 도로 찾겠다는 하나님의 음성을 듣게 된다. 그의 잘못은 추수한 곡식이 모두 자기 것이니 혼자 갖겠다는 탐욕인 것처럼, 이들 정치인들과 목회자들의 잘못은 성장의 결과를 자신의 것으로 여기고 모두 차지하겠다는 데 있다. 일제치하의 피해자인 국민들을 총칼로 억누른 채 경제발전의 이익을 독차지한 것은 탐욕이다. 도대체 10억짜리 교회를 헐고 100억짜리 교회를 지어 모두 내 교인으로 삼겠다는 생각이 탐욕이 아니면 무엇이랴. 교회 근처의 교인들만 아니라 1-2시간 떨어진 곳에 사는 교인들도 버스를 운행해서 모두 내 교회로 데려와 내 설교를 듣게 하겠다는 생각이 바로 부자의 탐욕이 아니면 무엇이겠는가. 탐욕은 하나님을 향한 거룩한 소망이 아니다. 탐욕으로는 결단코 하나님의 나라를 이룰 수 없다. 탐욕의 길은 현재에도 장래에도 멸망의 길이기 때문이다. (2005. 2)

나는 왜 아직도 부활을 믿는가?

전통적인 기독교 교리에서 부활은 가장 중요한 핵심교리 중의 하나이다. 구원은 예수를 구주로 영접하고 하나님께서 그를 죽은 자 가운데서 살리신 것을 믿음으로써 가능하다(로마서 10:9). 또한 십자가에서 예수가 죽은 후 실의와 절망에 빠져 있던 제자들이 부활한 예수를 만나고 나서야 비로소 그가 메시아인 것을 확신하고 복음을 전함으로써 교회가 시작되었기 때문이다.

초기 구약의 경전에서는 죽음 이후의 삶에 대한 믿음이 발견되지 않는다(시편 115:17). 부활의 개념은 유대 묵시문학에서 발전되어 영혼의 불멸보다는 죽은 자들의 부활의 형태로 정착되었다(이사야 26:19). 부활은 생명의 소생이나 의식의 회복이 아니라 인간 육체와 영혼의 완전한 변화를 뜻한다(고린도 전서 15:53-54). 이러한 부활은 죽음 후에 일어나는 각각의 개별적인 사건으로서가 아니라 집단적인 것으로 이해되었다. 즉 하나님은 역사의 종말에 선택한 모든 사람들을 일으킬 것이다.

신약에서 부활절 사건에 관한 제일 오래된 증언은 복음서가 아니라 기원후 55년경에 바울에 의해 쓰여진 고린도 전서이다(15:3-8). 복음서 중에서는 마가복음이 제일 먼저 쓰여졌고(기원후 70년경), 15-20년 후에 마태복음과 누가복음이 쓰여졌으며, 요한복음이 쓰여진 것은 대략 기원후 100년경이다. 복음서와는 달리 고린도 전서 15장에서 바울은 "빈 무덤"에 관해 언급하지 않으며, 따라서 부활신앙은 "빈 무덤"에 근거한 것이 아니라 "주님의 보이심"이라는 사실이다.

고린도 전서에서 바울은 부활한 예수의 보이심을 순서적으로 언급한다 - 1) 베드로, 2) 열 두 제자, 3) 오백 명, 4) 야고보, 5) 모든 사도들, 6) 바울 자신. 한 가지 분명한 것은 다메섹 도상에서 바울에게 보이신 예수는 육체적으로 부활한 예수가 아니며, 따라서 그가 동일한 동사 "보이다"를 모두에게 사용함으로써 다른 사람들의 부활한 예수 경험도 동일한 것임을 강하게 암시하고 있다. 또한 고린도 전서에서 부활과 승천의 구별은 드러나지 않는다. 즉 예수의 보이심은 부활해서 이미 승천한 그리스도의 하늘로부터 나타나심이다.

복음서에 나오는 빈 무덤의 이야기는 매장 후에 무덤을 찾아간 막달라 마리아와 다른 여인들의 보고에 근거하고 있다. 하지만 단순히 매장한 시신이 사라졌다는 이들의 이야기만으로는 직접적이고도 구체적인 육체부활의 증거가 되지 못한다. 부활한 예수의 보이심이 있고 난 후 제자들은 여인들의 이야기를 부활에 관한 그들의 믿음과 일치하는 것으로 받아들였으며, 부활절에 관한 선포의 도구로써 빈 무덤 이야기를 발전시켰다.

여기서 우리들이 주목해야 하는 것은 이 과정에서 예수의 보이심과 부활에 대한 이해가 점점 육체적인 형태를 갖추기 시작했다는 것이다. 즉 부활한 예수는 복음서에서 제자들과 함께 땅 위를 걸어 다니고 말하고 먹고 마시고 자신의 몸을 만지도록 한다. 그 결과 부활은 승천과는 완전히 분리된 별도의 사건으로 자리잡게 된다. 하지만 사복음서 모두에 들어 있는 부활의 이야기들은 고린도 전서 15장에서 바울이 말한 예수의 보이심과 전혀 부합하지 않을 뿐 아니라, 그들 자체로도 여러 면에서 너무나 다양해서 서로 조화를 이루거나 하나의 이야기로 만들 수 없다.

마가복음은 후대에 첨가된 16:9 이하를 빼면 부활한 예수의 보이심은 없고, 여인들이 무덤 안에서 만난 청년이 전하는 이야기만 있을 뿐이다. 마태복음에서는 이미 승천한 예수가 갈릴리에서 제자들에게 선교사명을 주며 세상 끝까지 그의 임재를 약속한다. 누가복음의 예수는 부활한 후 40일을 제자들과 함께 지내며 성경을 해석해주고 성령의 강림을 약속한 후 승천한다. 요한복음에서 부활하고 승천 중에 있는 예수는 무덤 안에서 마리아와 대화를 나누고, 제자들의 모임에 나타나서 손과 옆구리의 상처를 보여 주고 성령을 부어주며, 그 후에 바닷가에서 제자들을 만나 숯불에 생선과 떡을 구워 먹이고 베드로에게 목양의 사명을 준다.

이렇게 각각의 복음서에서 발전되고 확장된 예수의 육체부활은 부활에 관한 우리들의 이해에 혼란과 어려움을 준다. 누가복음에서 엠마오로 가던 제자들은 함께 길을 가며 오랫동안 이야기를 나눈 부활한 예수를 왜 알아보지 못했을까? 제자들이 준 구운 생선을 먹은 예수는 40일 동안 매일 식사를 해야만 했을까? 요한복음에서 베드로와 사랑하는 제자는 무덤 안에 있던 예수를 왜 발견하지 못했을까? 마리아는 왜 부활한 예수를 알아보지 못하고 동산지기라고 생각했을까?

우리가 이렇게 부활의 육체적인 면에만 초점을 맞추면 우리들의 부활에 대한 관심은 점점 엉뚱한 방향으로 흐른다. 살과 뼈를 가지고 부활한 예수는 공기도 물도 없는 하늘로 올라가서 어떻게 살아갈까? 부활한 예수에게 손과 옆구리의 상처가 그대로 있다면 우리들이 살아가면서 사고로 생긴 상처들도 부활 후에 그대로 남을까? 사고로 죽은 사람들은 어떻게 될까? 어릴 때 죽으면 부활해서도 아이가 될까? 장례 후에 화장해서 뼈를 뿌리면 과연 부활할 수 있을까?

이러한 생각들은 내가 부활을 믿고 이해하는데 아무런 도움도 되지 않으며, 나는 동정녀 탄생과 더불어 육체부활을 더 이상 문자적으로 믿지 않는다. 부활절의 의미가 핫 크로스 번을 먹고 초콜릿 계란을 주고받는 것이 아닌 것처럼, 잡지에 아무 내용도 없는 교회광고를 크게 인쇄해서 페이지수를 늘리는 것이 아닌 것처럼, 육체부활은 내게 부활절과 관련된 의미를 전혀 주지 못한다. 역사의 종말에 하늘도 땅도 없어지는 때에 육체적으로 부활한다는 것이 무슨 소용이 있으랴?

하나님과 그의 나라에 대한 새로운 가르침과 깨달음을 주었던 예수가 십자가에서 죽고 사라진 후에도 불길처럼 퍼져 나가는 하나님 나라 운동을 이해하려고 애썼던 초대교회 안팎의 사람들에게 예수의 부활보다 더 적합한 표현은 없었다. 부활 승천한 예수는 육신의 제약을 벗어나 유대 지역에, 소아시아에, 로마에 나타나 수많은 사람들을 부르고 만나고 대화하고 먹이고 가르치고 사명을 준다. "내가 떠나가는 것이 너희에게 유익이라"(요한복음 16:7)고 그는 말하지 않았던가?

따라서 예수의 부활이 오늘 내게 중요한 이유는, 나와 모든 신앙인들의 삶 가운데, 이 땅의 모든 교회의 삶과 활동 중에 그가 함께 한다는 믿음 때문이다. 그의 부활은 우리 모두의 삶과 신앙이 우리 것이 아니라는 겸손한 신앙고백이며, 서로 의견을 달리 하는 많은 사람들이 사랑과 용서 안에서 하나가 되어야 한다는 거역할 수 없는 이끄심이다. 예수의 부활은 나의 삶이며 나의 믿음이다. (2005. 4)

나는 왜 성령강림절을 기념하는가?

　　오순절 성령강림은 강한 바람과 불의 모습을 동반한 성령의 힘의 역사이다(행2:2-3). 예수의 수난, 십자가 처형, 부활 그리고 승천으로 이어지는 하나님의 위대한 인류구원의 섭리 한가운데서 어찌할 바를 모르고 있던 예수의 제자들에게 성령이 힘과 권능으로 임한 것이다. 로마 통치세력과 유대 종교세력 양쪽으로부터의 탄압에 지하로 숨어들어 문을 닫고 한 곳에 모여 있던 그들은 성령이 임함으로써 비로소 입을 열어 예수의 가르침과 그가 그리스도임을 선포할 수 있었다. 십자가와 죽음의 세력 앞에서 힘을 잃고 잠잠해 있던 그들은 성령의 권능이 임함으로써 입을 열어 담대히 말씀을 선포하고 해방과 능력과 치유를 경험하게 되었던 것이다.

　　오순절 성령강림에서 이들에게 임한 "말씀의 기적"(Miracle of the Tongue)은, 고린도 전서나 사도행전의 다른 부분에서 나타나는 이 세상에서 쓰이지 않고 이해할 수 없는 방언이 아니라, 그 당시 예루살렘에 와 있던 지중해 연안의 유대인들과 여러 이방인들이 실제로 사용하는 방언으로 일어났다. 지하에 숨어서 잠잠히 탄압의 광풍이 지나가기만을 기다리던 그들이 공공장소에 모습을 드러내고, 처형당한 그들의 지도자가 반란의 주모자가 아니라 하나님의 아들이라는 폭탄선언을 당시 예루살렘에 있던 여러 민족들의 언어로 거침없이 외쳤던 것이다.

하지만 이러한 오순절의 성령강림을 실의에 빠진 예수의 제자들에게 일어난 "말씀의 기적"으로만 보는 것은 단지 동전의 한 면을 보는 것에 지나지 않는다. 힘없이 침묵하던 사회적 약자들이 과감히 일어나 주류 세력들을 향해 그들의 언어로 새로운 논리를 선포한 것이 오순절의 "말씀의 기적"이라면, 여전히 권력과 물질을 가지고 호령하던 지배세력이 일순간에 입을 닫고 전혀 생소한 주장에 열심히 귀를 기울이게 된 것 역시 오순절의 "들음의 기적"(Miracle of the Ear)이다.

사도행전 2:1-13을 자세히 보면 말하기와 듣기가 같은 횟수로 언급되어 있음을 알 수 있다. 말씀의 기적이 가능한 것은 들음의 기적이 있기 때문이다. 듣는 이가 없는 곳에서 말씀의 기적은 없고, 듣는 사람이 있어도 서로 언어가 다르다면 말씀의 기적은 있을 수 없으며, 듣는 사람이 있고 같은 언어를 쓴다 해도 들어 줄 마음과 의지가 없다면 말씀의 기적은 일어날 수 없다. 즉 말씀과 들음은 서로 다른 것이 아니라 결국 하나이며 또한 상호보완적이다. 따라서 오순절의 성령강림은 예수의 제자들에게만 임한 것이 아니라 그 자리에 있던 모든 사람들에게 일어난 공동체적 사건이다.

역사적으로 교회는 오순절 성령강림을 "말씀의 기적"으로만 받아들였고 "들음의 기적"은 외면했다. 특히 개신교회는 모든 교회생활에서 말씀을 절대화함으로써 들음에 따르는 인내와 절제와 묵상을 철저히 무시해 왔다. 말씀의 강조는 자연히 말씀을 전하는 목회자의 권위를 하늘 높이 올렸고, 개신교인들 역시 다른 종교인과 신앙인들의 말을 들어 주기보다는 일방적으로 자신의 말만 하는 것을 당연시해 왔다. 같은 교회 내에서도 많은 말은 긴장과 충돌을 일으켰고 사랑의 공동체를 종종 분쟁과 분열로 몰아넣었다.

신앙과 신학 사이

말씀과 들음의 균형은 특히 사회역학관계에서 복음의 균형 있는 삶을 요구한다. 힘 없고 소외된 말없는 다수에게 복음의 빛을 비춤으로써 그들이 힘을 얻고 해방되어 말씀의 기적을 체험하듯이, 권력과 물질을 소유한 기득권층은 복음의 빛 아래서 이제껏 그들이 누려왔던 말하는 일을 멈추고 겸손히 들음으로써 십자가를 경험하고 섬김을 배운다. 하지만 복음을 통한 위치의 반전은 한번으로 끝나서는 안된다. 힘 없고 소외된 자가 부활과 말씀의 기적을 체험하고 늘 그 자리에 머물면서 힘을 즐긴다면 어떻게 될까? 권력과 물질이 있으면 언제나 교회에서 듣고 섬기기만 해야 되는가?

복음은 우리들이 어느 한 자리에 머물지 않고 끊임없이 움직이는 것이 이 땅에서 하나님 나라의 삶을 살아가는 것임을 일깨워준다. 십자가와 죽음에서 "말씀의 기적"으로 부활과 권능을 경험한 후 "들음"으로써 다시 십자가와 죽음으로 돌아가고, 부활과 권능의 자리에서 "들음의 기적"으로 십자가와 죽음을 맛보고 "말씀"으로써 다시 부활과 권능을 느끼면서, 우리들은 이 땅에서의 삶이 영원한 것이 아니며 결코 하나님의 자녀들이 소망을 둘 곳이 아니라는 것을 배운다. 부활과 죽음을 반복해서 거치면서 우리들은 이 세상이 지나가는 곳이지 머물 곳이 아님을 깨닫는다.

그렇다면 말씀선포를 제일 큰 사명으로 갖고 있는 목회자는 어떻게 "말씀의 기적"과 "들음의 기적"의 삶을 살 수 있을까? 목회자에게 들음의 은사가 필요한 것은 분명한 사실이지만, 대부분의 목회현장에서 설교를 배제할 수는 없다. 따라서 일요일에 예배를 인도하고 설교함으로써 부활과 권능의 자리에 올랐던 목회자는 주중에 교인들을 심방하고 회의와 교제에 참석하면서 주로 듣는 일에 치중함으로써 십자가와 죽음의 자리로 내려가야 한다. 말씀과 들음을 반복함으로써 목회자 역시 반전의 복음의 삶을 살아야 한다.

더구나 설교가 목회자의 성경해석 또는 일방적인 책망과 명령의 전달이 아니라, 교인들과 상호교류 가운데 이루어지는 성경말씀의 적용이라는 면에서 목회자의 들음의 과정은 필수적이다. 교인들과의 만남과 들음의 과정 없이 어떻게 성경말씀을 그들에게 적용하겠는가? 결국 청중과 아무런 목양의 관계없이 행해지는 부흥회에서의 설교나 목회자 청빙을 목적으로 한 설교는, 그것이 순전히 복음을 전하기 위한 것이 아니라면, 전혀 설교의 본래 목적에 부합하지 못하는 잘못된 관행이다. 참고로 필자가 속한 호주연합교회에서는 청빙을 위한 목회자의 설교를 원칙적으로 금하고 있다. 왜냐하면 설교는 설교자의 지식과 능력을 드러내고 자신을 높이는 자리가 결코 아니기 때문이다.

5월 15일은 성령강림절이면서 또한 음력 4월 8일로 부처님 오신 날이다. 말씀의 기적과 들음의 기적이 함께 했던 사도행전의 오순절 역사가 오늘 우리들에게 다시금 이루어져서, 한 종교 안에서만 아니라 서로 다른 종교 간에도 말하고 듣는 일이 일어나기를 간절히 소원한다. 자비, 사랑, 평화, 희생의 가르침을 준 부처와 예수를 따르는 우리들이 함께 모여서 말하고 듣는 일이 얼마나 아름다운가?(2005. 5)

신앙과 신학 사이

나는 오 교수의 강연에서 무엇을 깨달았는가?

캐나다 리자이나 대학의 종교학과 교수이며《예수는 없다》의 저자로 알려진 오강남 교수가 시내 유니테리안(Unitarian: 예수를 신격화하지 않으며, 삼위가 아니라 하나인 하나님을 믿음)교회의 초청으로 2005년 6월 3일부터 7일까지 시드니를 다녀갔다. 그는 3일 아침 도착한 후 바로 호주 연합교회 신학교(UTC)를 방문해서 교수들과 간담회를 갖고 강의에 참석해서 20여 명의 학생들에게 한 시간 정도 불교에 관한 소개와 아울러 질의응답을 나누었다. 4일 맥콰리 대학에서 네 시간에 걸쳐 진행된 세미나에는 100여 명의 교민들이 참석해서 기독교와 불교를 비롯한 여러 종교들을 한 자리에서 살펴보는 귀한 시간을 가졌다. 일요일인 5일에는 유니테리안 교회의 아침예배에서 설교를 했고, 저녁에는 올드 퉁가비 연합교회에서 70여 명의 참석자들을 위해 종교다원주의와 종교간 대화를 주제로 두 번째 세미나를 인도했다. 두 차례 그의 강연에 참석해서 나는 무엇을 배우고 깨달았는가?

우선 여러 종교들에 관한 오 교수의 설명을 들으면서 가장 먼저 깨닫는 것은 종교는 살아 움직이는 생명체라는 사실이다. 다른 모든 생물체처럼 종교도 태어나고 자라고 변하고 쇠퇴하고 죽는다. 또한 각각의 종교는 독립적으로 존재하는 것이 아니라 서로가 서로에게 영향을 주고받음으로써 끊임없이 변화한다. 흔히 생각하듯이 내가 믿는 종교가 갑자기 지금의 모습으로 나타나서 그대로 나에게까지 전해진 것이 결코 아니라는 것이다. 아울러 지금 나의 종교를 현재 모습 그대로 간직하고 보존하는 것도 불가능한 일이다. 각 종교의 형식과 틀은 영원히 보존하고 지켜야 할 본질적인 것이 아니다. 그것들은 시대와 상황의 변화에 따라 얼마든지 변할 수 있고 또한 변해야 마땅하다. 진정으로 간직해야 할 본질은 각 종교가 세상을 향해 베풀고 나누어 주는 가르침과 깨달음이다.

둘째, 개방적, 진보적 그리고 다원적 사고와 삶은 거부할 수 없는 시대적 요청이며 우리들 모두에게 주어진 피할 수 없는 과제라는 사실이다. 모든 것이 변하는 세상에서 나 혼자만의 삶을 고집하는 것은 원천적으로 불가능할 뿐 아니라 전혀 불필요한 일이다. 적극적으로 변화를 존중하며 수용하려는 것은 배신이나 패배가 아니라 나의 삶을 풍성케 하며 온전케 하는 일이다. 진리 자체는 불변이지만 진리에 대한 인간의 이해는 변할 수밖에 없다. 불변하는 하나님에 대한 우리들의 경험과 인식이 변하지 않는다면 그것은 생명력을 잃고 차갑게 죽어 버린 믿음일 뿐이다. 점점 좁아지는 세상에서 다른 종교, 다른 문화와의 만남과 접촉은 축복이며 기쁨이지, 결코 슬픔이나 두려움이 아니다. 따라서 개방되고 진보적이며 다원적인 자세는 이러한 축복과 기쁨을 극대화시킬 수 있는 발전적인 방법임을 오 교수는 우리 모두에게 일깨워 주었다.

셋째, 진취적이며 진보적인 삶의 자세는 뜻을 함께 하는 사람들의 연대와 상호협력을 절실히 필요로 한다는 것이다. 언제 어디서나 새로운 길을 가는 것은 외롭고 힘든 일이다. 특히나 편견을 바탕으로 한 집단이기

주의에 너무나 취약한 우리의 종교적 환경에서 조금이라도 새로운 것을 말하고 시작하는 일은 엄청난 희생과 대가를 필요로 한다. 한두 사람의 힘과 노력으로는 불가능하다. 오강남 교수를 비롯한 학자들이 학문적 영역에서 도전과 함께 신선한 충격을 주었을 때, 이것에 고무된 일상의 신앙인들이 그 길을 가기 위해서는 함께 모여 적극적으로 서로를 돕는 노력을 해야 한다. 함께 모일 때, 새로운 길을 가려는 것이 나 혼자만이 아님을 깨닫고 위로 받으며 힘을 얻는다. 함께 모일 때, 서로의 생각을 나누고 새로운 깨달음을 갖는다. 함께 모일 때, 진리를 향한 길에서 하나임을 확인하며, 흩어져 각자의 자리에서 소신 있게 변화와 개혁의 길을 걸어갈 수 있다.

"대형집회가 아님에도 기쁜 마음으로 먼 길을 와서 무보수로 강연을 인도한 오 교수께 깊은 감사를 드리며, 아울러 민족과 신앙전통과 신학의 차이를 넘어서 단지 진리탐구라는 이유로 흔쾌히 비용을 부담한 시드니 유니테리언 교회의 아량과 헌신에도 마음 깊은 곳으로부터 감사의 말씀을 전한다."(2005.6)

나는 왜 아직도 전도를 하는가?

개방적, 진보적, 다원적 사고와 삶을 추구하는 우리들에게 전도의 의미는 과연 무엇이며 왜 전도하는 것일까? 우리가 기독교의 유일성, 절대성, 배타성을 버리게 되면 전도할 필요가 없는가? 이웃 종교와 대화하고 교제하면서 어떻게 전도할 수 있는가?

근본주의적인 종교적 확신을 가진 사람들에게 전도는 자신의 종교 밖의 사람들을 개종시켜 자신의 종교 안으로 끌어들이는 일이다. 이런 경우 전도란 일방적인 자기신념의 강요이며 무조건적인 세력확장의 종교적 포장에 지나지 않는다. 일찍이 우찌무라 간조를 위시한 무교회주의자들이 거부했던 것이 바로 힘을 추구하는 타락한 인간본성을 교회의 세력확장에 이용하는 교회(전도)지상주의였음을 상기할 필요가 있다. 흔히 오해하듯이 무교회주의는 교회가 있어서는 안 된다는 것이 아니라, 단지 교회가 절대적인 것은 아니라는 뜻이다. 즉 교회는 있어도 좋고, 없어도 얼마든지 예수의 가르침을 실천하는 신앙의 길을 갈 수 있다는 주장이다.

무엇보다도 구시대적인 전도와 선교의 가장 큰 문제는 상대방의 입장과 상황을 무시하고 나의 주관적 판단과 결정을 절대적인 것으로 강요한다는데 있다. 이런 경우 친구로서 가족으로서의 다정했던 관계도 일단 서로가 다른 종교의 틀 안에 들어가면 일순간에 긴장과 경쟁의 관계로 바뀌는 것이다. 이러한 잘못된 신앙의 파괴력은 민족과 국가 사이에서는 극대화되어 결국 역사의 재앙이 되어 온 인류에게 회복될 수 없는 피해를 안겨 준다.

지나간 제국주의 시절 세계 곳곳의 식민지에서 영혼구원과 근대화라는 명분 아래 힘과 물질을 앞세운 제국교회의 선교정책으로 수많은 현지인들의 삶과 문화가 파괴되고 전혀 새로운 서구의 종교와 문화에 강제로 동화되어야 했던 슬픈 역사를 우리는 기억한다. 비기독교인 지역에 들어가 교회를 세우고 성경을 가르쳐서 세례를 주고 주민들을 개종시켜 세계를 복음화시킨다는 논리는 결과적으로 선교를 제국주의에 종속시켰고 교회세력확장의 도구로 전락시켰다. 한국 역시 이러한 제국주의적 선교정책의 막바지에서 기독교를 받아들였고 이러한 선교 패러다임을 피선교지에서 여전히 고수하고 있음은 너무나 슬픈 일이다.

하지만 우리들이 잊지 말아야 할 것은, 전도와 선교는 삼위일체 하나님께서 세상과의 화해를 위해 그의 백성들을 보내시는 일(Missio Dei)이라는 사실이다. 전도와 선교는 따라서 전도왕이나 선교사 또는 교회의 것이 아니라, 하나님의 것이며 하나님께서 하시는 일이다. 하나님의 나라는 온 세상에 교회를 세우는 세계복음화를 통해서 만들어지는 것이 아니라, 이 땅에 정의, 평등, 사랑, 용서의 공동체를 이루는 일이다. 하나님의 나라는 특정교회의 교리를 전파하고 주입함으로써 다가오는 것이 아니라, 정치와 경제를 비롯한 사회의 모든 영역에서 새로운 삶의 방식과 가치를 받아들이고 실천할 때 우리 가운데 이루어진다. 따라서 사회정의를 통한 인류보편의 가치를 구현하기 위해, 기독교인들은 무종교인들을 비롯한 다른 신앙인들을 배척하고 증오할 것이 아니라, 그들과 성심 성의껏

협력하고 동역해야 한다.

개방적, 진보적, 다원적 신앙과 삶을 추구하는 나에게 전도는 더 이상 내가 속한 특정종교로 개종시키려는 집요한 노력이 아니다. 종교가 갖고 있는 배타성, 폐쇄성, 폭력성으로 인해 나는 더 이상 종교인으로 불리기를 원치 않는다. 유한한 육신을 갖고 살아가면서 영원을 추구하는 나는 다만 한 신앙인일 뿐이다. 종교가 아닌 신앙의 길을 걸어가는 내게 전도는 더 이상 다른 사람들에게 기독교의 유일성, 절대성, 배타성과 관련된 종교의 온갖 우스꽝스러운 교리와 멍에를 얹어 주는 일이 아니라, 자유롭고 편안하게 영원을 향한 신앙의 길을 함께 걸어가자는 권유이며 초대이다.

내게 초대받은 그가 신앙의 길을 가기로 결단한 후 어떤 종교의 형식을 취할는지는 전적으로 그의 몫이다. 그가 내게 기독교에 관해 물어보면 나는 기쁜 마음으로 예수의 가르침과 그의 삶을 통해 보여진 하나님에 관해 이야기할 것이며, 아울러 역사 속에서 이루어진 교회의 전통과 역할 그리고 교회의 영광과 죄악에 관해 가능한 객관적으로 알려 줄 것이다. 그가 만일 다른 종교에 관심이 있다면 나는 그가 그곳에서 바르고 진실하며 깊이 있는 신앙의 길을 가게 되기를 진심으로 빌어 줄 것이다. 하지만 우리들이 비록 다른 종교에 속한다 할지라도 나는 그와의 만남을 지속할 것이며 서로의 신앙과 깨달음을 나누는 기쁨을 이어 갈 것이다.

궁극적으로 내가 추구하는 전도와 선교는 탐욕과 미움과 다툼이 있는 곳에 정의, 평등, 사랑, 용서의 한마당을 펼치는 일이다. 즐거운 만남과 다정한 대화가 펼쳐지고, 각 개인의 개성과 인권이 존중되며, 모든 편견과 차별이 사라지고, 모두가 모두를 한 가족으로 사랑하는 사회를 추구하

는 일은 모든 참 신앙인들에게 주어진 공통의 전도이며 선교이다. 이러
한 전도와 선교의 길에서 모든 신앙인들은 동역자이며 협력자들이다. 긴
장과 갈등을 불러왔던 전도와 선교의 구태를 벗어 던지고, 상식과 이성을
존중하며, 양보와 관용의 마음을 가지고, 사랑과 용서의 자리를 만들며,
깨달음과 나눔의 길을 한마음으로 걸어가는 삶의 자세가 바로 내게는 전
도이고 선교이다. (2005. 7)

1990.12.8 종교교회에서 결혼식

나는 왜 아직도 성경을 읽는가?

성경은 어느 날 갑자기 하늘 위에서 떨어진 책인가? 아니면 성경의 저자들은 하나님이 불러 주는 말을 그대로 받아쓴 것일까? 하나님은 히브리어와 헬라어로만 말하는가? 성경은 거룩한 책이기 때문에 훼손하거나 함부로 대하면 하나님으로부터 벌을 받는가? 성경은 신비한 능력이 있어서 눈을 감고 어느 곳을 펼쳐서 읽어도 지금 나에게 주는 하나님의 메시지가 있는가? 성경에는 학교 교재나 컴퓨터의 매뉴얼처럼 언제 어디서나 우리들이 지키고 따라야 할 원칙들만 들어 있는가? 무슬림, 불교인, 힌두교인, 무신론자들은 성경을 읽지 않기 때문에 바른 삶을 살 수 없는가? 성경을 읽고 공부하면 날마다 하나님의 특별하신 인도를 받아서 아무런 사고나 문제 없이 살 수 있는가? 성경에는 과학과 역사를 비롯한 모든 분야의 진리가 담겨있어 어떠한 오류나 모순이 전혀 없는 완전한 책인가? 성경을 읽는 사람은 창조론만 믿어야 하고 진화론은 거부해야 하는가? 호주 원주민에 관한 이야기는 성경에 없기 때문에 하나님께서는 그들에게 말하지 않는가? 하나님에 관한 모든 것은 전부 성경에 있는가? 성경이 바로 하나님인가?

대부분의 기독신앙인들은 성경을 "하나님의 말씀"(Word of God)이라고 부른다. 하지만 이 때의 "말씀"은 우리의 귀에 들리는 음향학적인 소리가 아니다. 예수가 "하나님의 아들"이라는 표현도 마찬가지이다. 이때의 "아들"은 부모의 성관계에서 출생한 생물학적인 남자아이가 아니다. 즉 "말씀"이나 "아들"은 신앙고백적인 용어(Confessional Languages)이다. 성경이 하나님의 말씀이라는 말은 세상의 어느 책보다도 성경 안에 하나님의 뜻이 제일 많이 담겨있다고 믿는다는 뜻이다. 예수가 하나님의 아들이라는 것은, 아버지의 마음을 아들이 제일 잘 아는 것처럼, 유대 역사 속의 어느 누구보다도 예수가 하나님에 관해 너무나 깊고도 새로운 사실을 우리들에게 알려 주었기 때문에 그와 하나님의 관계가 마치 아들과 아버지의 관계처럼 친밀하다고 믿는다는 뜻이다.

기독교 안에서의 신앙여정(Faith Journey)은 이러한 하나님의 말씀인 성경을 통해서 하나님을 알고 그의 뜻을 찾아가는 긴장과 아울러 감격이 넘치는 긴 여행길이다. 우리들을 신앙여정에 초청한 성경 속의 하나님은, 우리들이 상식과 이성을 가지고 때로는 어려운 질문들과 씨름하면서 "이해를 추구하는 믿음"(Faith Seeking Understanding)으로 나아가도록 인도하신다. 이러한 이해를 추구하는 믿음은 성경의 형성과정에 대한 바른 이해 즉 바른 성경관을 기초로 한다. 여기서 우리들이 먼저 알아야 할 것은 모든 성경이 같은 것은 아니라는 사실이다. 즉 정경(正經)으로써 성경의 범위는 하나가 아니다. 개신교의 구약은 39권이며 유대교의 히브리어 경전과 매우 유사하지만 책의 배열순서는 다르다. 가톨릭 교회는 개신교 구약 39권에 덧붙여 외경 또는 제2경전으로 불리는 7권을 더해서 46권으로 된 구약을 가지고 있고, 그리스 정교회는 가톨릭 교회의 정경에서 바룩서를 제외한 45권을 구약으로 갖고 있다. 개신교, 가톨릭, 그리스 정교회 모두 신약은 27권이다.

아울러 성경을 "구약"과 "신약"으로 나누어 말할 때 우리들이 염두에 두어야 할 것은, 구약의 근원이 되는 히브리어 경전을 유대교에서는 "구약"이라고 부르지 않는다는 사실이다. 왜냐하면 그들에게는 그에 대응되는 "신약"이 없기 때문이다. 그들은 히브리어 경전을 "타낙"(Ta Na K)이라고 부르는데 이는 일종의 히브리어 약칭으로써 그들의 경전을 구성하는 세 부분의 첫 글자들을 모은 것이다. 즉 그들의 경전은 율법(토라: 창세기, 출애굽기, 레위기, 민수기, 신명기), 예언서(느비임: 여호수아, 사사기, 사무엘, 열왕기, 이사야, 예레미야, 에스겔, 12소예언서)그리고 성문서(케투빔: 시편, 욥기, 잠언, 룻기, 아가, 전도서, 애가, 에스더, 다니엘, 에스라, 느헤미야, 역대기)로 이루어져 있다.

히브리어 성경의 정경화 작업(Canonisation)은 오랜 세월에 걸쳐 매우 느리게 진행되었다. 기원전 2세기경에 가서야 율법과 예언서가 정경으로 최종 확정되고 전반적으로 인정된 것으로 보이지만 성문서들은 여전히 유동적이었다. 기원후 1세기에 비로소 성문서가 정경에 포함되었고 그중에서도 에스더, 아가, 전도서가 제일 늦게 권위를 인정받았다. 기원후 1세기 당시 구약성서의 정경이 얼마나 유동적이었는지는 신약성서 저자들이 이제는 외경으로 분류된 글들을 그들의 성경에 인용한 사실에서 분명히 알 수 있다.

정경화 작업은 주로 신앙공동체의 다양한 필요에 의해 추진되었다. 기원전 6세기 율법의 확정은 바벨론 포로로 인해 유린된 공동체를 재건하는데 큰 도움이 되었다. 기원후 70년 예루살렘 성전의 파괴는 유대교를 새롭게 정립해야 할 필요성을 일깨워 성문서들이 정경에 포함되어야 하는지에 관한 세부적인 토론이 벌어졌다. 이러한 사실들을 볼 때 이스라엘 민족의 삶에서 감당할 수 없는 어려움이 닥쳤을 때 그들은 믿음의 중심이 되는 정경을 확정시키는 일에 매달렸음을 알 수 있다. 정경을 확정

신앙과 신학 사이

하는 기준은 예언자 시대, 즉 야훼의 영에 의한 영감의 시대에 쓰여진 것이어야 하며, 다른 책들과 모순이나 대립이 없을 것, 그리고 내면적으로는 상당기간에 걸쳐 다양한 유대공동체에서 널리 읽히고 받아들여진 책이어야 했다.

예수의 부활 승천 이후 형성되기 시작한 1세기의 초대교회에 주어진 정경은 단지 구약뿐이었다. 즉 디모데 후서 3:16에서 이야기하는 "성경"은 지금의 구약만을 뜻했다. 더군다나 초대교회 당시 기독교인들이 사용한 성경은 히브리어 성서가 아니라 대개는 헬라어판 구약성서(Septuagint: LXX: 70인역)였다. 왜냐하면 이들 대부분은 지중해 연안에 흩어져 사는 유대인들(디아스포라)이었기 때문에 헬라어에 훨씬 익숙해져 있었다. 이 헬라어판 구약성서와 히브리어 성서는 사용된 언어의 차이 외에도 전체 책의 숫자도 달랐다. 즉 헬라어 성서에는 앞에서 말한 외경이 포함되어 있었다.

1세기 말부터 이러한 헬라어판 구약성서에 구전되고 기록된 예수의 말씀이 더해지기 시작했다. 2세기에 들어서 4복음서를 비롯해서 바울 서신서들이 정경으로 인정받았지만 다른 많은 책들은 4세기 후반까지 논란의 대상이 되었다. 기원후 350년 이후에 가서야 교회의 공의회에서 정경을 다루기 시작했는데 이때까지 각각의 신앙공동체는 그들만의 고유한 성서를 가지고 있었다. 기원후 367년 아다나시우스 감독은 부활절 축하편지에서 27권의 신약정경을 발표했다. 기원후 405년에 이르러 교황은 로마교회를 위해 동일한 정경목록을 채택했다. 그러나 여러 지역에서 이것을 받아들이는데 상당한 시간이 걸렸다. 동방교회에서는 요한계시록을, 그리고 서방교회에서는 히브리서를 거부하는 등 정경에 대해 지속적인 반발이 있었다.

구약과 신약의 정경 형성과정에서 드러나는 공통점으로 우선 유동성을 들 수 있다. 구약과 신약 모두 정경의 형성과정은 매우 느리게 오랜 시간에 걸쳐 이루어졌으며 그로 인해 정경의 형태는 상당한 기간 동안 극도로 유동적이었다. 또한 정경으로 선택하는데 사용된 기준은 다양하고 일정하지 않았다. 유대교에서 적용한 "예언자 시대의 기록"과 "다른 책들과의 조화"라는 기준은 상당히 모호하며 주관적이다. 초대교회에서 신약정경의 형성과정에서 적용한 기준은 사도성, 보편성, 일관성 그리고 역사성이다. 하지만 구약에서처럼 이러한 기준들도 현대의 관점에서는 분명하지 않다. 복음서의 저자들은 대체로 익명의 개인들이었고, 바울 서신서들은 전체 교회를 향한 것이 아니며, 신약의 책들은 여러 문제들에 대해서 다양한 의견을 제시하고 특별히 서로 다른 네 개의 복음서들은 각각 예수의 삶을 다르게 설명하고 있다.

정경의 발전단계에서 분명한 점은 정경은 상당부분 인간의 결정의 산물이라는 것이다. 특정한 사람들이 무엇을 성경에 포함시키고 어떤 것이 권위적인 것인지를 결정했다. 성경은 분명히 신적인 면과 함께 인간적인 면을 갖고 있다. 즉 성경은 "하나님의 말씀"(Word of God)이면서 동시에 "인간의 말씀"(Word of Men)이다. 성경의 권위 역시 "위로부터 주어진 것"(from above)과 아울러 "아래로부터 주어진 것"(from below)이다. 이것을 극명하게 보여주는 것이 바로 정경의 채택기준에서 신앙공동체의 반응이었다. 즉 가난하고 무지하고 종교적인 하나님을 잘 알지 못했던 일반대중들의 반응이 바로 성경의 신적인 권위를 판단하는 중요기준이었다는 사실은 우리들에게 많은 것을 말해 준다. 하나님은 특별히 선택된 소수의 선지자들을 통해서뿐만 아니라 그 시대를 살아가는 수많은 일반대중을 통해서도 말씀하신다. 따라서 성경의 영감은 몇몇 저자들에게만 국한된 것이 아니며, 그들과 함께 삶과 신앙을 나누고 그들의 글을 읽으면서 하나님을 추구하고자 애썼던 신앙공동체의 모든 구성원들에게 임한 것이다.

아래로부터 주어진 권위는 특별히 복음서의 채택과정에서 분명히 나타난다. 초대교회 당시 50여 개의 복음서들 중에서 4개가 채택된 것은 이들이 가장 대중적이고 여러 공동체에서 광범위하게 읽혔다는 이유에서이다. 일부의 종교지도자들만이 하나님을 대신해서 정경을 선택한 것이 아니라 수많은 민중들이 이 일에 함께 참여했고 하나님의 뜻을 증거했다. 이러한 관점에서 우리들이 흔히 말하는 "민심이 천심"이라는 말은 정경의 채택과정에도 그대로 들어맞는다. 신앙공동체가 성경을 만들었고, 성경이 신앙공동체를 만들었다. 하지만 정경의 완성 이후 기독교는 이전의 포용력과 아량을 버리고 점점 독선적이고 배타적이 되었다. 오늘 우리들의 교회에서 드러나는 수많은 문제점들은 목회자들이 성경을 하나님의 말씀으로만 전하고, 위로부터의 권위만을 강요한 당연한 귀결이다. 소수의 안수받은 목회자들이 아래로부터 들려오는 다수의 민중의 말씀을 무시하고 빛바랜 전통과 교리만을 고집하는 것은 성경적이지도 않고 신앙적이지도 않다. 중세의 암흑시대처럼 지금 역시 하나님과 인간, 위와 아래의 균형이 무너지고 일방적으로 한쪽으로만 흐르고 있다.

나에게 성경은 다양한 삶의 자리에서 하나님을 찾고 경험했던 하나님의 사람들의 거룩한 이야기책이다. 그들의 이야기는 하나님을 추구하는 나의 마음을 고쳐시켜 믿음을 불러일으킨다. 그들의 삶의 방식을 시대와 장소를 초월해서 오늘의 나에게 그대로 적용할 수는 없지만, 그들의 이야기를 통해서 내가 가는 신앙의 길이 나 혼자만의 것이 아님을 깨닫는다. 그들의 이야기를 읽으면서 내가 어디에 서 있는지를 찾고 또 어디로 가야 하는지를 알게 된다. 복음서에서 예수의 가르침은 늘 내게 도전이 되며,

그가 인간의 한계를 극복하고 다다랐던 깨달음과 삶의 자세를 이루려고 나는 오늘도 애쓴다. 무엇보다도 그가 하나님과 나누었던 깊고도 완전한 관계는 내 신앙여정의 방향이 흔들리지 않도록 나를 일깨워 준다. 성경은 교리와 전통의 좁은 틀 안에 나를 가두어 놓는 막힌 상자가 아니라, 다른 많은 믿음의 선진들처럼 영원한 하나님의 나라를 향해 훨훨 날아가도록 인도하는 활짝 열린 창문이다. 성경은 나를 포로로 사로잡는 것이 아니라, 자유를 주고 해방시킨다. (2005. 9)

2002.11.17 Canada Parkminster United Church에서 3개월의 교환목회 첫 주일

신앙과 신학 사이

나는 왜 동성애를 수용하는가?

　우리들이 살아가는 이 시대의 화두는 동성애이다. 지난 20-30년 동안 전세계적으로 동성애자들에 대한 기본적인 인권보호, 차별금지, 결혼인 정, 유산상속, 인공수정 그리고 자녀입양 등의 이슈가 끊이지 않고 있다. 동성결혼은 현재 벨기에, 네덜란드, 캐나다 그리고 스페인에서 합법화되어 있다. 대부분의 교회에서 동성애 문제는 더욱 뜨거운 감자이다. 영국과 미국 성공회의 동성애자 주교임명, 캐나다 연합교회와 미국 연합그리스도 교회의 동성결혼 지지 결의안 채택, 그리고 영국 감리교회, 미국 남침례교회, 미국 연합감리교회와 호주연합교회를 비롯한 많은 교회들에서 동성애는 입교, 목회참여, 안수, 임직, 결혼예식 등과 관련해서 격렬한 찬반논쟁을 불러 일으키고 있다. 동성애를 반대하는 신앙인들은 동성애가 하나님의 창조질서에 어긋나며 분명한 성경말씀을 거스르는 죄라고 선언한다. 그렇다면 다른 신앙인들은 무슨 근거에서 동성애를 수용하는가?

　호주연합교회의 경우 1981년 빅토리아 주총회의 한 노회가 스스로 동성애자임을 고백한 목사후보자의 안수문제에 직면해서 전국총회에 문의함으로써 공식적으로 문제제기가 되었다. 전국총회 상임위원회는 1982년 3월 모임에서 다음과 같은 답변을 보냈다: "목사후보자의 성적 취향 (Sexual Orientation)은 지금까지 그래 왔듯이 현재도 그 자체만으로는 안수의 장애가 되지 못합니다. 후보자의 안수에 관한 결정은 다른 여러 요소들과 더불어 후보자의 성적 관심이 표현되는 방식에 근거합니다." 여기서 중요한 부분은 "성적 관심이 표현되는 방식"이란 구절이다. 즉 동성애자인지 이성애자인지가 기준이 아니라 당사자가 성적 관심을 행위로 드러내는 방식이 문제이다. 교회에서 용납하는 방식은 당연히 두 사람만의 진실되고 헌신적인 사랑의 관계에서 행해지는 성적 행위이지, 다수의 상대와 무절제한 행위는 동성애자와 이성애자 모두에게 허용되지 않는다. 동성애에 관한 호주연합교회의 입장은 교회창립부터 일관된 것이었으며, 2003년 7월 전국총회를 통해서 널리 알려진 "결의안(Resolution)84" 역시 새로운 것이 아니라 1982년 상임위원회의 답변을 다시 확인한 것에 지나지 않는다.

우리들이 동성애를 체계적으로 이해하려면 생물학적, 심리학적, 사회학적, 성서학적, 그리고 신학적 관점에서 접근이 필요하다. 현재 이들 분야에서 수많은 논문과 저서들이 있지만 논란이 그치지 않는 이유는 동성애가 선천적인 것인지 아니면 후천적 선택인지에 대한 분명한 결론이 없기 때문이다. 마치 물리학에서 빛의 성질을 입자와 파동 중에서 어느 한 가지로 결론짓지 못하는 것과 같다. 하지만 동성애에 대한 여러 관점에 앞서 제일 먼저 해야 할 것은 동성애 지향(Homosexual Orientation)과 동성애 행위(Homosexual Activity)를 구별하는 일이다. 동성애 행위는 동성애 지향이 있어서 하는 경우도 있지만, 이성애 지향을 갖고도 돈을 목적으로 또는 감옥이나 선박에서처럼 이성 간의 접촉이 제한된 곳에서 동성애 행위를 하는 경우도 있다. 반면에 동성애 지향이 있더라도 두려움 때문에 또는 신앙적인 이유로 동성애 행위를 하지 않는 사람들도 많이 있다. 즉 동성애 행위는 분명히 선택의 요소가 있지만 과연 동성애 지향도 선택할 수 있는 것인지가 논란의 대상이다.

신앙과 신학 사이

지금까지의 연구에서 동성애 지향의 형성에 관해 모든 반론을 잠재우는 단일이론은 정립되어 있지 않다. 만일 성호르몬, 유전자 또는 뇌 시상하부 등 신체적 차이 때문에 동성애 지향을 타고났다면 이것은 100% 선천적인 것이며 누구도 비난할 수 없다. 반대로 동성애 지향이 의도적인 선택이라면 그들을 변호하는 일은 무의미하다. 그러나 모든 것을 종합해 볼 때 성적 지향은 여러 요소들이 장기간에 걸쳐 작용한 결과로서 한번 형성되면 얼굴 모습처럼 거의 바뀌지 않는 개개인의 고유한 특성이라는 사실이다. 이것은 마치 성격과 같아서 타고난 것과 더불어 환경과 삶의 경험을 통해 성격이 형성되고 그 후 일생 동안 거의 바뀌지 않는 것과 같다. 그럼에도 많은 동성애자들이 주위의 영향 때문에 신앙요법을 비롯해서 다양한 치료기술을 추구하지만, 그들의 나이가 어리고 강한 동기를 갖고 있는 경우 외에는 거의 성공하지 못하고 현 상태를 인정하고 살아갈 수밖에 없게 된다. 그렇다면 성경은 동성애에 대해서 어떻게 이야기하는가?

일반적으로 인용되는 동성애 관련 성경본문은 다음과 같다. 창세기 19:4 이하, 레위기 18:22, 20:13, 신명기 23:17-18, 사사기 19-21장, 열왕기상 14:24, 15:12, 22:46, 로마서 1:26-17, 고린도 전서 6:9, 디모데 전서 1:10. 기독교인들 가운데 이들 본문에 대해 다양한 해석이 존재하며 따라서 그 의미도 서로 다르게 받아들여진다. 소돔과 고모라 성의 멸망에 관한 창세기 19장은 동성애보다는 텃세, 폭력, 그리고 윤간에 대한 정죄의 이야기로 보아야 한다. 왜냐하면 8절에서 롯이 자기 딸을 그들에게 주려고 한 것으로 보아 적어도 본문에 나타난 소돔 사람들은 동성애자들이 아니기 때문이다. 더구나 중요한 사실은 성경의 어느 부분에서도 소돔과 고모라의 멸망을 동성애 때문이라고 해석한 곳이 없다는 사실이다(이사야 1:10, 3:9, 예레미야 23:14, 에스겔 16:49, 누가복음 10:10-12). 사사기 역시 윤간이 주된 죄악이다.

신명기와 열왕기는 주로 산당에서의 예식 중에 남성매춘을, 그리고 고린도 전서와 디모데 전서 또한 남성매춘을 정죄하는데 이것이 이성애인지 동성애인지는 분명하지 않다. 레위기만 남성 동성애를 정죄하는데 역시 산당에서의 남성매춘에 국한된다. 로마서는 위의 본문들 중에서 유일하게 남성과 여성 동성애를 분명히 정죄하는 중요한 성경구절이지만 이것 역시 성적 행위와 성적 지향을 구별하지 못하는 한계를 드러낸다. 바울이 이들의 동성애 행위를 정죄하는 이유는 그들이 타고난 성적 지향에 따라 "순리대로" 성적 행위를 하지 않고, 즉 이성애자들이 이성애 행위를 하지 않고, 동성애 행위를 했기 때문이다. 따라서 로마서에서 바울이 정죄하는 것은 이성애자들이 순리를 따르지 않고 "음욕이 불일듯하여" 동성애 행위를 하는 경우일 뿐이며, 동성애 지향을 가진 동성애자들의 순리를 따르는 진지한 사랑에 관해 그는 알고 있지도 못했음이 분명하다.

동성애를 거부하는 신앙인들은 비록 레위기와 로마서만 동성애와 직접적으로 관련된 본문이라 할지라도 하나님께서 동성애를 정죄하는 것은 확실하며, 어떤 이유에서도 분명한 하나님의 말씀을 부정할 수는 없다고 주장한다. 반면에 동성애를 수용하려는 사람들은 성경이 우리 삶의 중심이지만 아울러 성경이 우리 삶을 무조건적으로 구속하는 것은 아님을 지적한다. 예를 들어 남성 동성애를 금하는 레위기의 다른 곳(25:35-38)에서는 이자를 받고 돈을 빌려주는 행위 역시 금지하고 있다. 우리는 이 율법을 오늘날 기독교인들에게 강요하지 않는다. 왜냐하면 과도한 이자가 아니라면 돈을 빌려주고 받는 이자는 정당하기 때문이다.

아울러 레위기에서는 오늘날 우리들이 지키지 않는 많은 율법들(두 가

110 　　　　　　　　　　　　　　　　　　　　　　　신앙과 신학 사이

지 재료로 만든 옷 금지, 피와 함께 고기를 먹지 말 것, 수염 끝을 자르지 말 것, 문신 금지, 부모를 저주하는 자는 죽일 것, 남의 아내와 간음하는 자는 둘 다 죽일 것, 월경 중에 성행위 금지 등)이 있는데 유독 산당에서의 남성매춘을 금한 부분을 동성애에 일방적으로 적용하려는 교회의 자세가 편파적이라고 동성애자들은 느낀다. 또한 로마서에서 남녀 동성애 행위를 정죄하는 반면, 신약의 다른 곳 마가복음 10:1-12에서 예수는 어떤 이유로도 이혼을 금하고 있다. 하지만 대부분의 기독교인들조차 예수의 이 말씀을 절대적인 명령으로 받아들이지는 않는다. 왜냐하면 예수의 의도가 우리들에게 새로운 율법을 주려는 것이 아니라고 믿으며, 나아가 이것을 억지로 강요하면 더 큰 불행을 초래하기 때문이다.

성경이 무조건적으로 우리들의 삶을 구속하지 않는 예는 또 있다. 노예제도나 일부다처제는 성경의 여러 곳에서 찾을 수 있지만 오늘날 어느 누구도 이것을 용납하지 않는다. 또한 구약에서의 간음은 본질적으로 결혼한 여자와 남자 간의 관계이다. 만일 남자가 결혼했어도 여자가 미혼인 경우에는 간음이 성립되지 않았다. 즉 가부장 사회에서의 간음이란 한 남편의 재산권의 침해로 이해되었다는 사실이다. 하지만 우리들 중에 이렇게 간음을 생각하는 사람은 없다. 아울러 동성애와 관련해서 성경 말씀에 절대적인 권위를 두려고 할 때 유의해야 할 것은 사복음서에서 동성애가 전혀 언급되고 있지 않다는 사실이다. 동성애가 일부 신앙인들의 생각처럼 그토록 중한 죄라면 왜 사복음서에서 아무런 말이 없겠는가? 또한 거룩한 성 예루살렘에 들어가지 못하는 요한계시록 21:8과 22:15의 명단에도 동성애자는 없다.

성경이 우리 삶의 중심이라는 것은 성경 전체에 흐르는 사랑과 자기희생의 가르침 때문이지, 모든 성경 구절들을 기계적으로 문자적으로 언제 어디서나 준수하라는 말은 아니다. 물론 각자의 성경해석은 자유이지만, 어떤 경우에도 우리들이 잊지 말아야 할 것은 사회에서 버림받고 희생된 약자들에 대한 예수의 관심과 사랑이다. 동성애자들은 자신과 분리시킬 수 없는 성적 정체성으로 인해 사회로부터 오랫동안 차별받고 고통 중에 살아왔으며, 그들 중 많은 사람들은 여전히 자신을 감추고 속이며 살아가도록 은연 중에 강요받고 있다. 기독교인은 이렇게 버림받고 희생된 이웃들을 사랑하도록 부름 받은 사람들이다. 필자를 비롯한 호주연합교회의 많은 신앙인들이 동성애를 수용하는 이유는 절대로 성경의 가르침과 권위를 무시하기 때문이 아니다. 오히려 하나님의 뜻을 찾고자 성경 말씀을 깊이 상고하고, 전체적으로 일관성 있는 해석을 추구하며, 무엇보다도 우리들 신앙의 지표인 예수의 가르침을 실천하려는 진지한 노력의 결과임을 밝힌다. (2005.11)

나는 왜 성탄절을 지키는가?

지난 12월 1일 동네사람들은 약속이나 한 듯 집집마다 성탄절 트리를 세우고 온갖 장식을 집 주위에 내걸었다. 나도 차고에 넣어둔 트리를 꺼내서 먼지를 털고 가지를 펼쳐서 밑에서부터 나무모양으로 세워 나갔다. 옆에서 구경하던 네 아이들은 신나서 손뼉을 쳐대고 마냥 즐거워했다. 거실에 들여다 놓고 지난 해 장식들을 꺼내 주니 서로들 나무에 매다느라고 한참을 바쁘게 보냈다. 눈도 없고 얼음도 얼지 않는 땡볕의 호주 성탄절의 무엇이 아이들을 흥분시킬까? 도대체 나는 평상시에는 거의 연락 없이 지내던 사람들에게까지 12월만 되면 국내외로 100여 통의 카드와 편지를 보내느라고 며칠을 소모하는 것일까? 엄청나게 상업화되어 버린 성탄절의 어느 구석에서 우리들은 더위에 지쳐 버린 아기 예수를 찾아볼 수 있을까?

다 알다시피 성탄절은 해마다 12월 25일에 예수의 탄생을 기념하는 기독교 최대의 축제이다. 반면 알메니안 교회는 1월 6일에 성탄절을 지킨다. 실제 예수의 생일에 관한 아무런 근거가 없음에도 성탄절이 12월 25일이 된 이유는 태양신의 탄생을 기념하는 일반인들의 축제일을 기독교가 "의로운 해"(Sun of Righteousness - 말라기 4:2)인 예수의 탄생을 기념하는 날로 바꾸었기 때문이다. 하지만 현대사회에서 성탄절은 더 이상 일반인들이나 교회의 축제에 머무르지 않는다. 완전히 상업주의화된 오늘날의 성탄절은 사업주들에게는 매출목표를 이루는데 없어서는 안될 최대의 이벤트 판매기간이며 소비자들에게는 최저의 할인가격으로 중요 물품을 구입할 수 있는 황금의 기회이다. 더구나 호주교회에서 성탄절은 본격적인 여름 휴가철의 시작으로 이미 12월 초부터 예배참석인원은 줄어 실제 교회생활에서 비중 있는 행사를 꾸미기 어려운 것이 현실이다.

전통적 관점에서 성탄절이 갖는 의미는 하나님의 아들인 예수의 탄생을 기념하는 날이다. 예수의 가르침과 삶을 통해 많은 사람들이 하나님에 관해 그때까지 전혀 몰랐던 새로운 이해와 경험을 했기에 그는 하나님의 아들이라 불리고 그의 탄생을 온 교회가 기뻐하는 것이다. 나아가 무한하고 완전한 절대자 하나님이 그의 아들을 이 세상에 보낸 것은 결국 하나님 자신이 인간 세상의 삶 속에 들어온 것이다. 기독교의 교리는 예수의 신성을 극대화시켜 그를 하나님과 동일시하며, 몰트만은 예수의 죽음을 "십자가에 못 박힌 하나님"이라고까지 강조한다. 따라서 예수의 탄생은 하나님이 죄 많고 부패한 이 땅에 인간의 몸을 입고 친히 찾아오신 것이며(Incarnation), 전지 전능 무소 부재한 하나님이 스스로 자신의 모든 영광과 권위와 능력을 포기하고 그의 피조물인 인간들을 섬기는 종의 지도력(Servant Leadership)의 모범을 보이신 것으로 이해된다.

하지만 예수가 하나님의 아들이라는 말은 그가 보여 준 하나님에 대한 깊은 이해에서 비롯된 신앙고백의 표현이지, 결코 생물학적인 아들을 말하는 것이 아니다. 따라서 성탄절에 기념하는 하나님의 아들로서 예수의 탄생은 2천 년 전에 한 번 있었던 역사적인 사건에 머무르지 않는다. 예수를 따르는 신앙인들의 신앙고백과 삶 속에서 예수는 해마다, 날마다 그리고 순간마다 태어난다. 전혀 하나님을 알지 못하던 사람이 신앙과 믿음의 길을 떠날 때, 그 후 매일 매일의 삶 속에서 새롭게 하나님의 임재를 느끼고 경험할 때, 좀 더 폭넓게 인생과 사람들을 이해하고 받아들이게 될 때, 좀 더 많이 가지려는 삶에서 자기 것을 나누어 주고 베푸는 삶으로 바뀔 때, 분열과 다툼에서 사랑과 자기희생의 길로 들어설 때 예수는 하늘의 영광과 천사들의 합창과 목자들의 증거 가운데 태어나고 또 태어난다.

아울러 하나님은 나사렛 예수에게만 임하신 것이 아니다. 하나님의 형상대로 지음 받았다는 것은 우리들의 외모가 아니라 작게라도 하나님의 영광을 보일 수 있도록 우리 속에 그의 영을 주었다는 뜻이다. 하나님의 영을 받은 우리의 자녀들은 하나님이 우리 가정에 맡기신 하나님의 아들과 딸들이다. 그들이 태어나던 날 하늘과 땅에서 울려 퍼졌던 천군천사들의 찬송소리를 벌써 잊었는가? 하나님의 아들과 딸들의 부모 된 우리 역시 하나님의 아들과 딸들이다. 우리들이 태어나던 날 주의 사자가 우리의 부모들 곁에 둘러서고 주의 영광이 저희를 두루 비추었다는 말을 못 들었는가? 결국 이 세상의 모든 생명은 하나님의 아들과 딸이다. 한 생명이 태어날 때마다 하늘의 별을 보고 동방의 박사들이 찾아와 아기께 경배하고 황금과 유향과 몰약의 예물을 드린다. 그렇다면 이 세상의 처음부터 지금까지 주의 영광과 천사의 찬송은 단 한 순간도 이 세상을 떠난 적이 없다는 말인가?

필자의 교회에서도 지난 일요일 주일학교 아이들의 성탄절 공연이 있었다. 작은 교회에서 열 명 남짓의 아이들이 천을 두르고 종이로 만든 당나귀와 낙타를 끌고 어설프게 마태복음과 누가복음의 성탄 이야기를 섞어서 교사들과 함께 성극 공연을 했다. 저들은 언제 자신이 하나님의 아들과 딸인 것을 알게 될까? 저들은 그들의 공연이 바로 자기 자신의 이야기인 줄을 알기나 할까? 우리들은 언제쯤에나 주의 사자와 동방의 박사들이 성탄절뿐만 아니라 일 년 내내 우리들 곁에 있다는 것을 깨닫게 될까? 일 년 중에서 성탄절은 특별히 우리 자녀들의 소중함과 그들의 신앙 여정을 위한 부모로서의 책임을 다시금 느끼게 한다. 아기 예수의 탄생 이야기를 다시 읽고 듣고 보면서 나는 이 땅의 모든 생명의 소중함과 그들 모두를 귀하게 여기는 하나님의 사랑과 성령의 도우심을 경험한다. 나는 성탄절뿐 아니라 날마다 태어나는 예수로 인해 주의 영광과 천사의 찬송이 늘 우리 곁에 있음을 감사드리며 하나님의 아들과 딸들이 사는 이 세상이 진정한 천국을 이루어 가기를 간절히 기도한다. (2005.12)

신앙과 신학 사이

나는 왜 그들 중의 하나가 될 수 없는가?

　그들은 대부분 남자들이다. 간혹 여자들이 있기는 하지만 함께 동등한 자격으로 서로를 인정하고 존중해 주기를 바라기는 불가능하다. 여자들을 아예 볼 수 없었던 시절에 비하면 엄청난 변화이며 발전이라고까지 말할 수 있지만 그들 중 일부는 아직도 공공연히 여성비하 발언을 하는 것을 보면 그들은 여전히 19세기를 살아가는 전설 속의 남자들이다. 현대 사회에서 아무리 많은 여성들이 지도자로, 사업가로, 전문가로, 봉사자로 자신들의 분야에서 재능을 발휘하고 사회에 공헌을 해도, 그들은 교회에서 여성의 지도력을 인정하고 목회에 적극적으로 참여하는 것을 거부한다. 그들에게 "여자의 머리는 남자"(고전 11:3), "여자가 남자를 위하여 지음을 받은 것"(고전 11:9), "여자는 교회에서 잠잠하라"(고전 14:34), "여자의 가르치는 것과 남자를 주관하는 것을 허락지 아니하노니"(딤전 2:12)라는 성경 구절들은 너무나 귀중하며 영원토록 변함없는 하나님의 말씀이다. 결국 그들의 교회는 살아 움직이는 생명체가 아니라 화석화된 말씀들을 모아 놓은 종교박물관이다.

　그들은 또한 권위의 사람들이다. 언제 어디서나 자신의 권위가 인정되고 유지되어야 하는 것은 하나님을 위해서라고 강변한다. 나이, 지식, 경험의 많고 적음과는 무관하게 그들은 남을 가르치며, 신앙의 길에서 갈

등, 고민, 방황하지 않으면서 거룩함을 추구하고, 단정한 복장과 깨끗한 외모로 타인에게 혐오감을 주지 않으므로 그들의 권위는 별과 같이 빛난다. 그들의 아내 역시 상대방이 누구든 자신의 남편에게 최고의 존칭을 쓰는 고유하고 이상한 어법으로 그들의 권위를 높여 주려고 애쓴다. 모든 자리의 상석은 당연히 그들을 위해 예비되어 있으며 그들의 기도 없이는 어떤 모임도 시작될 수 없다. 그들의 권위는 최종적으로 인사권과 예산집행권에서 나온다. 그들은 참석하는 교회의 모든 회의에서 의장이 되며 그들의 뜻에 반하는 결정이 내려지는 일은 상상하기 어렵다. 하지만 그들이 스스로의 권위를 남들에게 강요하는 일은 결단코 없다. 그들은 오직 성경의 권위만을 높인다. 그들만이 교회에서 성경을 갖고 해석하는 사람들이기 때문에 높여진 성경의 권위는 바로 그들의 것이다.

그들은 결국 교회 그 자체이다. 교회가 하나님의 백성들의 모임이라는 말은 적어도 실제 교회생활에서는 틀린 말이다. 그들의 꿈과 야망이 바로 교회의 비전이며, 그들의 마음이 움직이는 곳이 교회가 나아갈 길이다. 그들이 있는 곳이 바로 교회이며, 그들이 움직이지 않으면 교회의 모든 기능은 멈춘다. 그들과 불편한 관계가 되면 하나님의 교회를 대적하는 것이 되고, 그들의 마음을 기쁘게 하면 하나님의 마음에 합한 사람이 된다. 그들과 갈등이 생기면 하루라도 빨리 다른 교회로 옮기는 것이 상처를 적게 받고 자신을 보호하는 길이다. 그들은 언제 어디서나 그 교회에 주신 하나님의 대리인이며 실제적인 소유주이기 때문이다. 특히 그 교회를 설립해서 성장시킨 사람은 평생 머무를 수 있고 자식에게도 물려줄 수 있다. 교회의 규모에 따라 그들은 구멍가게 주인도 되고 중소업체 사장님도 되며 재벌기업 회장님이 될 수도 있다.

따라서 그들의 모든 관심은 교회성장이다. 교인숫자를 늘리고 예산을 확대하는 것만큼 자신의 권위가 높아지고 더불어 하나님의 나라는 확장된다. 교회성장을 위해서라면 모든 것을 할 수 있고, 성장에 방해가 된다면 그것이 무엇이든지 해서는 안 된다. 성장에 방해되는 자유주의 신학을 가르치는 나쁜 신학자는 신학교에서 쫓아내야 하며, 은혜가 되지 않는 나쁜 신학서적들은 불태워야 하고, 전통적인 교리와 어긋나는 나쁜 글들은 발표하지 못하게 해야 하며, 성장을 하지 못하는 나쁜 교회는 도태되는 것이 지극히 당연하다. 교인들의 마음을 움직이기 위해서라면 없는 이야기도 지어낼 수 있고, 교회를 위한 거짓말은 거짓말이 아니라고 확신한다. 교인들이 늘어나는 것만이 유일한 하나님의 임재의 증명이며 진리가 선포된다는 명백한 증거이기 때문에 목회윤리는 불필요한 사치이며 걸림돌에 지나지 않는다. 결국 오늘날 사람들에게 버림받는 선지자는 더 이상 필요 없으며, 십자가에 달린 예수는 그 하나로 족하다.

반면에 나는 호주연합교회에서 많은 여자 목회자들과 이민자 목회자들과 장애인 목회자들과 이혼한 목회자들과 동성애 목회자들이 아픔과 어려움 중에 드리는 재능과 헌신으로 인해 기뻐 춤추며 손잡고 돌아가는 삼위일체 하나님(Divine Perichoresis)을 그려본다. 여자 교인, 여자 장로, 여자 목회자, 여자 노회장, 여자 주총회장, 여자 전국총회장이 있어 나는 교회생활 중에서도 남성과 여성이 상호보완적임을 다시금 깨닫는다. 가끔 수염을 더부룩하게 기르고 정장을 즐겨 입지 않기에 교회에서 내 권위는 너무나 떨어져서 아무나 내 이름을 부르며, 내가 직접 진행하는 회의는 하나도 없다. 오히려 교회 바로 뒤의 사택에 사는 나는 종종 교회문을 열어주고 닫아야 하고, 켜 있는 등을 끄고, 잔디를 깎고, 쓰레기통을 내놓고 들여와야 하기에 사찰이라는 생각이 들 때가 많다.

나는 내 꿈과 야망이 교회의 비전이라고 믿지 않으며, 내가 교회의 미래를 결정해야 한다고 생각하지 않는다. 교회는 나의 소유가 아니라 모든 교인들의 것이며, 교회는 나의 전부가 아니라 나의 일터이다. 교인들은 내가 이곳에 영원토록 머무는 것이 아니라 이미 올 때부터 떠날 것을 알고 있다. 교인들은 나를 통해서 하나님과 관계를 맺는 것이 아니며, 나는 교인 각자가 하나님과 바른 관계를 맺어가도록 도와주는 것뿐이다. 나와 관계가 좋든 나쁘든 교인들은 교회에서 예배드리고 교제할 권리가 있으며, 나는 나를 싫어하는 교인들의 필요까지도 채워 주어야 하는 심부름꾼이다. 성장을 이루지 못한 나의 목회는 성공하지 못한 것이며, 물질의 복과 치유의 기적을 주지 못하는 나는 무능력한 목자이다. 존 스퐁, 틱낫한, 함석헌, 오강남의 책에 감동을 받고, 부처님 오신 날 절에 찾아가며, 불자들과 신구교인들과 무신론자들과 함께 토론과 송년모임을 즐기는 나는 주의 거룩한 종들의 하나가 될 수도 없고 그들 중의 하나가 되는 것도 원치 않는 무익한 종이다. (2006.1)

나는 왜 복음화를 추구하지 않는가?

일반사회에서는 전혀 쓰이지 않는데 신앙생활을 하면서 자주 듣게 되는 말 중에 하나가 "복음화(福音化)"이다. 교회예배에서 또는 여러 신앙모임에서 특히 기도 제목으로 거의 빠짐없이 사용된다. 시드니의 복음화, 중국의 복음화, 청년들의 복음화, 내 가정의 복음화 등. 이때 우리들은 무슨 뜻으로 복음화란 말을 사용하는 것일까? 어떻게 해야 시드니 전체가 복음화가 될 수 있을까? 과연 하나님의 자녀로, 예수의 제자로 살아가면서 우리들이 언제 어디서나 추구해야 하는 것이 복음화일까?

복음화란 말이 한 사람 또는 한 가정의 전체 구성원 나아가 한 도시의 모든 사람들이 예수를 자신의 구주로 영접하고 세례를 받고 매주 교회예배에 참석함으로써 기독교인으로 살아가게 하는 것을 말한다면 이것은 전혀 새로운 것이 아니다. 이미 서구유럽의 여러 나라들은 중세 시대에 완전한 복음화를 이루었고 소위 기독세계(Christendom)를 오랫동안 실천해 왔다. 아이를 낳으면 무조건 교회에서 세례를 받았고, 모든 주민들은 교회의 예배와 성찬식에 정기적으로 참여했으며, 결혼식과 장례식을 교회에서 치르는 등 한 생명이 태어나고 자라고 병 들고 죽는 삶의 전체 과정을 교회와 함께 하는 완전히 복음화된 삶을 살았다.

나이 든 호주교인들로부터 옛날 이야기를 들으면 많은 것을 생각하게 한다. 그들이 어렸을 때, 즉 20세기 초, 호주에서 또는 잉글랜드, 스코틀랜드, 아일랜드에서 살았을 때 부모님을 따라서 일요일마다 교회를 다녔고 예배당에는 사람들이 넘쳐서 종종 보조의자를 놓고 예배를 드려야 했다고 한다. 일요일에는 거의 교회에서 하루 종일 시간을 보냈고 거룩한 날에 마을의 모든 상점들은 문을 열지 않았다. 전날 집에서 가정주부들은 미리 음식을 준비해 놓고 일요일에는 따로 요리를 하지 않았으며, 아이들은 마당에 나가 놀 수조차 없었다. 물론 교회와 성직자들의 권위는 교회의 첨탑만큼이나 높았던 시절이었다.

　하지만 이렇게 겉으로 보기에 거룩하고 아름다운 복음화된 사회의 무대 뒤에서는 무슨 일들이 벌어졌던가? 중세유럽에서 신앙의 이름 아래 저질러졌던 십자군운동과 마녀사냥 등 수많은 살인, 고문, 약탈, 강간 등의 죄악과, 교황을 비롯한 교회와 성직자들의 타락과 비리는 하늘을 찔렀다. 복음화 된 유럽국가들은 15세기부터 십자가를 높이 들고 이방인들을 개종시켜 땅 끝까지 복음을 전한다는 명분으로 세계탐험에 나서게 된다. 하지만 실제로 그들이 했던 일은 수많은 원주민들을 죽이고 강간하고 약탈함으로써 신대륙을 그들의 물질적 욕망을 채워 주는 식민지로 만든 것뿐이다. 콜럼버스 이래로 그들은 중남미를 식민지로 만들어 지역주민들 고유의 삶과 문화를 파괴하고 그 자리에 교회를 강제로 세웠다.

　17세기 영국에서 신앙의 자유를 찾아 북아메리카로 이주했다는 청교도들 역시 초창기 원주민들의 도움으로 살아남을 수 있었음에도 대륙개척의 과정에서 잔인한 살인강도단이 되어 수많은 원주민들을 죽였고 아프리카에서 흑인들을 잡아와 노예로 혹사했다. 18세기부터 시작된 호주의 유럽인 침략역사도 다른 지역과 전혀 다를 바 없이 진행되었다. 수많은 원주민들을 짐승 사냥하듯이 죽이고 여자들을 강간하고 서구문화를 가르친다는 명분으로 아이들을 부모에게서 빼앗아 강제수용함으로써 자신들의 혼과 정신을 잃고 살아가게 만들었다. 원주민들의 살육이 지난 뒤에는 죽음보다도 괴로운 인종차별 정책으로 산 생명에 처절한 고통을 주었다.

놀라운 일은 이렇게 전세계적으로 폭력적이고 비인간적이며 철저하게 예수의 가르침을 외면했던 유럽 기독교제국들의 만행의 시기를 "복음화" 된 "기독세계"라고 부른다는 사실이다. 하늘에서는 천사들이 통곡하는 심령을 달래 주려고 바삐 움직이고 땅에서는 엄청난 죄악의 참상이 세계 곳곳을 뒤덮던 시절, 유럽교회와 식민지 교회는 차고 넘쳤고, 찬양소리는 멀리 멀리 울려 퍼졌으며, 거룩한 성도들의 기도는 끊임없이 이어졌다. 결국 유럽인들의 복음은 원주민들에게는 악몽이었으며, 유럽인들의 복음화는 원주민들에게는 식민지화이고, 유럽인들의 기독세계는 원주민들에게는 바로 지옥세계였던 것이다.

그렇다면 수백 년 동안 유럽인들이 하나님과 인류 앞에 씻을 수 없는 죄를 지으면서 전해 주는 역사의 교훈은 무엇인가? 그것은 선교사, 교회, 세례교인, 입교인, 출석교인 등의 숫자로 측정되는 복음화가 그 지역에 예수의 삶과 가르침을 따르는 하나님 나라 백성들의 공동체가 이루어졌다는 것을 의미하지는 않는다는 사실이다. 이것은 대부분의 서구교회들이 더 이상 전통적인 선교정책을 유지하지 않는 보다 근본적인 이유이기도 하다. 따라서 나는 눈에 보이는 복음화보다는 보이지 않는 하나님의 나라가 온 세계에 확장되기를 소망한다. 또한 나는 선교지에서 선교사, 교회 그리고 교인들의 숫자가 늘어나기 보다는 정의, 평등, 사랑 그리고 진리와 같은 하나님 나라의 가치들이 보편화되기를 진심으로 빈다. 그리

고 이웃의 복음화보다는 온전히 하나님의 뜻을 따라 살아가는 나의 삶이 되기를 추구한다. (2006. 2)

2003.2 Canada Parkminster United Church에서 3개월의 교환목회를 마치고

신앙과 신학 사이

나는 왜 유대인 혐오를 반대하는가?

　30년 전 이집트의 사막에서 발견된 후 지난 4월 6일 일반에게 공개된다고 전세계적으로 뉴스가 된 "유다 복음(The Gospel of Judas)"은, 그동안 기독교 안팎에서 예수를 배신한 제자로 지탄받아 온 가룟 유다에 대해 조금은 다른 내용을 담고 있다고 한다. 즉 그의 배신이 없었다면 예수의 십자가 죽음도 없었을 것이고 그렇게 되면 인류 구원을 위한 하나님의 계획 또한 이루어질 수 없었다는 주장이다. 하지만 유다 복음이 아니라도 가룟 유다에 대해 일방적으로 예수의 배신자로만 몰아붙이는 것은 인간의 삶에서 역사하는 하나님의 섭리를 너무나 단순하고 자의적으로 해석하는 편협된 기독교인의 전형적인 자세이다. 예수의 십자가 죽음이 피할 수 없는 하나님의 계획이었다면 좋든 싫든 누군가는 예수를 팔아 넘기는 그 악역을 맡았어야 하지 않을까? 그렇다면 부활절을 맞이하면서 다시금 우리들이 외치는 "예수를 십자가에 죽인 유대인들"에 대해서는 어떤 자세를 취해야 하는가?

　지난 2천 년 동안 기독교의 역사를 잔인하고 비인간적인 것으로 만들어온 많은 죄악들 중에 "반유대주의(Anti-Semitism)" 또는 "유대인 혐오"가 있다. 증오의 관점에서 유대교와 유대인들을 기술한 신약성경의 구절들은 지난 2천 년 동안 기독교 공동체에서 유대교에 대한 오해를 불러일으키고 유대인들을 극도로 혐오하도록 만들었다. 그 결과 기독교인들이 저지른 반유대주의에는 유대인들에 대한 의혹, 불신, 경멸, 편견, 차별과 아울러 핍박, 만행, 강압적인 개종, 살인, 그리고 세계 곳곳에서의 집단학살들을 포함한다. 이 모든 반유대주의의 어두운 그림자는 2차 세계대전 당시 나치 일당과 아울러 독일, 오스트리아, 프랑스, 폴란드 그리고 헝가리 기독교인들의 적극적인 참여로 저질러진 인류 역사상 최악의 범죄행위, "유대인 대학살(Holocaust)"에서 그 절정을 이룬다.

최근 들어 지각 있고 양식 있는 기독교인들 사이에서 끊임없이 이어져 온 유대인들의 고난의 역사에 대해 책임의식을 가지려는 흐름이 커지고 있다. 이들이 주목하는 것은 신약성경의 일부 구절들에 대해 필요한 설명과 주의를 기울이지 않으면 유대인과 유대교에 대해 너무나 쉽게 적대감을 갖게 된다는 사실이다. 사실 신약성경의 중심 주제인 사랑, 용서, 화해 그리고 정의의 관점에서 이 구절들은 도저히 문자적으로 해석되고 적용될 수 없음이 분명한데도, 일부 교회의 권위적이고 일방적인 자세로 인한 이 구절들의 파괴력과 해악은 지금까지 그래 왔듯이 앞으로도 계속 이어질 수 있다. 그렇다면 우리들은 어떤 구절들에 대해 어떻게 주의를 해야 하는가?

1. 예수의 재판과 십자가 죽음은 복음서의 중심 주제이기 때문에 사복음서에서 거의 동일한 설명을 하고 있음에도 역시 각각의 특성은 분명히 드러난다. 그 중에서도 예수를 빌라도에게 넘겨준 책임에 대해 서로 다르게 기술하고 있다. 특히 누가복음과 요한복음은 공회(Sanhedrin)의 역할에 대한 언급이 전혀 없으며, 공관복음서들은 바리새인들의 가담에 관해 침묵하고 있다. (요한복음 18:3 참조)

2. 우리가 갖고 있는 복음서들은 목격자들의 진술이 아니기 때문에 현존하는 자료들만 가지고 실제로 무슨 일들이 일어났고 각각의 사건에 정확하게 누가 가담했는지를 재구성하는 것은 불가능하다. 우리들이 특히 유념해야 할 것은 복음서의 자료들은 예수의 죽음 이후 상당히 오랜 기간이 지나서 쓰여졌고, 그 기간 동안에 초대교회는 로마제국의 살벌한 통치 아래서 그리고 유대교의 핍박에서 살아남아 교회의 모습을 갖추어야 했다. 분명한 것은 예수는 제국에 대한 동란 선동으로 로마 총독 빌라도에게 소환되어 심문받았고, 결국 로마식의 십자가형으로 로마 군인들에 의해 처형되었다는 사실이다.

3. 그럼에도 교회의 역사는 로마인들을 사면하고, 대신 예수의 죽음에 대한 책임을 당시의 일부 유대인들(대제사장, 장로, 또는 공회)이 아니라 모든 유대인들에게로 넘겨 버렸다. 이 책임은 아울러 예수 당시의 유대인들뿐 아니라 지난 2천 년 동안 전세계의 모든 유대인들에게 전가되었다. 즉 인류 역사상 최악의 연좌제인 셈이다.

4. 오직 마태복음 27:24-26에만 나오는 구절들은 로마인들에게서 유대인들로의 책임 전가 과정을 극명하게 보여 준다. 거기서 우리는 타락과 잔인함으로 악명 높았던 본디오 빌라도가 죄의 흔적을 지우려고 유대 관습을 따라 손을 씻는 모습을 본다. 더구나 그는 그가 경멸했던 유대인들의 요구에 겸손히 복종하는 총독으로 그려져 있다. 반면에 유대인들은 그 피를 우리와 우리 자손에게 돌리라고 외침으로써 로마식 처형에 대한 책임을 스스로 뒤집어쓴다.

5. 이렇게 극도로 각색된 인물묘사와 당시의 복잡한 종교적, 정치적 배경에 대한 충분한 고려와 설명 없이 예수의 고난, 재판 그리고 죽음에 관

한 성경봉독은 지금까지처럼 유대인들에 대한 맹목적인 편견과 정죄의 잘못을 저지르게 할 가능성이 매우 높다.

6. 교회의 삶에서 예수의 죽음을 묵상하고 이야기할 때 우선적으로 고려해야 할 질문은 "누가 예수를 죽였나?"보다는 "무엇이 예수를 죽였나?"가 되어야 한다. 여기에 관한 교회의 분명한 답변은 "하나님의 뜻에 따라 예수는 세상의 죄를 용서하려고 죽으셨다"는 것이다.

7. 요한복음은 특별히 "유대인들"(the Jews)이라는 표현을 71번이나 쓰고 있다. 이들 대부분은 "바리새인들"처럼 예수의 적대자로 사용된다. 따라서 요한복음이 쓰여진 1세기 말의 상황을 고려하지 않으면 우리들은 너무나 쉽게 반유대주의적인 관점에서 해석할 수밖에 없게 된다. 요한복음의 형성에 결정적인 영향을 준 것은 요한복음 9:22, 34 그리고 12:42에 분명히 나와 있듯이 초기 교회와 유대 회당과의 분리이다. 이들의 긴장 관계는 요한복음 8:31-47(예수와 유대인 간의 논쟁)과 19:14-16(예수의 고난)에서 절정에 이른다. 우리들은 요한복음이 유대교에 대해 최악의 상황에서 극단적이고 일방적인 표현을 쓰고 있음을 잊어서는 안 된다.

8. 예수의 고난과 죽음에 관련된 "유대인들"이라는 표현은 모든 시대의 모든 유대인들이 될 수 없을 뿐만 아니라 예수 당시의 모든 유대인들로 해석되어서도 안 된다. 예루살렘의 일부 유대 지도자들이 예수를 빌라도에게 넘겨주었지만 유대와 갈릴리 지역에는 예수의 죽음과는 전혀 무관한 수많은 유대인들이 살고 있었고 지중해 연안에도 많은 수의 유대인들이 흩어져 살고 있었다.

성경을 읽고 해석하는 일은 모든 기독신앙인들에 주어진 특권이며 의

무이지만, 각각의 성경이 쓰여진 배경과 상황을 고려하지 않고 읽으면 잘못된 편견과 적대감의 굴레에서 벗어나지 못하게 된다. 근본주의적이고 문자적인 성경독해의 위험에 무방비로 노출되어 있을 뿐 아니라 오히려 그것이 바람직한 것으로 권장되는 우리들의 신앙풍토가 바뀌어 하나님께서 주신 상식과 이성의 조명 아래 바른 하나님의 말씀을 추구하게 되기를 기원한다. (2006. 4)

나는 왜 부처님 오신 날 절에 가는가?(II)

지난 5월 7일 벨필드의 정법사에서 불기 2550년 부처님 오신 날 봉축 법요식이 있었다. 올드 퉁가비에서 9시 반 아침 예배를 성찬식과 함께 마치고 서둘러 떠났지만 대웅전에 들어서니 11시에서 20여 분이나 지났다. 반갑게 맞아 주시는 보살님의 안내로 자리에 앉아 실내의 장식과 함께 자리한 여러 불자들을 둘러보았다. 4년째 부처님 오신 날 법요식에 참석하면서 정법사에 찾아온 여러 변화의 모습들이 지난 기억들과 함께 중첩되어 눈에 들어온다. 예불을 마치고 여러 분들과 인사를 한 후 시내 유니테리안 교회 목사님 부부와 교인들 일행이 들어와 함께 비빔밥으로 점심 공양을 나누었다. 특히 구면인 UTS 법학 교수 이안, 엘스페스 부부와 함께 동서양의 여러 종교에 관해 이야기를 나누면서 그들의 열린 사고와 해박한 지식에 마음이 시원해짐을 느꼈다.

주지 스님으로부터 선물까지 하나씩 받아 들고 집으로 오는 길 내내 예불 중에 늦게 들어와 내 앞의 좁은 자리에서 절을 드리던 초로의 할머니 모습이 머리를 떠나지 않는다. 무슨 간절한 소원이 있어 불교의 문외한인 내 마음까지 시리도록 저렇듯 정성을 다해 절을 올리는 것일까? 각박하고 힘든 세상에서 여인네로 살아가면서 한국과 호주를 오가며 그 또한 얼마나 많은 어려움과 안타까움과 괴로움을 겪으며 살아왔을까? 그런 그가 어찌 할 수 없는 중에 드리는 기도를 마음의 중심을 보신다는 기독교의 하나님은 단지 불자라는 이유만으로 냉정하게 외면할까? 이럴 때 사랑과 공의와 자비의 하나님은 과연 어디 계신 것일까?

자신의 아들을 십자가에서 죽도록 내어 주기까지 모든 인류를 사랑하는 하나님이 예수 이외의 다른 이름을 부르며 기도한다고 그 영혼을 매몰차게 내친다는 것은 단세포적이고 무뇌적인(brainless) 억지이고 폭력이다. 이 경우 한국의 보수적인 신앙인들뿐 아니라 많은 호주교인들도 습관적으로 인용하는 요한복음 14:6은 다른 성경 구절들과 마찬가지로 그 맥락을 이해하고 의미를 해석하려는 노력을 필요로 한다. "내가 곧 길이요 진리요 생명이니 나로 말미암지 않고는 아버지께로 올 자가 없느니라"고 예수가 말했을 때의 "나"는 누구일까? 물론 일차적으로 "나"는 요셉과 마리아의 아들, 유대인으로 역사적 인물인 예수이다. 그러나 우리는 복음서에서 서로 다른 많은 모습의 예수를 찾아볼 수 있다.

깨달음을 주고 기적을 행하며 사랑을 베푸는 성자 예수, 성전에서 장사꾼들을 내쫓고 상을 엎으면서 분노하는 투사 예수, 피곤하여 배 안에서 잠든 인간 예수, 밤낮을 가리지 않고 토론하고 논쟁하는 논객 예수, 나사로의 죽음에 눈물을 흘리는 친구 예수, 여인이 최고급 향수를 통째로 붓고 그녀의 머리털로 문지르도록 발을 내맡기는 총각 예수, 십자가에서 아버지를 향하여 절규하는 아들 예수……. 수많은 예수의 모습에서 우리들이 특히 주목해야 하는 것은 바로 앞 장 13장에서 자기 제자들의 발을 씻기며 섬기는 본을 보여주는 머슴 예수이다. 예수가 "나로 말미암지 않고는 아버지께로 올 자가 없느니라"고 했을 때 그의 이름을 부르는 자만 천국에 들어가서 영생을 누린다는 억지를 부릴 것이 아니라, 복음서에서 그가 보여준 여러 삶의 길 특히 13장의 섬기는 삶을 살아감으로써 예수가

아버지라고 부르는 하나님을 깊이 깨닫고 그가 인도하는 삶을 살게 된다
는 뜻으로 이해하는 것이 성숙된 신앙인의 자세이다.

나아가 우리는 요한복음 전체를 통해서 저자가 강조하는 성육신
(Incarnation: 말씀이 육신이 됨)예수를 기억해야 한다. 요한복음 1장 첫
부분에서 강조하는바 요한복음의 예수("나")는 단순한 한 사람의 인간이
아니라 영원 전부터 영원까지 하나님과 더불어 존재하는 신적, 우주적,
무한적 존재이다. 요한복음의 저자는 따라서 그가 태초에 하나님과 함께
계셨다고 했고(1:2), 아브라함이 나기 전부터 그가 있었다고(8:58) 쓰고
있다. 이런 예수를 팔레스타인 지역에서 유대인의 아들로 태어나서 30여
년을 살면서 여러 제자들을 거느려서 기독교의 창시자가 되고 기독교인
들만의 구세주라고 주장하는 것은 전혀 요한복음 저자가 말하는 예수가
아니다.

나로 말미암지 않고는 아버지께로 올 자가 없다는 "나"는 한 인간 예수
라기보다는 모두 안에 편안히 존재하는 영원한 그리스도, 우주적이며 무
한한 초개인적 불성, 혹은 육신에 얽매이지 않는 보편적 실재인 참된 자
아로 볼 수 있으며 나아가 영원 불변의 진리 자체 또는 모든 사람들이 추
구하는 보편적 궁극 실제로 이해하는 것이 합당하다. 절대적이고 우주적
이며 무한한 진리를 상대적이고 개인적이며 유한한 인간이 깨닫고 표현
하는 방식의 한계를 인정하지 않는 것이 교만이고 불신앙이며 결국 코끼
리 만지는 장님이 될 뿐이다. 각각의 장님이 서로 다른 이름으로 부르는
것이 결국 한 실체의 서로 다른 일부분인 것을 아는 길은 그들이 눈을 떠
서 전체를 보는 길밖에는 없다.

법요식에서 필자에게 기회를 주서서 짧게 말씀드린 대로 나는 많은 사

신앙과 신학 사이

람들이 절에 나아와 불심을 키우고 불교가 발전하기를 진심으로 빈다. 기독교 목사로써 나의 목회에 충실하면서도 불교와 다른 모든 종교의 발전을 바랄 수 있는 것은 우리 모두는 신앙의 동반자들이기 때문이다. 종교의 좁고 배타적이고 문자적인 틀 안에서 더 이상 서로를 구별 짓고 비난하지 말고, 신앙의 넓고 여유롭고 정겨운 바다로 나아와 함께 더불어 그곳을 향해 노 저어 가자. 거기에는 이 세상의 수많은 다름 속에서 지치고 힘 들었던 우리 모두를 넉넉히 품어주는 여유와 아량이 있으리니……

"내 아버지 집에 거할 곳이 많도다"(요14:2a)(2006. 5)

길벗 예배모임은 무엇을 추구하는가?

한국의 노무현 정부가 들어선 이후 많은 변화가 있었는데 외국에 사는 내게도 느껴지는 제일 큰 변화는 현직 대통령에 대한 직접적인 비난과 조롱이다. 2006년 5월 31일 지방선거가 끝나고 역시 대통령과 모든 집권세력에 대한 엄청난 비난과 조롱이 이어졌는데 인터넷 신문기사의 댓글만을 본다면 한국은 거의 무정부수준에 다다르지 않았나 싶다. 그들에 의하면 박정희와 달리 노무현은 도저히 대통령이라고 할 수 없으며 하루빨리 물러나는 것이 나라와 국민을 위하는 길인 것처럼 들린다. 야당이 모든 주정부를 맡고 있는 호주상황을 굳이 들먹이지 않더라도 정말 그 말이 맞는 말일까?

하지만 내가 아는 한 노무현은 박정희보다 훨씬 도덕적이고, 국가와 국민을 위해 일하며, 정직하고 착한 사람이다. 노무현은 자기 동료들을 강제로 제거하지 않았고, 정치적 반대파들을 고문하거나 감옥으로 보내서 죽이지 않았으며, 군대와 경찰과 정보부를 사유화해서 강압적인 통치를 하지도 않았고, 남북대치구도를 정치적으로 이용하지 않았으며, 연예인들을 강제로 데려다 음주와 섹스를 즐기지도 않았다. 내가 이해하는 문제의 본질은 대통령의 리더쉽 스타일과 그 리더쉽을 받아들이는 국민들의 자세의 변화이다.

박정희와 군부독재 시대까지 한국사회의 일반적인 리더쉽은 아랫사람은 윗사람을 섬기고 따르며, 윗사람은 아랫사람을 다스리고 지시하는 방식이었다. 아랫사람은 윗사람에게 불만이 있어도 드러낼 수 없었고, 윗사람은 늘 아랫사람을 권위적으로 대했다. 하지만 이미 한국사회에서 보편적으로 받아들여지는 리더쉽은 전혀 다르다. 아랫사람은 언제 어디서나 윗사람을 비판하고 잘못이 있다고 생각하면 사정없이 따진다. 윗사람들의 모든 생활은 노출되어 있기 때문에 일반인들에게 쉽게 알려지고 늘 윤리적이고 도덕적으로 살아가도록 감시의 대상이 된다. 반면 윗사람은 언제나 아랫사람을 돌보고 도와주어야 하며, 작은 일에도 드러내 놓고 구별하면 차별을 했다고 큰 문제가 된다. 야단치고 가르치기 보다는 솔선수범해서 본을 보이고 앞장서서 나가야 한다. 따라서 예전에는 주위의 사람들이 굽신거리면 아주 힘있고 지위가 높은 지도자라고 생각했지만 이제는 역설적으로 표현하면 주위 사람들로부터 욕을 많이 먹는 사람이 진정한 지도자라는 것을 말해 준다.

문제는 이러한 리더쉽의 변화가 교회에서는 이루어지지 않고 있다는데 있으며, 길벗 예배모임이 주목해서 추구하려는 것이 바로 교회 내에서 리더쉽의 변화이다. 즉 변화된 사회의 리더쉽을 교회에서 실천하자는 것이며, 나아가 사회의 변화를 교회가 선도하자는 것이다. 말로만 세상을 이끄는 빛과 소금이 아니라, 세상보다도 앞서서 먼저 변화된 리더쉽을 개발하고 실천하자는 뜻이다. 물론 이것은 기본적으로 "섬기는 리더쉽"(Servant Leadership)을 말한다. 아울러 길벗예배모임에서 추구하는 리더쉽은 한 사람에게 집중되는 것이 아니라 여러 사람들에게 나누어지는 리더쉽이다. 담임목사 한 사람이 모든 결정을 하고 최고의 권위를 갖는 것이 아니라, 여러 교인들을 격려해서 참여시키고 의견을 수렴해서 모두가 가진 지도자의 역량을 발휘하게끔 한다.

이러한 리더쉽의 변화는 그동안 권위적인 리더쉽 아래에서 억눌려왔던 많은 질문을 자유스럽게 던지도록 한다. 특히 여기에는 기존 전통교리에 관한 어떠한 질문도 포함된다. 당회장은 담임목사만 해야 하나? 교회는 꼭 성장해야만 하는가? 얼마나 언제까지 성장해야 하는가? 설교, 축도, 심방은 목사만 해야 하나? 예수는 하나님의 아들인가? 예수가 하나님의 아들이라면 그 진정한 의미는 무엇인가? 예수의 동정녀 탄생은 생물학적으로도 진리인가? 예수의 부활은 꼭 육체부활이어야만 했나? 복음서의 여러 기적 이야기들은 오늘 우리들이 이해하는 과학으로도 사실인가? 예수 자신은 삼위일체를 믿었나? 성경을 문자적으로 믿지 않으면 구원받지 못하는가? 죽어서 나만 천국 가는 것이 구원인가? 십일조는 무조건 해야 하나? 교회를 다니지 않고 착하고 바르게 사는 것은 아무 소용 없는 일인가? 기독교만이 단 하나뿐인 참종교인가?

이렇게 거북하고 어려운 질문들을 다루는 길벗 예배모임은 따라서 편안한 익숙함보다는 불편한 새로움을 추구하는 모임이다. 질문과 대답을 쉽게 예측할 수 없기 때문이다. 잘 훈련된 종교인보다는 서툰 신앙인이 되기 때문이다. 그 결과 지금까지 가져왔던 믿음과 확신이 흔들릴 수도 있고 잃어버릴 수도 있지만, 반대로 새로운 믿음과 깨달음을 얻을 수도 있다. 전통적인 신앙을 가지고 교회생활에서 누렸던 평안함과 만족감이 사라질 수도 있고, 반대로 전통과 권위에 대한 거부감과 반발이 있었다면 길벗 예배모임에서는 그 동안 경험하지 못했던 자유함과 해방감을 느낄 수도 있다. 편안한 익숙함에서 나와 불편한 새로움을 거쳐 가면서 자신과 이웃과 세상을 새롭게 발견하고 그 모든 것을 보듬어 안아 주는 하나님을 다시금 깨닫고 경험하는 것은 모든 길벗들의 바람이다.

불편한 새로움과 씨름하는 길벗 예배모임은 결국 기독교인들만의 하나님이 아니라 모든 사람들의 하나님을 믿고 고백하는 모임이다. 우리 자신과 이웃과 세상을 새롭게 발견하기 위해 우리들은 모든 사람을 통해 말씀하시는 하나님을 믿는다. 하나님은 기독교인들뿐만 아니라 불교인, 모슬렘, 힌두교인, 유교인, 천도교인, 바하이, 무속인 그리고 무종교인들을 통해서도 우리들에게 말씀하심을 믿는다. 왜냐하면 그들 모두는 우리들과 함께 신앙여정의 길을 가는 신앙의 동반자들이기 때문이다. 우리는 그들과 만나 대화하고 함께 식사하며 때로는 예배를 통해 그들의 이야기를 듣기를 기뻐한다.

기독교 내에서 삼위일체론와 일신론이 어느 것이 맞고 틀림의 문제가 아니라 어느 것이 각자가 이해하는 하나님을 더 잘 설명해 주느냐는 문제인 것처럼, 육신의 세상을 살아가면서 영적인 신앙을 추구하는 각각의 종교 역시 어느 종교가 옳고 그른 것을 따지는 것은 구시대적이고 파괴적이며 결코 누구에게도 득이 되지 않는 일이다. 모든 사람들의 하나님을 믿고 고백하는 길벗들에게는 주위의 사람들이 자신의 신앙의 길에 적합한 종교를 찾아 바른 선택을 하도록 돕는 것이 전도이며 선교이다. 시드니 길벗들은 하나님의 영으로 인도함을 받아 지금까지 역사 속의 종교인들의 구습을 벗어버리고, 개방적이고 창조적이며 진보적으로 여러 이웃들을 포용하면서 더불어 신앙의 길을 가는 하나님의 자녀들이며 하나님의 후사들이다. (2006.6)

호주연합교회와 동성애

　1997년 8차 전국총회에 정식 안건으로 상정된 이래 국내외적으로 관심을 끌어온 호주연합교회의 동성애에 관한 논란이 지난 7월 브리스번에서 열린 11차 전국총회에서도 대표들의 의견 일치를 보지 못하고 끝남에 따라, 동성관계에서 살고 있는 목회 후보자들의 안수나 목사들의 임직은 여전히 지역교회와 노회의 개별적 사안에 관한 결정에 따르게 됐다. 이는 동성애가 성경적이 아니라고 믿는 보수주의자들과 근본주의자들에게뿐 아니라, 동성애자들에 대한 차별 없는 인권보호와 아울러 신앙적인 배려와 돌봄을 추구하는 호주연합교회의 진보주의자들과 개혁주의자들에게도 매우 실망스러운 일이었다. 호주연합교회의 동성애 논란에서 우리들이 놓치지 말아야 할 몇 가지 내용들을 살펴보자.

　1. 각 교회의 동성애자 목사 안수나 임직에 관한 결정과 관계없이 역사적으로 그리고 현재에도 전세계적으로 모든 교회에 상당한 숫자의 동성애 성직자들이 목회에 참여하고 있다는 사실이다. 이들 중에는 실제로 동성과 육체관계를 맺고 있는 사람들도 있고 아닌 사람들도 있지만, 여러 가지 이유로 인해 자신이 동성애자임을 드러내지 않고 있어서 이들은 현재의 논란에서 벗어나 있을 뿐이다. 따라서 동성애자가 안수나 임직을 받지 못하게 한다고 해서 교회 성직자들 중에 동성애자가 없으리라고 생

　　　　　　　　　　　　　　　　　신앙과 신학 사이

각하는 것은 문제를 너무나 단순하고 자의적으로 생각하는 것이다.

2. 현재 호주연합교회에서 논의가 되고 있는 동성애자들은 일 대 일의 헌신된 동성관계(One-to-one committed same-gender relationship)를 맺고 있는 사람들이다. 흔히 일부 영화 또는 마디 그라 행진으로 대표되는 공격적이고 난잡한 동성행위를 동성애자들의 모든 것으로 생각하는 것은, 마치 이성애자들이 전부 강간범과 성도착자들이라고 생각하는 것과 같다. 신학과정 중에 그리고 목회 중에 여러 이성과 성관계를 맺는 이성애자의 안수나 임직이 불가능한 것처럼, 동성애자에게도 동일한 헌신과 절제가 요구됨은 너무나 당연하다. 이러한 관점에서 볼 때 동성애자들의 결혼은 법적으로 이들의 권리를 보호해 줄 뿐 아니라, 이들이 배우자와 일 대 일의 배타적인 육체관계를 유지할 것을 공개적으로 선언하게 하는 중요한 의식이다.

3. 자신이 동성애자임을 밝힌 후 교인들의 부정적인 정서나 냉대 때문에 교회를 떠나야 하는 경우는 많이 있겠지만, 현재 모든 교회들 중에서 공개적으로 동성애자들을 교회의 교인으로 받아들이지 않는 교회는 없다. 즉 그들이 교인은 될 수는 있지만 지도자 또는 성직자는 될 수 없다는 논리이다. 하지만 역사적으로 볼 때 이것은 너무나 잘못된 논리이다. 사도행전에서 우리들은 할례 받지 못한 이방인들이 교회의 교인이 되고 결국 그들 중에서 수많은 지도자가 나와 하나님의 교회를 역동적으로 이끌어가는 역사를 본다.

바울의 서신서에서 여성을 차별하는 분명한 언급에도 불구하고 언제나 교인들의 다수를 차지하는 여성들 중에서 지도자들이 나오고 여러 교회에서 안수받은 많은 여성 성직자들이 그들이 가진 다양한 재능을 가지고 교회와 교인들을 섬기는 모습은 너무나 아름답다. 여러 이민자들이 현지인 교회의 교인이 될 수는 있지만, 그들이 성직자는 될 수 없다고 주장하는 현지인들은 추악한 인종차별주의자일 뿐이다. 결국 동성애자들이 교인은 될 수 있지만 성직자는 될 수 없다는 논리는 지금까지 이루어진 교회의 역사를 부정하고 성령의 인도하심을 거부하는 일이다. 하나님 나라의 백성들 가운데서 그들의 지도자가 나오는 일은 지극히 당연하며 필요하다.

4. 동성애 교인들 중에서 지도자를 세우고 성직자를 임명하는 것은 이제 전세계적인 추세이다. 캐나다연합교회는 호주의 상황에서 보면 까마득한 옛날인 1988년 일찌감치 전국총회에서 동성애자 안수를 결의하고 이를 시행해 오고 있다. 이것은 1935년 여성 안수를 결정한 것과 동일한 맥락이며 진보적인 교회가 나아가야 할 바른 모범을 보여 준 일이다. 특기할 일은 1988년 캐나다연합교회가 동성애자 안수를 결의할 때 전국 총회장이 한국인 이민 1세인 이상철 목사라는 사실이다. 이민자로서 현지인 교회의 리더가 되어 분별력과 단호함으로 교회사에 길이 남을 지도력을 발휘한 그를 필자는 너무나 자랑스럽게 여긴다. 2003년 초 캐나다에서 교환목회 중에 그의 작은 타운 하우스에서 만났을 때 그는 다음과 같은 말을 들려주었다. 동성애 문제에서 그는 이것이 교회 내의 형제자매들에 관한 일이라는 것을 강조했다고 한다. 즉 동성애자는 교인들과 관계없는 사람들이 아니라 내 가족들에 관한 문제라는 것이었다. 내 가족이 동성애자일 때 그의 아픔은 내 아픔이 되고, 그의 소망에 우리들은 함께 동참하게 되지 않겠는가?

미국연합장로교회는 노회와 지역교회가 동성애자 목사 안수를 결정할 수 있도록 했다. 미국감독교회(성공회)는 동성애자가 감독후보가 될 수

없게 하려는 제안을 부결시켰다. 이것은 이미 2003년 공개적으로 동성
배우자와 살고 있는 진 로빈슨 감독의 임명과 더불어 전세계 성공회에 큰
반향을 불러 일으켰다. 영국장로교 총회는 이미 합법화된 동성결혼을 교
회예식으로 치를 것인지 여부를 소속목사들이 결정하도록 결의했다. 영
국감리교회는 동성결혼을 공식적인 교회예식으로 허락하지는 않았지만
목사들이 개별적이고 개인적인 기도를 동성부부에게 베푸는 것은 가능
하도록 했다. 아울러 영국감리교회는 동성애 교인들의 목회와 교회참여
를 인정하고 확인하며 축하한다고 선언했다. 이 모든 일들이 지난 6월 한
달 동안에 일어난 일들이다.

이러한 일련의 사건에서 그리고 호주연합교회의 전국총회와 관련해서
우리들은 이상하리만치 조용한 한인교회들의 반응에 주목하지 않을 수
없다. 모든 면에서 보수적이고 근본주의적인 목회와 신앙의 길을 가는
한인교회들의 정서는 분명히 동성애를 죄악시하고 동성애자들의 목사안
수를 거부하는 것일 텐데 왜 아무런 반대의 목소리가 들리지 않는 것일
까? 호주연합교회의 보수파(Reforming Alliance, EMU, etc)들의 세력이
미미하기 때문에 반대하는 것을 지레 포기한 것일까, 아니면 힘든 신학논
쟁에 참여하기 보다는 교회 내에서 실리를 찾는 데만 관심이 있기 때문일
까? 하지만 동성애가 신학적으로 신앙적으로 잘못이라고 확신한다면 어
떤 희생을 감수하고라도 분명히 반대하는 것이 오히려 신실한 교회의 모
습이 아닐까?(2006.8)

우리는 죽음 앞에서 무엇을 말하는가?

기도하기 위해 절이나 교회에 갈 때 기도는 언제 시작될까요? 절이나 교회에 가서 자리를 잡고 앉아 입을 열어야 비로소 기도가 시작된 것일까요? 법등 스님의 말씀처럼 기도는 집에서 세수를 하고 머리를 매만지고 옷을 입을 때 이미 시작된 것입니다. 아니, 어쩌면 기도해야겠다는 생각이 든 며칠 전부터 일지도 모릅니다.

죽음은 어느 날 갑자기 우리에게 찾아오기도 하고 많은 경우는 의사에게서 죽음을 준비하라는 최후통첩의 형태로 오기도 합니다. 하지만 몸의 기력이 급격히 떨어지면 누구나 죽음을 심각하게 생각하고 어떤 형태로든 준비하게 됩니다. 더 포괄적으로 보면 살아가면서 죽음을 생각해 보지 않는 사람은 없으며 극단적으로 말하면 태어나는 순간 이미 죽음은 우리에게 다가오고 있는 것입니다. 캄캄한 우주 가운데 밝고 아름답게 떠있어서 수많은 생명체의 보금자리인 지구도 사실 다른 말로 하면 끝없는 죽음의 현장입니다. 잠시도 쉼 없이 새 생명이 태어나는 순간마다 잠시도 쉼 없이 다른 생명체들이 죽어 가는 곳이 바로 지구입니다.

죽음 앞에서 한국은 일반적으로 이별, 슬픔, 영원한 단절, 한, 두려움, 마지막 등을 이야기합니다. 부모님이나 친척 어른 등 연로한 분들의 죽

신앙과 신학 사이

음에서도 전통적으로 곡을 비롯해서 이별의 슬픔이 장례식을 압도하며 못다 한 효도로 인한 죄책감이 자식들의 반응으로 당연시됩니다. 특히 사고나 병으로 인한 갑작스러운 죽음의 경우 부모나 가족, 친지들의 반응은 극한적이고 거의 남은 삶을 포기할 정도까지 영향을 미치는 것을 보게 됩니다. 죽음에 대한 이러한 비관적이고 부정적인 반응은 죽음이 모든 것의 끝이며 우리들은 죽음 앞에서 아무것도 할 수 있는 것이 없다는 자포자기일 뿐입니다.

죽음에 대한 기독교의 기본적인 가르침은 죽음에 대한 다른 이해에서 비롯됩니다. 1) 육체적인 죽음은 육신과 영혼의 분리로 설명합니다. 즉 죽음은 모든 것의 끝이 아니라 영혼과 분리된 육체만 흙으로 돌아가는 것입니다. 2) 영적인 죽음은 죄로 인해 인간의 영혼이 하나님과 분리됨을 의미합니다. 3) 영원한 죽음은 영적인 죽음과 육체적인 죽음의 마지막 단계로 최후의 심판을 받아 하나님과 영원히 분리되는 상태입니다. 흔히 천국과 지옥으로 양분하는 지옥의 상태입니다. 반면에 예수를 구주로 영접한 성도는 그의 부활에 동참함으로써 참 자유를 얻고 천국에서 영생을 누립니다. 따라서 성도들에게 육신의 죽음은 슬픔이나 두려움이 아니라 영생으로 들어가는 귀중한 과정입니다.

진보적인 기독교의 흐름에서는 전통적 기독교의 가르침인 천국과 지옥을 인정하지 않습니다. 육신의 죽음 이후에 영혼의 삶에서 천국의 부귀영화나 지옥의 불과 형벌이 무슨 의미가 있겠습니까? 천국의 황금길이나 영원토록 꺼지지 않는 지옥의 유황불은 육신의 삶에서나 귀하고 무서운 것이지 육신이 없는 영혼에 보상이 될 수도 없고 위협이 되지도 못합니다. 이러한 이해의 배경에는 인간들의 삶을 심판하고 정죄하는 무서운 하나님이 아니라, 우리들을 사랑하고 용서하기를 기뻐하며 육신의 삶과 아울러 영원토록 우리들과 함께하는 모든 존재의 근원되는 하나님으로 이해하는 흐름이 자리하고 있습니다.

　제 경우 지난 10년 동안 호주인들과 목회 중에 수 십 차례 장례식을 인도하면서 그들이 가족 친지들의 죽음 앞에서 무슨 이야기를 하는지 들어보는 기회가 많이 있었습니다. 물론 그들에게도 죽음은 슬픈 일이며 견디기 힘든 고통입니다. 1997년 첫 임지인 아마데일에서 제가 처음 맡은 장례식이 자살한 15살 남자 아이였습니다. 그의 누나들은 장례예배 내내 눈물을 멈추지 못했고, 교회에서 예배가 끝나고 잔뜩 흐린 날씨 속에 태어나면서 죽은 그의 쌍둥이 형제 옆에 매장하는 공동묘지에서의 하관예배는 견디기 힘들 만큼 무거운 분위기였습니다.

　하지만 일반적으로 호주인들의 장례식 분위기는 지극히 자연스럽고 평안합니다. 한마디로 삶의 다른 부분들과 전혀 다르지 않은 일상의 한 자락처럼 보입니다. 남은 가족들과 영원한 이별이라든가 평생의 풀지 못한 한으로 몸부림치는 것도 아니며, 반대로 천국에서 온갖 금은보화와 영생을 누리기에 기뻐하며 춤추는 것도 아닙니다. 호주 각지에서 때로는 외국에서 모인 가족 친지들과 함께 장례식을 준비하고 치르면서 그들은 주로 서로의 안부를 묻고 위로하면서 고인의 사랑과 돌봄에 감사합니다. 그래서 보통은 장례예배(Funeral Service)라고 부르기보다는 감사예배(Thanksgiving Service)라고 부릅니다. 고인을 우리 곁에 보내서 함께 삶을 나누도록 허락하신 하나님께 감사드리고 아울러 그가 평생을 살아가면서 가족과 친지들에게 베풀어 준 사랑을 기억하고 고인에게 감사하는 것입니다.

　따라서 장례예배 또는 감사예배에서 중요한 부분은 목사의 설교말씀이 아니라 가족과 친지들이 고인을 기억하며 드리는 추모사입니다. 주로 고인과 깊은 관계를 나누었던 사람들 중에서 1-3명이 3-4분 정도 발표를 합니다. 추모사는 일방적으로 감정에 호소하는 것이 아니라 자신의 입장에서 바라본 고인의 삶과 성격 그리고 기억나는 일화를 소개하는데 주로 청중들이 웃을 수밖에 없는 이야기들을 많이 합니다. 그들과 함께 예배를 드리고 나면 죽음을 이렇게 맞이할 수도 있구나 하고 느끼게 됩니다. 죽음이란 무조건적으로 슬픔의 시간만이 아니라 한 사람의 평생의 삶을 뒤돌아보고 감사와 사랑의 마음을 전할 수 있는 귀한 시간이 된다는 것, 그리고 나 역시 나의 가족과 친지들에게 그렇게 기억되고 싶다는 것, 그리고 그렇게 기억되려면 지금 여기서 어떻게 살아야 할까를 생각하게 됩니다.

결국 죽음 앞에서 우리들은 누구나 인간 실존에 관한 힘들고 어려운 질문을 던질 수밖에 없습니다. 지금 이 자리에서 고인을 기억하면서 슬퍼하고 있는 나는 과연 누구인가? 나는 어떻게 살아왔는가? 나는 무엇을 위해 살았고 무엇을 위해 살아가야 하는가? 나는 앞으로 어떻게 살아가야 하나? 나는 주위의 사람들에게 어떻게 기억되고 있으며 어떻게 기억되기를 원하는가? 지금의 나는 예전에 꿈 꾸었던 나인가?

영원히 풀 수 없는 인간 삶의 신비인 죽음 앞에서 우리들은 답을 얻기보다는 끝없는 질문만을 던지게 됩니다. 하지만 이러한 질문은 우리들로 하여금 깊이 생각하게 하고 나를 뒤돌아보게 하며 좀 더 성숙한 삶을 살아가도록 인도합니다. 죽음을 깊이 들여다보면 결국 삶이 보이는 것은 또 다른 신비입니다. 죽음은 우리 모두에게 영원한 스승입니다. (2006.9)

나는 왜 이혼을 용납하는가?

성경이 쓰여질 당시 유대인의 결혼 문화

기본적으로 성경 속의 유대문화는 남성중심사회였다. 모든 힘과 권위는 남성들에게 있었고 모든 결정은 남성들의 몫이었다. 남녀가 만나 교제하고 서로 사랑에 빠져 새로운 가정을 이루는 오늘날의 결혼과는 달리 당시의 결혼은 철저하게 양쪽 부모 집안의 계약이었다. 신부 집안에서는 신랑 집안의 자녀를 낳아 주게 하려고 신부를 주었다. 하지만 결혼과 함께 신부는 자동적으로 신랑 가족의 식구가 되는 것은 아니었다. 만약 결혼 후에 아들을 낳고 잘 성장해서 성인이 된다면 여자는 아들 집안에서 안정된 지위를 가질 수 있지만, 남편 집안의 남자들로부터 이혼을 당하면 자녀들은 남편 집안에 남고 그녀는 친정에서도 받아 주지 않으면 돌아갈 곳조차 없게 된다.

이혼에 대한 유대인들의 법과 예수의 가르침

마가복음 10장에서 예수에게 나아온 바리새인들은 이혼증서를 써 주고 내어 버리도록 한 신명기 24장 1절 모세의 율법을 말했다. 즉 문자적으로 말하면 얼마든지 이혼은 합법적이며 하나님의 뜻에 어긋나지 않는

신앙과 신학 사이

일이었다. 하지만 신명기에 구체적으로 명시되지 않은 이혼 사유가 무엇인지를 물으면서 그를 함정에 빠뜨리려는 바리새인들에게 예수는 파격적인 선언을 한다. 모세가 이혼을 허락한 것은 사람들의 마음이 완악하기 때문이지 결코 원래의 하나님의 뜻이 아니라고 말한다. 즉 유대인들에게 절대적인 모세의 율법을 예수는 거부한 것이다.

하지만 예수가 모세의 명령을 거부한 것은 스스로의 권위에 의해서가 아니라 바로 창세기의 하나님 말씀에 근거한 것이었다. 창세기 1:27과 2:24에 따라 예수는 결혼의 원래 의미가 서로 의지하고 도움으로써 완전한 연합을 이루어 하나님의 신비를 드러내는 데 있음을 일깨워주었다. 이기적인 이혼을 위해 악용될 수도 있는 신명기 24:1을 무조건적으로 답습하는 것을 거부하고 예수는 불평등과 부정의가 가능한 결혼과 이혼 풍습은 결코 창세기의 하나님의 뜻을 이룰 수 없음을 분명히 했다.

마가복음 10장에서 결혼의 진정한 의미를 강조한 후 예수는 어떤 경우에도 이혼이 하나님의 뜻이 아님을 선언한다: "하나님이 짝지어 주신 것을 사람이 나누지 못할지니라"(10:9). 즉 하나님께서 선한 목적으로 창조하신 것을 사람들이 이기적으로 자신들의 편의를 위해 파괴하고 내버리는 것은 결코 옳지 않다는 것이다. 이혼을 당하면 삶의 근거가 뿌리째 뽑히는 상황에서 남자들이 일방적으로 결정하는 이혼은 곧 여자들에게는 감당할 수 없는 재앙이며 결국은 사회적 폭력이고 부정의이다. 따라서 예수는 여성들을 보호하는 차원에서 이혼을 금한 것이다.

예수의 가르침으로 본 성경해석

예수의 가르침은 단순한 문자적 성경해석이 항상 옳은 것은 아님을 우리들에게 분명히 밝혀 준다. 성경에 있는 말씀이라고 언제나 무조건적으로 따라야 할 하나님의 뜻이 아니라는 것이다. 특히 마가복음 10장에서 예수는 성경이 강자들의 특권을 보호하는 규정집이 되어서는 안 됨을 강조한다. 왜냐하면 성경을 주신 하나님의 목적은 하나님이 사랑하는 인류 전체의 행복이기 때문이다. 그러나 역사적으로 볼 때 성경은 사람들의 완악함을 뒷받침하는데 이용되어왔다. 19세기 초 백인 기독교인들은 성경을 이용해서 노예제도를 합리화했다. 남북전쟁 이후 미국에서 백인 기독교인들은 성경을 이용해서 인종차별을 합리화했다. 기독교인들은 성경을 이용해서 전쟁을 합리화했다. 기독교인들은 성경을 이용해서 종교 재판을 합리화했다. 기독교인들은 성경을 이용해서 여성 차별을 합리화했다.

사람들의 완악함은 예수 당시의 바리새인들에게만 국한된 것은 결코 아니다. 더불어 유대인들에게만 국한된 것도 아니다. 이것은 모든 인류에게 공통이다. 신앙이 있다고 해서 피할 수 있는 것도 아니지만, 마찬가지로 신앙심을 버린다고 피할 수 있는 일도 아니다. 기독교인들의 완악함은 성경의 본래 목적과 뜻을 바르게 알지 못하고 무분별하게 문자적으로 적용하는 것으로 이것은 결국 인류역사에 엄청난 재앙이 될 수 있음을 잊지 말자. 성경을 문자적으로만 읽으면 새로운 통찰력이나 깨달음을 얻을 수 없다.

교회가 적용하는 예수의 가르침

결혼과 이혼에 관한 예수의 가르침을 통해 교회는 이 세상의 모든 결혼이 하나님이 계획한 완전한 연합에 이르도록 노력해 왔다. 최근의 교회는 결혼 준비 프로그램에 큰 비중을 두어 예비부부들에게 충분한 교육과 상담을 제공함으로써 둘이 한 몸이 되어 하나님이 지어 주는 짝이 되도록 최선의 노력을 기울인다. 반면에 교회는 목양의 차원에서 예수의 절대적인 이혼 금지에도 예외가 있을 수 있음을 인정하고 있다. 왜냐하면 예수 자신도 이혼의 고통을 겪는 사람들을 분명히 돌보아 주었을 것이기 때문이다. 완전한 결혼의 비전과 함께 이혼 금지를 선포한 예수지만 그가 직접적으로 이혼한 사람들을 정죄하는 구절은 성경에 없다. 요한복음 8장에서 돌에 맞아 죽을 뻔한 간음한 여인을 예수는 구해 준다. 요한복음 4장의 다섯 번 결혼한 후 다른 남자와 동거 중이던 사마리아 여인은 예수와의 만남으로 사명을 받아 전도자의 삶을 살게 된다.

하나님은 결혼을 통해 한 남자와 한 여자의 완전한 연합을 원하신다. 하지만 우리들이 잊지 말아야 할 것은 인간의 삶이 항상 완전할 수만은 없다는 사실이다. 본인들 스스로 사랑과 영원을 약속했던 사람들이 다투고 미워하고 상처를 주고받으면서 고통의 삶 가운데서 서로에게 더 큰 아픔을 피하려고 어쩔 수 없이 선택한 이혼을 교회는 결코 정죄할 권리가 없다. 복음서의 예수를 따르는 교회는 오히려 이러한 이별의 과정이 최대한 평화롭고 정중하게 이루어지도록 도와주어야 한다고 나는 믿는다. 결국 성경해석에서 절대적인 기준은 성경 전체를 통해서 도도히 흐르는 하나님의 사랑, 예수의 복음, 즉 하나님 나라의 가치이다. 그것은 바로 정의, 평등, 자유, 해방이다. 결국 모든 성경 말씀은 이러한 하나님 나라의 가치를 드러내고 구현하는 도구일 뿐, 그 어떤 성경 구절도 하나님 나라의 가치를 제한하거나 거스를 수는 없다. (2006. 10)

나는 왜 부흥을 외치지 않는가?

　하루라도 부흥을 부르짖지 않고는 보낼 수 없는 곳이 한국교회이긴 하지만 특별히 올 한 해는 그 정도가 지금까지와는 사뭇 다를 전망이다. 수년 전부터 교파를 막론하고 불을 지펴온 소위 "평양 대부흥 100주년"이 바로 올해 아닌가. 어느 교회 어느 목회자나 소망하는 것이 부흥일진대 1903년 원산 부흥회를 시작으로 1907년 평양에 이르기까지 4-5년 동안 교회수는 2배로 교인수는 3배로 늘어나 한국개신교인을 20만 명에 이르게 한 평양 대부흥은 분명 소중한 우리들의 역사이다. 하지만 길선주 목사와 장대현 교회로 대표되는 전설 같은 회개운동이 갈급한 심령들을 뒤흔들어 부도덕한 삶을 반성케 하고 당시 사회의 고질적 병폐인 축첩, 음주, 도박, 미신 등을 단번에 끊게 만들었던 그 부흥이 다시 이루어지기를 바라고 원하는 일이 무엇이 문제인가?

　부흥이 하나님 나라의 거룩과 영광을 이 땅 위에 이루는 것을 말한다면 나는 그 부흥을 날마다 간절히 바라고 소망하는 사람들 중의 하나이다. 반면 오늘 우리들이 부흥이라는 말을 입에 올리는 것조차 부끄러워해야 하는 이유는 우리들의 부흥에 대한 속내는 지극히 세속적이고 이기적이기 때문이다. 내가 이해하는 교회는 거룩한 사도적 우주적 교회인가, 아니면 내가 출석하거나 목회하는 하나의 지역교회일 뿐인가? 내가 진심으로 추구하는 것은 하나님 나라의 거룩과 영광인가, 아니면 교인수의 증가와 교회재정의 증대 그리고 그에 따르는 엄청난 목회자 권위인가? 부흥을 통해서 나의 교회 교인수가 늘지 않아도 부흥을 바라는가? 내가 기대하는 부흥에 이웃 교회의 성장과 발전은 과연 어느 정도로 포함되어 있는가?

부흥에 대한 우리들의 이해와 실천은 지난 한 세기 동안 한국교회들이 부흥의 결과를 어떻게 다루었는지를 보면 분명해진다. 평양 대부흥으로부터 100년의 세월이 지난 지금 세계적인 대형교회들이 즐비한 한국교회에 가족과 친지들의 도움 없이는 생계대책이 전무한 목회자들과 그들이 맡은 수많은 교회들이 한반도 곳곳과 아울러 전세계 한인이민자들이 사는 모든 도시에서 선교라는 미명 아래 하루하루를 연명하고 있다. 하나님을 사랑하고 의지하는 자녀들에게 주시는 성령의 선물인 부흥을 한국교회는 이웃 교회들과 함께 나누고 세상을 섬기는 일에 쓴 것이 아니라, 철저히 개교회적으로 사유화했고 무소불위의 힘을 소유한 목회자들의 권위는 하늘을 찌르고 있다. 그렇다면 오늘도 우리들이 기도하는 부흥이란 결국 대형교회들의 풍요와 힘을 간절히 바라는 중소형 교회 목회자들과 교인들의 야심과 도전에 지나지 않는다.

진정 부흥이 하나님께로부터 오는 것을 믿는다면 모든 지역교회들은 부흥의 결과인 교인 수의 증가와 교회재정의 증대를 아무런 조건 없이 이웃교회들과 나누어야 한다. 그렇지 않고 부흥을 이룬 지역교회들이 단순히 내 교인만을 위해 부교역자들을 늘리고 버스를 운행하고 새 교회건물을 짓는 행태는 추악한 탐욕이며 죽어가는 이웃 옆에서 내 배만을 불리는 꼴이다. 도대체 교회가 선포하는 복음을 교회 스스로는 전혀 실천하지 않았으면서 누구를 위한 무슨 부흥을 또다시 꿈꾼다는 말인가? 한국교회의 부흥이 어떤 결과를 가져왔는지 모든 사람들이 분명히 알고 있는데도 여전히 부흥을 외치는 교회와 목회자들은 자신의 벗은 몸을 혼자만 알지 못하고 돌아다니는 이솝 우화의 어리석은 임금님 꼴이다. 더구나 자유롭고 임의로 역사하는 하나님께 100년이라고 하는 인간들의 시간에 맞추어 부흥을 강요하는 자세는 결코 신앙적으로도 옳지 못하다. 하나님이 언제 우리들의 달력에 맞추어 일하시는 분이던가?

우리들이 부흥이라는 말을 하면 할수록 시대에 뒤떨어지고 개혁되어야 할 우리들의 치부는 더 많은 사람들 앞에서 드러남을 잊지 말자. 차라리 각 교회들은 지금까지 부흥을 교세확장과 목회자 개인의 권위를 높이는 도구로만 이용했던 것을 솔직히 인정하고, 좀 더 진취적이고 미래지향적인 목회방향을 추구하는 것이 이제부터라도 지난 날의 과오를 세상으로부터 용서받는 길이다. 여기에는 합리적이고 투명하며 공정한 교회운영, 맹목적이고 전근대적 악습인 권위주의 타파, 타종교와의 대화 및 평화 추구, 교회 안팎에서 소수자와 장애자에 대한 편견 및 차별 해소, 인권보호 및 사회정의 확립, 환경보호를 통한 자연과의 화해 등 진정으로 교회가 감당해야 할 시급하고도 중요한 일들이 산적해 있다. 교회가 이러한 본연의 임무에 충실할 때 부흥은 예고 없이 조용히 우리들 가운데 이미 찾아와 있음을 나는 믿고 감사드린다. (2007. 1)

다른 교회로 가세요

어느 교회나 교회 성장과 수적인 부흥을 위해 전력 질주하는 현실에서 새 교인들의 등록을 거부하는 교회가 있다는 사실은 믿기 어렵다. 하지만 일부 대형교회들은 타교회에서 옮겨오는 교인들의 등록을 거절하는 '기존교인 전입거부' 방침을 공개적으로 선언하고 나섰다. 어떻게 교회가 천하보다 귀한 영혼들을 버릴 수가 있는가.

개인적으로 신학과정 중인 1994년 겨울 고국 방문 시 찾아갔던 한 교회는 당시 수백명의 교인이 모이는 개척교회로 시작해서 13년 만에 2만 명의 교인을 가진 초대형교회가 되었다. 하지만 그동안의 교회성장은 70% 이상 세련된 설교와 잘 짜인 프로그램을 선호하는 수평 이동 교인들에 의한 것이라는 사실은 교회와 목회자에게 큰 부담이 아닐 수 없다. 전체 기독교인들이 줄어드는 현실에서 조금이라도 생각이 있고 우리들의 교회를 돌아보는 의식 있는 목회자라면 단순히 내 교회의 성장을 기뻐할 수만은 없는 것이 분명한 사실이다.

따라서 이들 교회가 교인들의 무분별한 교회이동을 막고 개인전도와 교회개척에 중점을 두어 한국교회 침체기를 극복하려고 나선 것은 참으로 값진 일이다. 무슨 수를 써서라도 돈 많이 벌어 부자가 되고 권력을 갖겠다는 세상조류에 휩쓸려 교회도 교인쟁탈전을 벌이고 권위주의와 성공지상주의로 너나없이 나아가는 상황에서 이들 교회와 목회자들의 자세는 참으로 신선하고 큰 도전을 준다. 쉽고 편한 방법을 버리고 힘들고 어려운 길을 걸어가려는 이들의 자세는 스스로 고난의 십자가를 택한 예수를 생각하게까지 한다.

하지만 과연 이것만이 최선의 길인가? 다른 방법은 없었을까? 우선 이들 교회의 현실을 보는 문제의식은 여전히 자기중심적이라는 것을 말하지 않을 수 없다. 기존교인들의 잦은 이동이 한국교회의 문제라면 문제의 핵심은 교회를 옮기는 교인들이 아니라 그들이 옮길 수밖에 없는 교회들에 있다. 아울러 무슨 문제로든 여러 해 정 들었던 교회와 교회친구들을 떠나 아픔과 절망 가운데 찾아온 이들을 새로운 교회에서 기존교인이라는 이유로 받아들이지 않는 것은 결코 바른 신앙의 길이 아니다.

이들 상처받고 지쳐서 찾아온 이웃에게 쉼과 돌봄을 베푸는 일은 신앙공동체의 기본임무이다. 이들의 상처가 아물고 지친 영혼에 새 힘이 솟아나야 비로소 근처의 다른 좋은 교회, 그리고 작은 교회로 가서 섬기게 되지 않겠는가? 교인들의 무분별한 교회이동을 막겠다는 대형교회들의 사명은 기존교인 전입거부를 선언하기에 앞서 일차로 그들을 돌보고 위로하고 치료한 후 새로운 교회와 연결시켜 주는 데 있다는 사실을 알아야 한다.

결국 대형교회는 머무는 곳이 아니라 쉬어 가는 곳, 위로받는 곳, 힘과 소망을 가지고 다시금 나아가는 곳이 되어야 한다. 대형교회는 현재 갖고 있는 모든 힘과 자원을 다음 단계로의 더 큰 성장을 이루는 데 쓸 것이 아니라 여러 곳에서 모인 교인들을 돌보고 다른 곳으로 내보내는 일에 사용해야 마땅하다. 역설적으로 말해서 성장하는 대형교회는 자신의 책임을 다하지 못한 것이며 교인들이 줄어들어야 비로소 바르게 운영되는 교회이다.

나아가 기존교인들의 전입을 거부하는 교회들의 자세는 개혁을 추구하면서 동시에 현실에 안주하려는 이중성을 갖고 있다. 새로운 교인들의 전입은 막으면서 이미 전입한 대다수의 교인들에 대해서는 어떻게 할 것인가? 처음부터 기존교인들의 전입에 힘입어 성장한 태생적 한계를 안고 있으면서 과연 자기부정의 논리가 어디까지 가능할까? 교회의 교인이 되는데 목회자나 교회의 승인을 받아야만 되는 것인가? 교인들은 교회의 소유물인가, 교회의 주인인가?

교인들의 잦은 이동이 한국교회의 문제라면 문제의 본질은 교인이 아니라 교회에 있으며 그 중에서도 대형교회는 대형문제를 안고 있다. 대형교회들이 그 비대한 몸집을 줄이지 않는 한 한국교회의 개혁은 요원한 일이다. 아울러 교회는 교인들의 당연한 권리를 인정하고 존중해야 한다. 순수하고 진실된 마음으로 교회등록을 원하는데 무슨 교육과정을 이수해야만 한다거나 아예 등록을 거부하는 행위는 교회의 월권이며 교인들을 무시하는 일이다. 참된 교회개혁은 교인들의 작은 권리를 인정하고 존중하는 것부터 시작해야 한다. (2007. 2)

아프간 인질사태 이후

　43일간 전 세계적인 관심과 신앙인들의 기도 제목이었던 아프간 인질 사태가 21명의 무사귀환으로 끝났다. 두 사람의 아까운 생명이 희생되었지만 남은 인질들이 건강하게 큰 부상이나 고초 없이 돌아온 것은 너무나 다행한 일이다. 하지만 이번 인질사태가 우리 국가와 국민 그리고 교회와 교인들에게 준 충격과 혼란은 너무나 크고도 광범위해서 아마도 우리들은 앞으로 오랜 기간 이 일을 두고두고 음미하며 그 의미를 되새겨야 할 것이다. 일단 이 일을 한국정부와 한국교회로 나누어서 생각해 보자.

　지금까지 국민들의 생명과 재산보호에 소극적이었다는 평가를 받아왔던 한국정부로서는 인질석방에 성공함으로써 소기의 성과를 거두었다고 볼 수 있다. 그러나 그 과정에서 매끄럽고 신중하지 못했던 면을 지적하지 않을 수 없다. 사건 발생 직후 대통령이 나서서 납치범들과 협상 가능성을 밝힌 일이나 대통령 특사의 공식적인 파견 그리고 한국정부가 테러집단과 협상을 벌이고 몸값 지불과 관계없이 그들의 요구조건을 최대한 수용했다는 선례를 남김으로써 앞으로 국제사회에서 받을 비난과 부담은 엄청난 국가적 손실이다. 더구나 국정원장을 비롯해서 선글라스를 쓴 직원들까지 언론에 노출된 일은 한 편의 코미디라고 할 수밖에 없다. 전반적으로 인질석방을 위한 한국정부의 노력과 의지는 분명했지만, 장

기적인 국가의 이익과 국제사회에서의 위상을 동시에 지키려는 전문성과 노련미는 턱없이 모자랐다.

이러한 한국정부의 미숙함과 조급함은 사실 한국교회에서 더욱 분명히 찾아볼 수 있다. 이번 일로 한국교회에 주어진 일차적 과제인 선교에 대한 반성은 우선적으로 미숙함과 조급함의 관점에서 이루어져야 한다. 믿음과 열정만으로 떠난 선교여행이 어떤 위험에 빠질 수 있고 결과적으로 교회에 어떤 피해를 가져왔는지 이번 사건은 극명하게 보여 주었다. 젊은 시절 자비로 외국에 나가 봉사와 선교의 시간을 보내는 일은 너무나 귀중하고 보람된 일이지만, 점점 다변화하고 복잡해지는 국제정세와 현지상황은 우리들로 하여금 더욱 철저한 준비와 아울러 깊은 고민의 시간을 갖도록 요구한다. 특히 전쟁 중인 이슬람 지역에서 기독교 선교는 일반 선교지보다 몇 갑절의 준비가 필요하다.

제국주의 시대에서 비롯된 전통적인 선교전략은 대부분 일방적, 공격적, 피상적, 물량적이었기 때문에 많은 서구교회들은 이미 지난 세기부터 더 이상 이를 시행하지 않고 있다. 선교란 단순히 현지인들을 기독교인으로 만드는 것이 아니라 그들과 삶을 나누는 것이기 때문이다. 오랜 기간 함께 생활하지 않고는 내가 예수를 믿고 따른다는 것의 의미를 그들에게 전할 수도 없고 그들의 신앙의 길을 내가 이해할 수도 없다. 따라서 해외선교사를 십만 명, 백만 명 보내겠다는 발상 자체가 얼마나 시대에 뒤떨어지고 공허한 것인지를 우리들은 분명히 깨달아야 한다. 선교는 교회에 주어진 지상과제라고 늘 이야기하지만 이렇게 미숙하고 조급한 선교는 하나님의 나라를 확장시키는 것이 아니라 파괴할 뿐이다.

더구나 작금의 반기독교 현상이 아프간 인질사태 이후 국내에서 더욱 확산되는 것을 보면 20-30년 후의 한국교회가 어떻게 될지 심히 두렵다. 교회의 일차적인 선교지는 교회가 속한 지역사회이다. 자신이 속한 사회에서 배척당하고 불신받으면서 먼 곳에 가서 누구에게 무엇을 전한다는 것인가? 인터넷에서 떠도는 수많은 반기독교적 댓글들의 이면을 들여다보면 한마디로 교회, 기독교, 목회자 그리고 신자들에 대한 철저한 실망이다. "목사=사기꾼", "예수가 죽어야 이 나라가 산다", "말이 봉사활동!! 교회세력 확장을 위한 앵벌이다"라는 사이버 세계의 거친 외침은 그동안 한국기독교가 한국땅에서 얼마나 실패했는지를 극명하게 전해 준다.

한국 기독교역사를 양분할 아프간 인질사태 이후 한국교회는 지금까지 자신들이 추구해 왔던 모든 것들을 내려놓아야 한다. 끝없는 세력 확장, 공격적이고 배타적인 선교 전략, 구원과 영생에 대한 흑백논리, 권위와 권력 지향, 문자적이고 근본적인 성경해석, 타종교와의 경쟁과 대립. 그 후에 한국교회가 살아남는 길은 다시 초대교회로 돌아가는 일이다. 세상에 그 모습을 드러내지 않고 인적 없는 지하묘지에서 밤중에 모여 예배와 교제를 나누었던 초대교회의 삶이 바로 우리가 나아갈 길이다. 교회는 간판을 내리고, 땅과 건물을 팔아 자선단체에 기부하며, 교인들은 일요일 가정집에 모여 조용히 예배드리고, 자신의 신앙을 말이 아니라 행동으로 보여 주며, 공공장소에서 큰 소리로 기도하지 말고, 오로지 진실과 성실로 평화와 구제의 삶을 살자. 그럴 때 혹 하나님의 긍휼하심이 다시 우리에게 임하지 않겠는가?(2007.9)

나는 왜 한인노회 설립을 반대하는가?

　지난 몇 년 동안 호주 내의 한인교회들 가운데서 자체적으로 호주노회를 구성하거나 대양주 또는 미주 지역의 한인교회들과 연대해서 노회를 만들고 운영하는 경우를 보게 된다. 사실 이민교회의 특성상 멀리 떨어진 한국의 지역노회에 소속되기보다는 현지의 한인교회들과 함께 노회를 구성함으로써 여러 가지 면에서 유익함을 거둘 수 있다. 필요한 현지 정보를 서로 나누고 다양한 목회상황 속에서 치리와 아울러 선교전략을 함께 다룸으로써 개교회는 좀 더 효율적이고 능동적이며 현실에 부합한 교회운영을 하게 된다. 나아가 한인노회는 호주에서 적절한 신학과정을 이수하고 훈련받은 한인 목사후보자들을 현지에서 안수 줌으로써 목회자 수급과 교회 설립의 측면에서도 실질적인 주도권을 행사할 수 있는 이점이 있다. 이러한 한인노회의 설립을 나는 왜 반대하는가?

　1. 먼저 우리들은 노회를 설립하려는 한인교회들이 한국교회 소속인지 아니면 호주교회소속인지를 구별해야 한다. 내가 반대하는 것은 호주연합교회에 소속된 한인교회들(이하 UCA 한인교회)만의 별도의 노회설립이다.

　2. UCA 한인교회들의 노회설립을 이야기하려면 먼저 UCA 한인교회

들이 왜 별도의 한인노회를 만들려고 하는지 물어야 한다. 늘 되풀이되는 말이지만 표면적인 이유는 언어의 장벽 그리고 호주와 한국의 교회문화 차이 특히 치리와 선교방식의 차이를 이야기한다. 하지만 보다 근본적인 이유로 호주연합교회의 법과 제도, 그리고 신학에 대한 거부를 말하지 않을 수 없다. 그리고 그 핵심은 목사와 장로의 임기제를 통한 탈권위주의에 있다. 즉 목회의 생명을 권위확립에서 찾는 한인교회의 입장과 그와는 반대로 권위타파에서 찾는 호주연합교회는 한마디로 물과 기름이다. 따라서 내가 보는 UCA 한인교회들의 노회설립은 결국 자신들이 속한 교회의 정체성을 거부하려는 방편일 뿐이다. 또한 한인교회들만의 노회설립은 다른 호주인교회들과 교제를 막고 한인교회와 목회자들의 고립을 심화시켜 더 큰 언어와 문화의 장벽을 쌓게 만든다.

3. 그렇다면 UCA 한인교회들은 왜 호주연합교회에 속해 있는 것일까? 이와 관련해서 분명히 알아야 할 것은 UCA 한인교회들은 자신들의 필요에 따라 호주연합교회에 가입한 것이지 결코 호주연합교회가 강권하지 않았다는 사실이다. 여러 이민자교회들이 가입함으로써 호주연합교회가 누리는 혜택도 있지만, 호주 최대의 개신교회가 갖고 있는 여러 자원과 조직 그리고 영향력을 한인교회들은 절실히 필요로 한다. 따라서 UCA 한인교회 일각에서 한인노회설립을 마치 일제치하에서의 독립운동처럼 호주인들로부터 주권회복이라고 생각하는 것은 전혀 이치에 맞지 않을 뿐 아니라 순수한 마음으로 도움을 베푸는 교회를 일방적으로 매도하는 큰 잘못이다. 사실 호주연합교회는 문화와 목회의 차이를 고려하여 지금까지 많은 이민자교회들에게 최대한도의 관용과 예외를 인정해왔다.

4. 현재 운영되는 Korean Commission(이하 KC)과 한인노회는 무슨 관계인가? UCA 한인교회들은 KC를 "준(準)노회"라고 부름으로써 마치

노회설립이 거의 이루어진 것처럼 분위기를 띄우지만 이것 역시 옳지 않다. 한인노회 설립안은 1997년 NSW 주총회에 상정되고 1998년 투표에 붙여 정식으로 부결되었다. 반면에 KC는 UCA 한인교회들과 호주연합교회의 원활한 협력과 이해를 증진하고자 2003년 설립되었다. 물론 KC가 일부 노회의 기능을 수행하는 것은 사실이지만 정식 노회설립을 전제로 한 것이 아니기 때문에 "준노회"라고 부르는 것은 상황을 오도하는 일이다. 물론 영어로도 "Commission"은 노회와 아무 연관이 없다. 2007년 주총회에서는 4년 후 종합평가를 거쳐 한인노회설립을 다시 논의하기로 결정하였다.

5. 1990년대 초부터 시작된 UCA 한인교회들의 노회설립 움직임은 오랜 역사를 가지고 있다. 하지만 교회 정체성의 관점 이외에도 언어와 문화적 차이를 설립근거로 제시하는 한인노회는 전혀 진취적이거나 발전적이지 못하다. 많은 한인교회의 교인들은 생업과 자녀교육에서 언어와 문화의 차이를 극복하고자 땀을 흘리며 영어를 배우고 현지인들과 교제를 위해 갖은 노력을 다하는데, 소위 그들의 영적지도자들은 영어통역과 함께 호주인들을 불러 놓고 한국어로 회의를 진행하면서 한국적인 권위 유지와 보수적 신학을 답습하는 모습은 미래지향적이어야 할 이민교회의 삶에 아무런 도움이 되지 못한다.

다문화사회란 이민자들이 현지문화에 동화되는 데 최대한 관용과 협력을 베푼다는 뜻이지, 동화를 거부하는 폐쇄된 이민집단을 적극 장려하는 것은 분명 아니다. 호주의 공식 언어는 영어이며, 이 사회의 일원으로써 우리들이 영어를 습득하고 발전시키는 것은 각자의 책임이다. 영어권 사회에 이민 와서 영어를 구사하지 못하는 것은 나의 문제이며 동시에 노력함으로써 얼마든지 극복할 수 있는 일이다. 기본적인 개인의 책임과 의무를 신앙의 영역에서 면제받으려는 시도는 그 신앙의 대상과 다른 신앙인들 앞에서 부끄러운 일이다. (2007. 12)

1977 삼선감리교회 성가대/청년부

신앙과 신학 사이

말썽꾸러기 예수

    한국교회와 사회에서 목회자에 대한 이미지는 거의 표준화되어 있다. 학생들이 교복을 입듯 목회자는 언제 어디서나 넥타이와 함께 양복을 입어야 하고, 머리는 항상 짧고 단정해야 하며, 얼굴은 면도를 깨끗이 하고 밝은 표정으로 사람들을 대하며, 한쪽 손에는 성경책을 들고 늘 겸손하고 바른 자세를 취하는 것이 누구나 기대하는 목회자의 모습이다. 외모와 더불어 목회자들의 사고와 언행 역시 항상 사회의 기존질서를 존중하고 기득권층의 결정에 따르는 것이 "각 사람은 위에 있는 권세들에게 굴복하라"(로마서 13:1)고 사도 바울을 통해 말씀하신 하나님의 뜻이라고 신앙인들은 믿는다.

    교회에 열심히 다니는 신자이든 아니든 목회자들에 대한 우리들의 고정관념은 너무나 확고해서 거기에서 조금이라도 벗어나면 마치 도저히 있어서는 안 될 일이 일어난 것 같은 반응을 보인다. 1990년 대 중반 신학 과정 중에 한인교회에서 전도사로 일하면서부터 때때로 수염을 길렀던 필자의 경우 말없는 수염 때문에 아내와 더불어 교회 내에서 여러 사람들로부터 핍박 아닌 핍박을 받아야 했다. 지금도 수염을 기르면 '목사님'이 웬 수염이냐고 말하는 교민들을 가끔 만난다. 목사안수를 받기 전 호주연합교회내의 한인교회들을 위한 "공동규정"과 호주연합교회 전국총회에서 비준된 영어규정이 서로 다르다는 내용의 글을 교민매체에 실었다가 당회에 불려 들어가 중세시대의 종교재판이 아직도 살아 있음을 실감해야 했다. 목사로써 '부처님 오신 날' 절에 가고 불교의 가르침을 귀하다고 쓴 내 글에 대해 한인목회자들은 교민신문에 전면광고를 내고 자신들과 다른 이야기를 했으니 하나님과 교회 앞에 진실하게 회개하라고 강요한다. 도대체 나는 무엇이 잘못된 것일까?

오늘 우리 곁에 예수가 온다면 그가 어떤 목회를 할지 나는 잘 모른다. 하지만 성경의 복음서에서 만나는 2,000년 전의 예수는 그 당시의 기존질서에 순응해서 들어가도 복을 받고 나가도 복을 받은 만사형통한 사람은 결코 아니었다. 오히려 그는 유대 종교지도자들에게는 자기들만의 거룩한 신성을 모독하는 치가 떨리는 증오의 대상이었으며, 로마 정치지도자들의 눈에는 선량한 현지인들에게 하나님에 대해 기존의 종교인들과는 다른 소리를 지껄여대는 선동가였고 귀찮은 말썽꾸러기였다. 결국 체제수호 차원에서 기득권 세력에 의해 예수는 본보기로 처참하게 제거당하게 된다. 그러나 그를 따르는 수많은 사람들에게 그는 새로운 하나님을 알게 하고 우리들이 그 하나님의 아름다운 피조물들로써 바르게 살아가도록 일깨워 준 멋쟁이 말썽꾸러기이다.

요단강에서의 세례가 예수 공생애의 시작이라면 부활승천은 마지막이며 변화산 사건은 그 절정의 순간이다. 공관복음서(마태17:1-6, 마가9:2-8, 누가9:28-36)에 모두 실려 있듯 베드로와 야고보와 요한을 데리고 높은 산에 올라간 예수는 그들 앞에서 변형되어 얼굴이 해같이 빛나며 옷이 빛과 같이 희어졌다. 이때 모세와 엘리야가 나타나 예수와 함께 이야기하는 것을 세 제자들이 보게 된다. 전통적으로 모세는 율법을 대표하며 엘리야는 모든 선지자들을 대표한다고 설명한다. 하지만 모세와 엘리야와 예수의 공통점을 다른 관점에서 찾아보자.

모세는 당시 세계최대의 강국이었던 이집트에서 400년 이상 노예생활을 하던 그의 민족 이스라엘 백성들을 구원하고자 이집트 왕 파라오를 여러 번 찾아가 하나님의 말씀을 전하고 열 가지 재앙을 내림으로써 결국 그의 백성들을 구출하고 홍해를 건넌다. 오죽 견딜 수 없었으면 절대 권력자였던 파라오가 온갖 궂은 일에 마음대로 부려먹을 수 있었던 노예 수백만을 풀어 주도록 했을까. 따라서 모세는 그에게 말썽꾸러기 정도가 아니라 죽이고 싶도록 미운 대상이었다. 엘리야는 이스라엘 7대 왕 아합과 8대 왕 아하시야 시대에 바알과 아세라 숭배자들과 맞서 싸우면서 정의와 기적의 여호와 하나님을 선포했던 불의 선지자였다. 그는 왕들의 잘못과 타락을 지적하고 하나님의 심판을 담대히 전함으로써 권력층들에게 눈엣가시와 같은 존재였다. 아합왕은 길에서 그를 만나 "이스라엘을 괴롭게 하는 자"(열왕기상 18:17)라고 자신의 끓어오르는 분노를 쏟아내었다.

아브라함, 야곱, 요셉, 사무엘, 다윗 등 구약의 많은 신앙의 거인들을 제치고 모세와 엘리야가 예수와 함께 서 있을 때 분명히 보이는 특징이 있다. 이들은 기존의 권력체제에 맞서서 그들의 불의와 불신앙, 거짓과 위선, 탐욕과 모순을 꾸짖고 끊임없이 도전하도록 하나님으로부터 보냄을 받은 말썽꾸러기들이었다. 이들이 일으킨 말썽은 기존의 법과 질서가 요구하는 기준에 미치지 못해서 문제가 된 것이 아니라, 기존의 법과 질서의 수준을 뛰어넘어 그 문제점과 부조리를 꼬집는 창조적이고 건설적이며 도발적인 것이었다. 인류 역사상 최고의 말썽꾸러기인 예수를 신앙의 본으로 삼고 따르는 오늘의 우리들도 언제 어디서나 작은 말썽꾸러기가 되어야 옳지 않을까?(2008. 2)

아직도 끝나지 않은 십자군 전쟁

십자군 전쟁은 중세유럽의 기독교인들이 회교도들로부터 성지 예루살렘 성을 탈환하기 위하여 교황의 주도 아래 치렀던 전투를 말한다. AD 637년 예루살렘을 점령한 아랍계 회교도들은 성지순례를 위해 예루살렘을 찾아오는 유럽의 기독교인들을 상업적인 목적으로 후대하였다. 그러나 1076년 터키계 회교도들이 예루살렘의 주인이 되면서 성지순례를 하는 기독교인들이 위험에 처하게 된다. 1095년 교황 우르바누스 2세는 프랑스의 클레르몽에서 종교회의를 소집하여 성지를 잃어버린 기독교의 수치와 순례자들의 참상을 설명하면서 이민족들과 성전(聖戰)의 필요성을 강조하고 성지회복이 곧 하나님의 일이며 그리스도의 명령이라고 역설하였다.

다분히 정치적인 계산으로 성전을 주장한 교황의 연설에 감동되어 종교회의는 성지회복을 결의하였다. 하지만 자신의 군대가 없었던 교황은 십자군을 모집하면서 참전군인의 법적, 종교적인 죄사함과 아울러 각종 전리품 취득을 특권으로 약속했다. 순수한 성도들과 온갖 불량배들이 뒤섞인 지원자들은 붉은 색의 십자가 휘장을 붙이고 1096년부터 1272년까지 약 200년 동안 총 9회에 걸쳐 예루살렘을 향하여 출전하게 된다. 하지만 오랜 전쟁기간 동안 현지조달 외에는 아무런 물자를 보급 받을 수 없

신앙과 신학 사이

었던 십자군은 행군이 길어질수록 약탈과 강도, 강간과 살인을 저질러 이들이 지나가는 모든 마을을 공포의 도가니로 만들었다. 1회, 6회, 9회 십자군이 성지탈환에 성공하지만 그때마다 회교도들의 공격으로 예루살렘을 뺏기고 결국 십자군 전쟁은 철저한 실패로 끝난다.

　인류 역사에서 십자군은 우리들로 하여금 하나님의 뜻이 무엇이며 어떻게 하나님의 나라를 이루어 가야 하는지 심각한 고민을 하도록 인도한다. 그러나 분명한 것은 이교도들을 없애는 것이 하나님의 뜻은 아니며, 또한 기독교인들끼리만 일한다고 해서 하나님의 나라가 이루어지는 것도 결코 아니라는 사실이다. 무엇보다도 자신의 믿음과 신념을 타인에게 일방적으로, 배타적으로, 강압적으로 주입하려는 사람은 결국 그 시대의 십자군임을 깨달아야 한다. 기독교는 예수 안에서 사랑과 평화, 용서와 구원을 풍성히 누리도록 인도하지만 동시에 신앙을 가장한 독선적이고 무자비한 세력확장과 이익추구 집단이 될 수 있음을 십자군은 우리들에게 확신시켜 준다.

　예수를 통해서 주시는 하나님의 은혜와 사랑을 경험한 사람들에게 닥치는 가장 큰 유혹은 소위 "복음화"를 통한 기독세계(Christendom)의 구현이다. 개개인의 거듭남을 통해 가정과 지역과 도시와 나라가 기독교 신앙을 갖는 것은 기독교인이라면 한번쯤 갖는 소박한 꿈이다. 하지만 기독세계의 가능성 여부를 떠나서 그것이 과연 하나님의 뜻인지를 우리들은 역사적인 경험을 통해 진지하게 생각해야 한다. 하나님의 이름으로 하나님의 자녀들이 모인 하나님의 군대가 인류의 온 역사를 통틀어 최고로 부패하고 무능하고 잔인한 집단이었다는 사실에서 우리들은 깨달아야 한다. 단순한 기독세계는 결코 하나님의 나라가 될 수 없을 뿐 아니라 그것이 바로 사탄의 나라인 것을.

십자군 이외에 우리들에게 교훈을 주는 역사적인 사건은 장 칼뱅의 주도로 제네바 시에서 시도한 신권정치를 들 수 있다. 프랑스 태생의 천재적인 신학자이자 종교개혁가이며 장로교회의 창시자인 칼뱅은 교회법을 제정하여 종교법원(Consistory Court)을 주관함으로써 신권정치를 추구했다. 이 당시 모든 제네바 시민들은 일요일의 새벽, 정오, 오후 예배와 아울러 주 중에도 월, 수, 금 예배에 출석해야 했다. 종교법원은 목사 5명 장로 12명으로 구성되어 교회의 규율과 시민의 도덕을 관장한 최고의결기관이었다.

　칼뱅은 그곳에서 성경해석자이자 판사의 역할을 담당하여 그의 성경해석에 따라 모든 죄의 유무와 경중이 결정되었다. 그가 종교법원에서 막강한 권세를 과시하던 4년 동안(1542-1546)그는 58명을 사형에 처하고 76명을 추방하거나 투옥했다. 처형당한 이유는 다양하지만 주로 예정설, 성경의 권위, 삼위일체론, 유아세례, 성만찬 등의 해석이 칼뱅과 달랐기 때문이었다. 특히 성경해석에 있어서 한 구절이라도 그와 해석이 일치하지 않으면 이단으로 정죄될 수 있었다. 자신도 프랑스 왕으로부터 이단으로 몰렸으면서 칼뱅은 자기의 해석과 교리를 비판하는 사람들을 투옥, 추방, 사형시키는 등 극도의 독선과 배타성, 편협과 잔인함을 드러냈다. 이러한 독선, 배타성, 편협성은 기독교의 모든 교파에서 찾아볼 수 있지만 특히 그가 세운 장로교회에서 두드러짐은 결코 우연이 아니다.

　무엇보다도 그가 시도했던 제네바 시의 신권정치 역시 십자군의 경우처럼 단순한 기독세계는 하나님의 나라가 될 수 없다는 사실을 분명히 우리들에게 일깨워 준다. 마찬가지로 장로가 시장이 되어 온 도시를 통째로 하나님께 봉헌하고 대통령이 되어 모든 국민들을 복음화해서 매주 일요일 아침마다 경건하게 예배드리고 십일조를 바치게 해도 하나님의 나라가 되는 것은 아니다. 그것이 십자군이건 신권정치이건, 영적전쟁이건 테러와의 전쟁이건, 부흥회이건 총동원주일이건, 뉴라이트운동이건 성시화운동이건, 단순하고 독선적이며 편협하고 배타적인 신앙자세는 언제 어디서나 예수의 사랑과 용서와 평화를 무참히 짓밟고 인류의 귀한 삶과 생명을 파괴한다는 것이 역사의 가르침이다. 끊임없이 반복되는 역사 속에서 우리들은 언제나 교훈을 받아 이 피비린내 나는 십자군 전쟁을 끝내게 될까?(2008. 3)

1979 서강대학교 전자공학과 학우들

비판적 성경 읽기(I)

　비판적 읽기가 바른 판단력을 가지고 읽는 것이라면 비판적 성경 읽기는 바른 판단력을 가지고 성경을 읽는 것이다. 하지만 단순하면서도 절대적인 신앙을 강조하는 '정통보수신앙'의 관점에서는 '도대체 언제 어디서나 영원한 진리인 하나님의 말씀을 읽는 데 무슨 판단력이 필요한가?'라고 의문을 제기할지도 모른다. 즉 거룩하고 정확무오한 하나님의 말씀은 읽고 그대로 살아가면 되는 것이지 비판이나 판단은 죄 많은 인간들의 교만이라는 자세이다.

　성경의 권위를 깎아 내리려는 것이 본 칼럼의 목적도 아니고 필자의 의도 아니지만 내가 가진 경전은 문자적으로 일점일획도 틀림이 없다는 식의 권위는 아니라는 것을 알려면 우리들은 최소한 성경에는 수많은 인간적인 오류, 편견, 모순 그리고 문화적인 다양성이 있음을 깨달아야 한다. 이러한 인간적인 한계와 성경의 권위를 구별하고 분리하지 않는다면 결국 성경의 하나님은 모든 인간적인 한계를 자신의 것으로 받아들이고 열등한 신으로 전락하게 된다.

　수많은 예 중에서 몇 가지만 살펴보자. 널리 알려진 대로 천지창조의 이야기는 창세기 1장과 2장에서 두 번 나오는데 그 순서와 내용이 완전히 다르다. 구약에는 서로 조화시킬 수 없는 십계명이 출애굽기 20장, 34장과 신명기 5장에 기록되어 있다. 더 큰 문제는 살인하지 말라는 계명을 준 하나님이 아브라함에게는 아들 이삭을 죽이라고 명하고, 사람을 죽인 모세를 자신의 종으로 삼아 이스라엘 민족을 이끌게 하며, 모세에게 명하여 레위 자손들에게 살인면허를 주어 동족 3,000 명을 죽이게 한다(출애굽기 32:26-29). 가나안 땅으로 들어가면서 이스라엘 민족은 수많은 전쟁에서 타민족들을 남녀노소를 가리지 않고 전멸시킴으로써 그들의 잔인함을 만천하에 알린다.

흔히 동성애를 정죄하는 구절로 잘못 인용하는 소돔과 고모라 성의 멸망 이야기(창세기 19장)에서 진짜 문제는 롯이 천사로 언급된 손님들을 보호하기 위해 동네의 폭력배들에게 자기의 사랑하는 두 딸을 성적 노리개로 주었다는 사실이다. 사실 이 부분은 이들이 동성애자가 아니라는 분명한 증거이기도 하지만, 어떻게 이런 몹쓸 애비 롯이 하나님의 의로운 사람으로 선택되어 멸망에서 구원받았다는 말인가? 더 어처구니없는 것은 창세기 19장 후반에 소돔성에서 도망 나온 후 산 속의 굴에서 함께 지내면서 두 딸들은 그들의 몹쓸 애비 롯에게 술을 먹이고 근친상간을 하여 자식을 나아 두 민족의 조상이 되었다는 해괴 망측한 복수의 이야기이다.

레위기 11장 5-6절은 사반(너구리)과 토끼를 새김질하는 동물로 분류하는 잘못을 보여 준다. 또한 모세5경에 있는 죽여야 할 수많은 사람들 목록을 보면 구약의 하나님은 분명 예수가 아버지라고 부르는 사랑과 용서의 하나님은 아니다. 부모를 치는 사람(출21:15), 술 마시고 방탕한 아들(신21:18-21), 부모를 저주하는 사람(출21:17), 소를 단속하지 않아 사람을 죽게 한 소의 주인(출21:29), 짐승과 성행위를 한 사람(출22:19), 다른 신을 경배하는 사람(출22:20), 처녀 때 간음한 것이 결혼 후 발견된 사람(신22:20-21), 남편과 싸우는 사람의 음낭을 잡은 여자(신25:11-12), 자기 어머니와 성행위를 한 사람(레18:7), 남의 아내와 간통한 남자와 여자(레20:10), 계모와 성행위를 한 남자와 여자(레20:11), 월경하는 여자와 성행위를 한 사람(레20:19)….

신약성경에서 제일 큰 모순은 예수의 생애와 가르침에 대한 네 개의 서로 다른 복음서가 있다는 점이다. 마태, 마가, 누가 그리고 요한복음은 동일한 사건에 대해 수많은 차이점과 모순을 간직하고 있다. 대표적으로 사복음서에 모두 들어있는 부활의 이야기를 함께 놓고 비교해보면 도저히 하나의 일관된 사건으로 조화시킬 수 없다. 아울러 신약과 구약을 망라해서 성경은 노예제도와 남성우월주의를 당연한 것으로 받아들이고 있으니 아직도 한국 목회자들이 바울 서신서를 인용하면서 공공연히 여성비하 발언을 하는 것이 전혀 이상한 일이 아니다. 예수를 팔아 죽음으로 이끈 가룟 유다는 마태복음 27:5에서는 목매어 죽었고 사도행전 1:18에서는 떨어져 배가 터져 죽은 것으로 되어 있다.

예수의 동정녀 탄생 교리의 근거인 "처녀가 잉태하여 아들을 낳으리라"는 말씀(마태복음 1:23)은 구약의 이사야서 7장 14절을 인용한 것인데 놀라운 것은 정작 이사야서에는 "처녀"라는 말이 없다는 것이다. 히브리어 "알마"는 단지 젊은 여자를 의미하며 특히 이사야서의 구절은 구세주의 탄생과는 아무 관계가 없다. 헬라어로 쓰여진 복음서에서 예수는 헬라어로 가르치지만 실제로 예수가 헬라어를 썼을 가능성은 전무하다. 당시 일반 유대인들의 언어는 아람어였기 때문에 현재의 복음서는 이미 예수의 말을 아람어에서 헬라어로 번역한 것이다. 즉 우리들이 직접적으로 접할 수 있는 예수의 말은 "달리다굼", "에바다", "엘리 엘리 라마 사박다니"등 극히 일부에 지나지 않는다. (2008. 10)

비판적 성경 읽기(II)

지난 칼럼에서 살펴본 성경의 오류, 모순, 다양성들은 단지 몇 가지 예에 지나지 않지만 성경의 모든 부분이 문자적으로 일점일획도 틀림이 없다고 주장하는 문자주의자들에게는 감당하기 어려운 도전이 될 수도 있다. 하지만 보다 심각한 도전은 이러한 문자적인 오류, 모순, 다양성보다도 성경의 여러 구절들을 어떻게 해석하고 적용하느냐 하는 좀 더 실제적인 부분이다. 성경을 문자적으로 읽고 해석하고 적용해야 한다면 구약의 수많은 구절들을 도대체 어떻게 오늘날 우리들의 삶에 적용해야 할 것인가?

구체적으로 여호수아 3장 10절에서 요단 강을 건널 때 여호수아의 말을 들어 보자. "사시는 하나님이 너희 가운데 계시사 가나안 족속과 헷 족속과 히위 족속과 브리스 족속과 기르가스 족속과 아모리 족속과 여부스 족속을 너희 앞에서 정녕히 쫓아내실 줄을 이 일로 너희가 알리라". 다문화, 다민족, 다종교 사회인 호주에서 살아가는 우리들이 이 말씀을 문자적으로 지키기 위해서 우리 주위의 다른 민족, 다른 종교인들을 모두 호주 땅 밖으로 쫓아 버려야 하는가? 좀 더 문자적으로 이 말씀을 따르려면 하나님을 믿는 우리들은 모두 팔레스타인 땅으로 가서 이들 민족들을 몰아내야 하지 않을까? 하지만 아무리 해도 인종적으로 유대인이 될 수 없는 우리들이 갈 곳은 결국 어디인가?

신약의 말씀들 중에도 우리들이 문자적으로 해석하고 적용하지 않는 여러 부분들이 있다. 네 오른 눈이 실족케 하거든 빼어 내버리거나 오른손이 실족케 하거든 찍어 내버리라는 예수의 말씀을 문자적으로 실천한 기독교인을 나는 아직 듣거나 보지 못했다. 하나님이 짝지어 주신 것을 사람이 나누지 못한다고 예수는 분명히 말했는데 결혼식에서 이 말씀을 선포한 주례목사는 이혼한 부부를 찾아가 강제로라도 다시 화합시켜야 하지 않겠는가? 요한복음에서는 예수를 메시아로 받아들이지 않은 유대인들이 예수를 십자가에서 죽게 한 살인자들로 묘사되는데 그렇다면 우리들은 역사 속에서 저질러졌던 끔찍한 반유대주의 또는 유대인혐오의 범죄행위를 정당화하고 반복해야 하는가? 여자들은 교회에서 잠잠해야 하고 남자들을 주관하거나 가르치지 말라고 바울은 분명히 말했는데 왜 우리들은 여자 성가대장, 여자 성가대원, 여자 주일학교 교사, 여자 청년부 교사, 그리고 여자목사에 여자 총회장까지 허락하는가?

우리들이 어떤 의미로 성경을 하나님의 말씀이라고 부르든지 성경에 신적인 부분과 아울러 인간적인 부분이 있음은 분명하다. 왜냐하면 성경에 신적인 부분이 있는 만큼 그 성경의 영감, 집필, 해석 그리고 보존의 긴 과정에 수많은 사람들이 직간접으로 관련되어 있기 때문이다. 따라서 성경을 하나님의 말씀이라고 부를 때마다 우리들은 동시에 성경이 사람의 기록이라고 말하는 것을 잊어서는 안 된다. 결국 성경이 하나님의 말씀이라는 말이 정확히 무엇을 의미하는지 고민한다는 것은 성경이 어떻게 얼마만큼 인간의 기록인지를 고민한다는 뜻이다.

성경이 하나님의 말씀인 동시에 인간의 기록임을 인정하는 순간 우리들은 맹목적이고 무비판적이며 비이성적인 문자주의에서 벗어나 비판적 성경 읽기라고 하는 약간은 두려우면서도 흥미진진한 새로운 세계로 첫 발을 내딛게 된다. 이것은 마치 부모의 감독과 보호 속에서 지내던 자녀 들이 부모의 곁을 떠나 이성과 의지를 가지고 자신만의 독립적인 삶을 시 작하는 것과 비슷하다. 언제나 옳고, 모든 것을 알고, 모든 일을 할 수 있 다고 어릴 때부터 믿어왔던 나의 부모님이 성인이 되어 독립을 하고 자신 의 가정을 이끌어가면서 뒤돌아보면 그들도 때때로 잘못이 있었고 그들 만의 한계와 부족함 속에서 그래도 최선을 다해 살아왔음을 깨닫게 된 다. 이러한 깨달음 위에서 부모와 자식의 진정한 만남이 이루어지고 보 다 성숙한 관계를 이룰 수 있다.

우리들은 성경을 통해서 인류와 우주의 창조주 하나님을 만나고 예수 를 통해서 주시는 대속과 죄사함의 기쁨 가운데 진정한 영육의 해방을 누 린다. 비판적 성경 읽기는 수많은 성경의 오류와 모순 그리고 다양성이 연약하고 불완전한 인간의 기록에서 비롯된 필연적인 결과임을 알게 함 으로써 최종적으로 이러한 문제들로부터 하나님을 해방시킨다. 우리들 이 가고 있는 신앙의 길은 창조주 하나님과 대속자 예수 안에서 완전한 해방의 기쁨을 누리게 된 인간들과, 성경이 갖는 인간적 오류의 책임에서 해방된 하나님이 함께 걸어가는 동반자의 길이다. (2008.11)

비판적 성경 읽기(III)

누구나 하루하루 일상의 삶을 살아가는데 이성과 상식을 가지고 살아가는 것처럼 신앙생활에서도 이성과 상식은 꼭 필요하다. 아무 데서나 이단을 들먹이는 것이 한인교계의 고질병이지만 만일 누가 이단을 정의하라면 나는 주저 없이 이성과 상식을 거부하는 신앙생활이라고 말하겠다. 따라서 성경을 읽고 해석하고 적용하는 일에도 이성과 상식은 절대적으로 중요하다. 그중에서도 성경이 역사와 문화의 산물임을 인정하는 것이 이성과 상식을 통한 비판적 읽기의 핵심이다.

구약은 절대적으로 이스라엘 민족의 고유한 역사와 문화적 배경에서 쓰여졌으며 거의 1,000년의 기간 동안 여러 저자들이 다양한 상황에서 그들의 삶의 경험을 신앙적 관점에서 기록했다. 신약은 구약과 비교해 상대적으로 짧은 50여 년의 기간에 걸쳐 쓰여졌지만 여전히 다양한 역사적 문화적 배경을 간직하고 있다. 성경을 전체적으로 보면 특정 국가, 민족, 지역의 사회적, 경제적, 정치적 구조의 변화와 함께 그들의 종교행위, 윤리의식 그리고 하나님에 대한 이해까지도 변화함을 볼 수 있다. 특별히 신약에서 문화적 다양성은 유대인과 이방인들을 분리함으로써 더욱 두드러지게 나타난다.

따라서 성경을 체계적이고 일관성 있게 읽기 위해서는 성경의 여러 부분들이 쓰여진 역사적 상황과 문화적 배경을 충분히 고려해야만 한다. 사실 이러한 자세는 인간의 모습으로 이 땅에 온 하나님의 아들 예수를 구세주로 고백하는 "성육신"(Incarnation)믿음의 관점에서도 매우 중요하다. 왜냐하면 인간의 몸을 가지고 여자에게서 태어난 예수는 특정한 때에 특정한 지역에서 특정한 문화와 정치적 상황 아래 그의 삶을 살았기 때문이다. 하나님의 아들 예수는 복음서에서 그 당시 그 지역 주민들의 언어를 사용해서 하나님의 뜻을 하나님의 자녀들에게 알려 주었다.

하지만 성경을 역사적 관점에서 읽고 해석할 때 주의해야 할 점은 "역사"에 대한 우리들과 성경의 저자들의 자세가 다르다는 점이다. 실제로 일어난 일에 대한 객관적 서술을 추구하는 우리들과 달리 성경의 저자들은 자신의 믿음의 관점에서 이미 해석된 역사를 기록하고 있다. 따라서 믿음을 근거로 성경의 기술을 무조건 역사적 사실이라고 우기는 것도 잘못이지만, 아울러 오늘날의 역사적 관점에서 성경의 내용을 무조건 거부하려는 자세도 역시 잘못이다.

성경의 기록을 단지 특정한 역사적 상황과 문화적 배경의 산물로만 이해한다면 우리들은 오늘 우리들에게 주는 성령의 음성을 전혀 들을 수 없게 된다. 동시에 성경의 역사적 상황과 문화적 배경을 완전히 무시하고 오늘 우리들의 삶에 무조건 적용하려는 시도는 기독교인들을 사회와 가정으로부터 분리시키고 파멸로 이끈다. 결국 비판적 성경 읽기는 이 양극단 사이에서 건강한 균형을 유지하는 일이며 이것이 바로 "성서해석학"(Hermeneutics)이 추구하는 목표이다.

성경이 하나님의 말씀을 간직한 인간의 기록임을 깨닫고 역사적 상황과 문화적 배경을 고려하면서 성경을 읽다 보면 우리들은 대체로 다음과 같은 결론에 다다른다: 성경은 교회의 교리와 신학에 대해 일관되고 체계적으로 부합되기보다는, 역사적 사실과 신학적 전통에 대해 다양하고 때로는 서로 모순되는 입장을 간직한 서로 다른 책들의 집합이다. 따라서 신약과 구약을 망라해서 나타나는 성경의 다양성은 성경이 인간의 기록임을 확인시켜 준다.

하지만 본질적으로 간단, 명료, 일관된 이해를 추구하는 인간의 본성과 아울러 한 분 하나님의 정확 무오 하심을 믿는 신앙인의 관점에서 성경의 이러한 다양성은 분명 감당하기 힘든 도전이며 혼란이다. 성경이 보여주는 다양성을 인정하는 일은 우리에게 성경이 어떤 책이며 성경이 하나님의 말씀이라는 의미가 무엇인지를 지속적으로 생각하게 해준다. 성서해석학이 추구하는 비판적 성경 읽기는 우리들을 때로는 불편하고 곤란한 자리로 인도하지만 결국은 좀 더 성숙한 자세로 나를 보고 세상을 보고 성경 속에서 하나님을 보도록 이끈다. (2008.12)

신앙과 신학 사이

비판적 성경 읽기(IV)

호주인 교회에서 성경에 대한 교인들의 인식이 "무조건적인 하나님의 말씀"에서 "하나님의 말씀을 간직한 인간의 기록"으로 바뀌어 감은 주일 예배에서도 알 수 있다. 전통적으로는 성경을 읽은 후 "This is the Word of the Lord"(이는 주님의 말씀입니다)로 마치는데 이제 점점 많은 교회에서는 "In this is the Word of the Lord"(이 안에 주님의 말씀이 있습니다)로 끝마친다. 즉 방금 읽은 성경말씀은 무조건적으로 하나님의 말씀이 아니라 하나님의 말씀을 간직한 인간의 기록이라는 엄숙한 고백이며, 그렇기 때문에 오늘 이곳에서 살아가는 우리들에게 주시는 진정한 하나님의 말씀을 전해달라는 설교자에 대한 정중한 요청이기도 하다.

유대교의 한 분파로 시작한 기독교는 초기 수십 년 동안 주로 유대인 사회에서 머물렀다. 하지만 신약의 여러 곳에서는 시간이 흐름에 따라 유대인과 이방인들 사이에 점차로 긴장이 높아졌음을 보여준다. 다양성의 관점에서 신약을 보면 마태복음은 다른 복음서에 비해 매우 유대적이다. 마태복음에서 모세의 율법은 그 권위와 중요성을 여전히 간직하고 있다(5:17-20). 반면 요한복음은 율법을 대신한 사랑의 새 계명을 강조한다(13:34). 아울러 요한복음은 유대인들에 대한 엄청난 반감을 드러낸다. 로마서에서 바울은 율법을 거룩하며 의롭고 선한 것으로 보지만(7:12),

이제는 성령의 법으로 대치되었다고 말한다(8:2). 누가복음-사도행전은 유대교의 한 분파였던 기독교가 세계적인 종교가 되어 가는 역사를 알려 준다.

기독교 신앙에서 구원은 중심적인 주제이지만 어떻게 우리들이 구원 받는지에 대한 신약의 설명 또한 다양하다. 전통적으로 우리들은 하나님 의 어린 양 예수의 피로 구원받았다고 말한다. 즉 예수의 죽음을 통한 구 원이다. 하지만 신약의 다른 부분에서는 구원이 예수의 부활과 분명히 연관되어 있다. 마가복음에서는 구원의 절대조건으로 예수의 죽음을 강 조한다(10:45, 14:24). 반면 누가복음의 중심은 예수의 부활과 승천이다. 누가의 관심은 예수의 죽음이 아니라 부활로 인한 희망과 기쁨이며 바로 이것이 교회의 사명이다. 바울은 십자가 신학과 부활 신학을 하나로 융 화시키지만, 그는 예수의 육신의 삶에는 큰 관심을 보이지 않는다. 히브 리서는 예수의 죽음의 관점에서 철저하게 구원을 유대교적으로 설명하 고 있다. 야고보서 역시 유대주의적이지만 바른 신앙은 "고아와 과부를 그 환난 중에 돌아보고 또 자기를 지켜 세속에 물들지 아니하는 것"(1:27) 임을 강조한다.

다양성을 드러내는 성경의 또 다른 주제는 "우리들에게 구원을 주는 예 수는 과연 누구인가"이다. 예수의 인성(人性)은 히브리서 5:7-10, 마가복 음 14:34,36에 나타나는데, 하나님의 뜻에 순종하려는 예수의 몸부림이 인간적인 관점에서 잘 묘사되어 있다. 반면 예수의 신성(神性)은 요한복 음 1:1, 10:30, 14:10, 20에서 찾아볼 수 있다. 예수의 신적인 근원 및 하나 님과의 완전한 연합이 반복해서 강조된다. 서로 모순되는 두 관점은 우 리들이 예수가 누구인지를 충분히 이해하기 위해서 꼭 필요하다. 여기서

신앙과 신학 사이

우리들이 잊지 말아야 할 것은 신약성경의 저자들은 4세기와 5세기에 걸쳐 교회에서 있었던 예수의 본질에 관한 지루한 논쟁이 있기 훨씬 전에 그들의 성경을 썼다는 사실이다. 성경의 각 저자들은 특별한 이유를 가지고 예수의 본질의 한 면만을 강조했다. 교회의 긴 논쟁과 역사의 결과를 가지고 거꾸로 성경의 저자들의 예수의 본질에 관한 다양한 관점을 덧칠하려고 해서는 안 된다.

크게 봐서 비판적 성경 읽기는 이러한 성경의 다양성을 긍정적으로 수용하려는 노력이다. 분명한 것은 수많은 저자들에 의해 쓰여진 성경은 그들의 서로 다른 문체와 형식과 아울러 다양한 신학적 의견들을 포함하고 있다는 사실이다. 각 성경의 저자들은 서로 다른 상황에서 살면서, 서로 다른 특성을 가진 독자들과 아울러 자신만의 고유한 역사적, 사회적, 문화적, 신앙적 환경 아래에서 성경을 썼기 때문에 오늘날 한 권으로 통합된 성경을 가진 우리들이 다양성의 문제를 갖는 것은 너무나 당연한 일이다.

이러한 성경의 다양성에 대한 신앙인들의 반응 역시 다양하다. 1) 이러한 다양성을 무시하고 자기의 신앙에 맞는 부분만 취사선택하려는 자세. 2) 서로 다른 성경의 이야기들을 조합하고 연결해서 억지로 조화시키려는 자세. 3) 여러 방법을 사용해서 성경의 다양한 이야기들을 정통과 이단으로 구분하려는 자세. 이러한 신앙인들의 반응은 성경이 가진 다양성을 바른 신앙을 위해 해결해야 할 문제로 인식한다는 공통점을 갖고 있다. 하지만 성경의 다양성은 우리들의 좁은 신학적, 신앙적 이해를 넘어서 좀 더 포괄적인 하나님과 신앙으로 인도하는 열린 문이 될 수 있다. 우리들이 아무리 많이 하나님을 경험하고 이해했다고 하더라도 하나님은 늘 우리들에게 신비한 존재일 수밖에 없다. 비판적 성경 읽기를 통해 다양성을 받아들이는 것은 곧 하나님은 우리들이 현재 이해하는 것보다 훨씬 더 크다는 것을 인정하는 것이다. (2009. 1)

1995 United Theological College 학우들

신앙과 신학 사이

율법, 복음과 하나님 나라

기독교와 유대교는 서로 다른 종교이지만 매우 밀접한 관계에 있습니다. 마치 힌두교와 불교의 관계처럼 유대인들의 민족종교인 유대교에서 민족과 지역을 초월한 기독교가 생겨났습니다. 따라서 기독교인의 길을 가기 위해서는 유대교의 특성을 알아야 하지만 동시에 유대교의 특성에서 벗어나지 못하면 겉은 기독교인이지만 실제로는 유대교인에 머물게 됩니다.

이러한 유대교의 큰 특징은 율법주의입니다. 성경에서 복음서를 읽어보면 예수 당시 유대인들이 그들의 조상이 전해준 율법을 준수하고 전하기 위해 얼마나 열심이었는지 알 수 있습니다. 그들은 율법을 지키고 가르치고 전하는 일에 최대의 노력을 기울임으로써 결과적으로 신앙의 본질보다는 형식에 치우치는 율법주의에 빠지게 됩니다. 이에 반해 예수는 무조건적이고 형식적인 율법과 전통의 준수를 거부하고 신앙의 본질을 깨우치는 일에 힘씀으로써 유대인들에게서 율법을 파괴하는 사람으로 비난받고 결국 십자가에서 죽게 됩니다. 하지만 예수는 율법을 배척한 것이 아니라 오히려 그 본래의 뜻을 찾고 되살림으로써 율법을 완전케 하셨습니다.

신약성경에서 특히 마태복음 5장을 보면 율법과 복음의 관계를 잘 알수 있습니다. 십계명으로 대표되는 율법에서 살인은 큰 죄악입니다. 따라서 마음에서는 상대방에 대해 분노가 치밀어도 단지 율법을 어기지 않기 위해 살인은 하지 않음으로써 천국에 갈 것을 믿는 유대인들에게 예수는 상대방에게 화만 내도 심판을 받으며 미련한 놈이라고 욕하면 지옥 불에 들어간다고 가르칩니다. 안식일만 지키면 천국 가는 것이 아니라 이웃에게 화를 품고 안식일을 지킨다면 결국 안식일을 지키지 않은 것과 같다는 말입니다. 즉 무엇을 하고 하지 않는 것보다 더 중요한 것은 어떤 마음가짐과 생각을 가지고 있었느냐 하는 것입니다.

이어서 예수는 간음에 관해서도 같은 맥락에서 이야기합니다. 율법에서 간음은 분명 죄이지만 이성에 대해 음욕을 품고 있으면서 단지 죄를 짓지 않으려고 육체적으로 행위를 하지 않았다면 결국 그것은 이미 간음한 것입니다. 아울러 예수는 이혼, 맹세, 보복 그리고 이웃 등 모두 6가지 예를 들어 율법주의의 위선과 외식을 지적하고 우리들이 바른 마음가짐과 열린 자세로 살아야 복음에 합당한 삶이라고 가르칩니다.

2천 년이 넘는 기독교 역사에서 아직도 율법주의적인 기독교인들이 우리 주위에 많은 현실에서 저는 진정한 복음의 전파가 절실함을 느낍니다. 할례, 제사음식, 술담배, 주일예배참석, 십일조, 봉사, 기도 등 전통적인 문제에서부터 문신, 낙태, 안락사, 동성애, 자살 등 현대적인 문제에 이르기까지 무엇을 하고 하지 않으면 죄라는 자세는 율법주의입니다. 이 모든 문제들에 있어 우리들은 단순하고 일방적이며 배타적인 율법주의가 아니라 예수의 복음에 따라 살아가야 합니다.

그렇다면 과연 복음에 합당한 삶의 기준은 무엇일까요. 예수의 삶에서 드러난 복음의 핵심은 사랑과 자기희생입니다. 예수는 자신의 목숨을 희생하면서까지 우리들을 향한 그의 사랑을 실천했습니다. 따라서 613개의 모든 율법을 철저히 지키면서도 사랑과 자기희생이 전혀 없는 삶보다는, 사랑과 자기희생을 하려다 어쩔 수 없이 율법의 계명들을 어긴 삶이 오히려 복음적입니다.

생명은 귀하고 아름다운 것이며 생명을 없애는 일은 분명 죄악입니다. 따라서 자살 역시 옳지 못하며 결코 미화될 수 없습니다. 하지만 이것으로 끝난다면 결국 율법주의일 뿐입니다. 확실한 것은 추악하고 집요한 정치보복의 대상이 된 가족, 친지, 전직관료 등 수많은 사람들을 사랑하는 마음으로, 우리 모두에게 민주국가의 소중함을 다시금 일깨우며, 사람답게 사는 세상을 향해 나아가도록 자신을 내던진 노무현 대통령이, 국가와 민족을 배신하고 소수의 특권층만의 이익을 구하며 약자와 패자를 철저히 짓밟고 권위와 독재의 길을 추구하다 천수를 누리고 생을 마감하는 인생들보다 하늘나라에서 훨씬 더 하나님 품에 가까이 있다는 사실입니다.

요한복음 14장에서 예수는 아버지 집에 거할 곳이 많다고 분명히 이야기합니다. 하늘나라는 율법의 좁고 긴 관문을 통과한 교활하고 집요한 영혼들만의 호화판 클럽하우스가 아닙니다. 그곳은 이 땅에서 수많은 차별과 편견, 욕심과 미움에 맞서 정의와 평등, 진리와 자유를 위해 사랑과 자기희생의 힘든 여정을 마친 이들이 그 분의 넓은 품에서 위로와 휴식을 누리는 대청마루입니다. 그곳은 종교의 편협한 담장을 넘어 누구에게나 열려 있으며 율법을 지킨 나의 공로 때문이 아니라 그 분의 은혜와 자비로 인해 들어가는 곳입니다. (2009.7)

노 대통령 서거 49일째 추도예배(시드니 한인회관)

신앙과 신학 사이

정법사에서의 하루

5월 27일 일요일 아침 이스트 킬라라 교회에서 9시 반 성령강림주일 예배를 마치고 정법사로 출발했다. 교회에서는 성령의 오심을 기념하고, 절에서는 부처님 오심을 축하하니 온 천하에 기쁨이 충만한 날이다.

가면서 생각해 보니 정법사에서의 봉축법요식에는 4년 만에 다시 참석하는 셈이다. 작년 말 웨스트미드 아동병원 돕기 자선음악회에서 기후 스님을 오랜만에 만나뵙고, 며칠 전 이메일로 부처님 오신 날 행사에 초청을 받고서야 움직이게 되니 죄송한 마음이 든다.

색색의 연등으로 곱게 단장한 정법사에 11시 반경 도착하니 예전 시드니 연합교회에서 만났던 박처사님이 반갑게 맞아 주신다. 교회를 떠났지만 불자의 길을 열심히 가고 성실한 삶을 사니 여전히 우리는 같은 신앙인이자 좋은 친구이다. 헌화를 마치고 자리에 앉으니 회주이신 기후 스님께서 봉축법문을 전해 주신다.

종교, 이념, 피부색이 다른 남녀가 모두 한 자리에 모여 부처님 오신 날 함께 기도드리니 우리들은 모든 구별과 차별을 넘어 하나라고 선포하신다. 또한 부처님 말씀에 "천상천하 유아독존"은 온 천하에 누구 하나 똑같은 사람 없이 모두가 유일무이하고 귀한 존재임을 알려 주시니 우리 모두 부처님처럼 높고 존귀하다고 가르치시고 이어서 난타의 이야기를 들려 주신다.

부처님께 공양드릴 것이 없어 안타까웠던 가난한 여인 난타는 그녀의 긴 머리를 잘라 한 푼의 돈을 만들고 기름 가게에 가서 등불을 밝힐 기름을 구하니 가게 주인은 그녀의 딱한 사정을 듣고 두 푼어치의 기름을 준다. 난타는 그 기름으로 등불을 밝히고 서원하기를 "저는 가난하여 이 작은 등불로 부처님께 공양을 올리니 내생에 지혜의 광명을 얻어 일체중생의 어둠을 없애게 하여 주소서".

밤이 깊어 등불이 하나 둘 꺼져갔지만 난타의 등불은 시간이 갈수록 더 밝게 빛났다. 날이 밝아 제자들이 난타의 등불을 끄려 했지만 아무리 해도 꺼지지 않았다. 이것을 보신 부처님께서 말씀하시기를 "이 등불은 가난한 여인이 간절한 정성으로 밝힌 것이니 너희들의 힘으로는 꺼지지 않을 것이다".

자신의 긴 머리로 등불을 밝혀 부처님께 공양을 드린 난타는 복음서에서 향유를 예수의 머리에 붓고 긴 머리털로 주의 발을 씻기던 마리아를 생각케 한다. 또한 그녀의 간절한 정성으로 밝힌 등불이 꺼지지 않는 것은 선지자 엘리야에게 마지막 남은 곡식 가루와 약간의 기름으로 작은 떡 하나를 만들어 드린 후 통의 가루와 병의 기름이 가뭄이 끝날 때까지 다하지 않았던 사르밧 과부를 떠올린다. 신앙은 물질이 아니라 마음으로 가는 길. 다른 곳에서 듣는 다른 사람들의 이야기인데 왜 같은 것을 깨닫게 될까?

신앙과 신학 사이

점심 공양이 끝나고 옆에 앉은 빅터씨 부부와 이야기를 나눈다. 예루살 렘에서 태어나 살던 그는 5개국어를 말하고 유대교, 이슬람교, 기독교 모두의 예배에 참석한다고 말한다. 내가 호주연합교회 목사라고 하자 그레 거 헨더슨 목사를 아느냐고 묻는다. 전국총회 상임총무를 여러 해하고 전국총회장을 역임한 그를 잘 안다고 하니 자기와 사돈관계라고 한다. 자기 아들과 헨더슨 목사의 딸이 결혼했으니. 언제 어디서나 우리들은 여러 모습과 관계로 서로 이어져 있음을 다시 깨닫는다.

오후 2시부터 경내에서 축하공연이 있어 자리를 옮긴다. 합창단, 초등부, 중고등부 공연에 이어 청년부 밴드가 연주와 노래를 들려준다. 5인조 밴드의 멤버는 전부 여자. 아바의 마마 미아를 부르니 여러 분들이 나와 회주 스님 앞에서 스스럼없이 춤을 멋지게 춘다. 늦가을 오후의 따스한 햇살 아래 시드니 사찰의 경내에서 여성 밴드의 팝송에 맞춰 추는 불자님들의 흥겨운 춤사위를 회주 스님 옆에 앉아 보면서 나도 행복에 젖어든다. 평등과 해방을 몸으로 실천하는 한 분으로 많은 사람들에게 평안과 자유가 넘치니 여기가 바로 신앙과 깨달음의 복 된 자리가 아닌가?

공연이 끝나니 제단과 곳곳에 전시한 꽃꽂이들을 모두 가져와 테이블 위에 올려놓는다. 형형색색의 탐스러운 꽃장식에 눈이 부시다. 하지만 지금은 전시회가 아니라 각각의 꽃장식을 경매로 파는 시간. 넘치는 아이디어와 재치 있는 진행으로 참석한 모두에게 기쁨과 함께 사찰의 비용 절감도 돕는 일석이조를 이룬다. 자신의 방에 있던 꽃까지 내와서 직접 경매를 맡으신 회주 스님의 무소유의 삶에 나날이 살림이 늘어만 가는 나는 부끄러움을 느낀다.

3부 점등식을 보지 못하고 일어나 집으로 돌아오면서 2부 공연 마지막

에 여러분들의 권유로 앞에 나가 부른 "만남"을 다시 흥얼거린다. 일평생
살아가면서 갖는 수많은 만남이 서로에게 평안과 자유를 주는 복 된 만남
이기를 소원한다. 그리고 보니 해마다 성령강림절과 부처님 오신 날이
거의 같은 시기에 겹치는 것도 성령님과 부처님의 복 된 만남을 우리들에
게 전해주는 듯하다. 근데 같은 한 분을 편협한 우리들이 서로 다른 두 이
름으로 부르는 것은 아닐까?(2012. 5)

1991.2 호주이민을 떠나기 전 6남매와 가족 그리고 어머니

신앙과 신학 사이

3부 —————————————————— ....

신앙과 삶 그리고 교회

우리들이 바라는 교회 구조

큰 교회와 작은 교회에 관한 논쟁의 초점은 단순한 규모의 비교에 있지 않습니다. 교인 숫자 자체에 옳고 그름이 있지 않은 것은 분명합니다. 그렇다면 진정한 논쟁의 초점은 무엇일까요? 어떤 목사는 이것을 "교회답다"는 말로 표현하고 있고 다른 목사는 "건강한 교회" 또는 "아름다운 교회"라는 말을 쓰고 있습니다. 서로 말은 다르지만 실제로는 같은 방향을 가리키고 있다고 저는 생각합니다. 따라서 제 의견은 우리들이 바라는 교회(교회다운 교회, 건강한 교회, 아름다운 교회)가 무엇인가를 정확하게 정의한 후에 어떠한 교회 구조가 그것을 이루는데 적합한지를 알아보는 것이 순서라고 생각합니다.

어떠한 교회를 우리들은 교회답고 건강하고 아름답다고 말할까요?

1. 동일한 지역에 거주하면서 하나님의 자녀로 부름받아, 예수를 통해 자신을 보여 주신 하나님께로 향해 신앙의 여정 가운데 있는 교회

2. 교회의 구성원 모두가 신앙 안에서 맺어진 가족으로서 서로를 잘 알고 친밀한 교제와 사랑을 나누는 교회

3. 각각의 구성원들이 서로 다른 은사와 삶의 경험을 가지고 교회에서 다양한 책임을 감당하지만 동시에 평등함과 자유함을 가지고 겸손하게 서로를 섬기는 교회

4. 자신이 속한 지역사회와 주민들을 위해 봉사와 희생, 나눔과 섬김의 삶을 사는 교회

5. 세상을 향해 하나님 나라의 비전을 제시하고 창조적 대안으로 도전을 주는 교회

이러한 교회가 교회다운 교회이고 건강하고 아름다운 교회가 아닐까 생각합니다. 이런 교회를 이루는데 그러면 큰 교회와 작은 교회 중에서 어떤 것이 효과적일까요?

우리가 바라는 교회의 모습에서 첫째로 중요한 부분은 "교회가 위치하고 있는 지역"입니다. 교회는 하나님 나라를 향해 나아가고 있지만 이 세상 속에 자리잡고 있는 것처럼 교회의 삶은 특정지역에 몸담고 있어야 합니다. 자신이 위치하고 있는 지역을 떠난 모든 교회활동은 따라서 가장 기초적이고 기본적인 교회의 기능을 망각한 건강하지 못한 교회의 일차적 증상입니다. 교회가 속한 지역에서 하나님 나라를 선포하고 이루는 것은 무엇보다도 아름답고 건강한 일입니다. 여기서 말하는 "교회가 위치하고 있는 지역"이란 그곳에 속한 사람들이 함께 관계를 가지고 동일생활권으로 분류될 수 있는 범위를 말합니다. 즉 교회에서 걸어갈 수 있는 거리 또는 자동차로 10분 내외의 지역입니다.

둘째로 중요한 부분은 "서로를 잘 알고 친밀한"입니다. 우리가 바라는

교회는 본질적으로 목회자의 야망을 충족시켜 주는 교회가 아니라 교회 구성원들을 위한 교회입니다. 즉 구성원들 각자가 서로를 충분히 알고 많은 사람들과 친밀하게 지낼 수 있는 교회를 말합니다. 구성원들이 원할 때는 언제든지 목회자와 대화를 나누고 필요한 신앙적 도움을 받을 수 있어야 합니다. 목회자는 모든 구성원들을 개인적으로 알고 그들의 삶과 신앙, 가족 관계까지도 파악하고 있는 교회입니다. 우리가 바라는 교회는 단순히 구성원들의 숫자를 늘리려는 교회가 아니라 서로 간에 깊은 목양의 관계를 이루는 교회입니다. 일반적인 목회자와 교인들이라면 대략 100-150명 이상의 사람들과 잘 알고 친밀한 관계를 이루기란 어렵다고 봅니다.

셋째로 중요한 것은 "평등함과 자유함을 가지고 서로를 섬기는 교회"입니다. 신약의 만인제사장주의의 관점에서 교회의 모든 구성원들은 다 부름받은 하나님의 종입니다. 단지 교회 내에서 각자가 감당하는 사역의 부분과 분량이 다를 뿐, 함께 동역하는 평등한 동역자들입니다. 교인들은 생업을 갖고 일하면서 나머지 시간에 목회를 감당하며, 전임목회자는 전문적인 훈련을 받고 다른 생업을 갖지 않은 채 목회를 하는 것입니다. 이러한 사역의 분량과 훈련의 차이를 마치 사람 자체에 무슨 질적인 차이라도 있는 것처럼 계층을 나누고 절대시하고 권위를 부여하는 것은 하나님 앞에서 결코 아름다운 모습이 아닙니다. 또한 모든 교인들의 사역은 완전한 자유함 가운데 이루어짐으로써 그것이 성령의 역사임을 확신할 수 있습니다. 목회자가 특별히 위임받은 설교, 성찬, 세례 및 기타 예식의 경우 외에는 목회자와 교인들이 동등하게 협력하여 예배와 치리를 감당하는 교회가 교회다운 교회입니다.

이러한 부분들을 효과적으로 이루는 일에 대형교회가 가질 수 있는 장

신앙과 신학 사이

점은 없습니다. 대형화됨으로써 교회는 자연스럽게 자신이 위치한 지역사회를 떠나게 되고, 교인들 서로와 목회자 사이의 깊고 친밀한 목양의 관계를 원천적으로 불가능하게 하며, 조직관리를 위한 계층과 차별을 정당화함으로써 평등과 자유의 덕목을 필연적으로 거부하게 됩니다. 대형교회의 기형적 구조는 무엇보다도 설교와 목양의 분리에서 비롯됩니다. 담임목사는 설교를 전담하고 목양은 부교역자들이 맡음으로써 목회의 일체성이 사라지게 됩니다. 설교란 회중과 목양의 관계 속에서 하나님의 말씀을 조명하고 적용하는 양방향적이고 반복적인 작업입니다. 목양의 관계가 없는 말씀의 조명과 적용은 피상적이고 관념적입니다. 말씀의 조명과 적용이 없는 목양은 인간적 교제에 머무르게 됩니다.

현재 대형교회가 주장하는 몇 가지 장점들은 사실 개교회에서 할 일들이 아닙니다. 건강한 교회는 모든 일을 크게 하는 교회가 아니라 자신이 직접 할 수 있는 일과 교회연합체(노회, 총회 등)에서 협력해서 해야 하는 일을 겸손하게 구분하는 교회입니다. 이 일은 단순히 효율만으로 판단해서는 안 되며 시간과 노력이 들더라도 연합체에 위임함으로써 개개인과 개교회의 이름을 없애고 하나님의 사역을 감당하는 지혜를 발휘해야 합니다. 왼손이 하는 일을 오른손이 모르게 하기 위한 것입니다.

그렇다면 우리들은 교회성장을 막고 항상 작은 교회로 남아 있어야만 합니까? 우선 지역에 기반을 둔 교회는 지역의 여건의 변화에 따라 함께 살아갑니다. 교회는 태어나고 자라나고 활동하고 늙고 죽어갑니다. 따라서 자라나고 성장할 때는 당연히 교인들도 늘고 규모도 커집니다. 이때 건강한 교회를 이루는데 필요한 조건들을 지키기 어렵다면 교회는 당연히 분열을 이루어야 합니다. 즉 다툼에 의한 분열이 아니라 성장에 따른 기쁨의 분열입니다.

부교역자를 청빙해야 하는 교회는 청빙광고보다는 새로운 교회설립을 준비해야 합니다. 이러한 기쁨의 분열을 마다하고 부교역자들에게 목양을 맡기고 자신만의 성장을 도모할 때 교회는 대형화되고 기형화되는 것입니다. 그러나 엄청난 몸집을 가진 공룡들이 세상을 지배한 것이 아니라 환경의 변화에 적응하지 못하고 제일 먼저 멸종된 사실을 교회는 늘 기억해야 합니다. 다윗과 골리앗의 이야기를 세상에 들려주는 교회가 자신은 그 이야기를 듣지 못함은 슬픈 일입니다.

늙고 죽어가는 교회 역시 건강한 교회를 이루지 못합니다. 이때의 교회는 분열이 아니라 연합을 이루어야 합니다. 주위의 작은 교회와 힘을 합쳐서 건강을 유지해야 합니다. 교회연합체를 통해서 어려운 교회를 함께 도와주어야 합니다. 한 몸을 이루는 여러 지체들이 다른 지체의 아픔과 어려움을 외면하고 돕지 않는다면 우리는 더 이상 예수의 몸이라고 할 수 없습니다. 하나의 개교회 이름으로 다른 교회를 돕는 것이 아니라 교회연합체를 통함으로써 구제와 선교의 익명성을 이루어야 합니다.

제 생각에 교회답고 건강하고 아름다운 교회를 이루기 위해서는 동일한 지역에 사는 100-150명 정도의 교인을 가진 작은 교회가 이상적입니다. 그리고 이 정도의 교회라면 재정적으로도 충분히 자립할 수 있다고 봅니다. 이론적으로 십일조를 하는 10 가정이 있으면 전임 목회자 한 가정의 생활비를 감당할 수 있습니다. 100-150명의 교인이라면 십일조에 의하지 않고도 사례비와 교회유지비, 그리고 교회연합체를 위한 구제선교비가 가능합니다. 사실 일반교회에서 대부분의 경상비 지출은 부서 자체적으로 해결해서 예산절감을 할 수 있습니다.

이상의 제 설명은 단순한 이론이 아니라 실제로 여러 곳에서 이루어지고 있는 현실입니다. 저는 호주연합교회(Uniting Church in Australia) 소속 목사로써 호주인 교회 목회를 4년째 맡고 있습니다. 지금까지 드린 말씀은 제가 신학훈련을 받고 목회하고 있는 호주연합교회의 일반적인 교회의 모습입니다. 간혹 예외적으로 큰 교회도 있고 시골 지역에는 아주 작은 교회들도 많이 있지만 대체로 지역교회의 규모는 100명 정도입니다. 이러한 작은 규모의 교회들이 완전하지는 않지만 교회답기 위해 애를 쓰고 있습니다. 대부분 예전보다 교인들이 줄어들어 운영에 어려움을 겪고 있지만 전체 예산의 10% 내외를 주총회에 구제선교비로 보내 호주연합교회의 다양한 구제선교활동을 돕고 있습니다.

대형교회가 우리들이 나아가야 될 길이라고 생각하는 흐름에 맞서는 다른 목소리들이 있음은 너무나 다행한 일입니다. 무엇이 교회다운 교회인가를 분명히 자각한다면, 우리들의 교회는 미래에도 여전히 우리의 자녀들에게 복음을 선포하고 하나님 나라를 향해 창조적 대안을 제시해 줄 것입니다. (2001. 3)

한국 기독교 문화의 흐름

성경적 배경

철저한 '유대문화'의 배경 속에서 '유대인 예수'의 삶과 죽음 그리고 부활로 인해 '유대인'들을 중심으로 시작되어 후에 기독교라고 불리게 되는 새로운 신앙운동은, 사도행전이 진행되어 가면서 바울과 다른 사도들의 성공적인 이방인 전도의 결과 어쩔 수 없이 주변의 다른 문화권과 충돌을 경험하게 됩니다. 이것의 예는 사도행전 15:1-35과 갈라디아서 2:1-10에 기록되어 있습니다. 즉 복음 전파의 결과 초대교회에는 유대인뿐 아니라 이방인들이 참여하게 되고 히브리문화는 헬라문화와 교회 내에서 직접적인 만남을 갖게 된 것입니다.

이때 기독교라고 하는 종교의 전파를, 할례를 비롯한 유대 율법과 문화의 강제적 전수로 이해한 유대주의적 급진파들로 인해 초대교회들이 큰 어려움을 겪게 되자, 주후 49년 바울이 1차 전도여행을 마친 후 바울과 바나바와 장로들이 예루살렘에 모여 예루살렘 총회를 열게 되었습니다. 이 때 바울과 바나바의 주장에 베드로와 야고보가 적극 동의함으로써 신앙적으로 중요한 몇 가지 금지사항(행15:20)만을 제외하고는 여타 유대 율법의 준수를 강요하지 않기로 결의하였습니다. 이 예루살렘 총회의 결

신앙과 신학 사이

과 기독교는 유대 문화의 굴레를 벗고 만인을 위한 보편 종교로써의 발돋움을 할 수 있는 직접적인 계기를 마련하게 된 것입니다.

이러한 기독교가 한국에 전파된 이후 한국 문화와 어떻게 관계를 이루었는지 살펴보는 일은 매우 중요합니다. 초대교회 때부터 출생배경인 유대문화를 벗어 버린 기독교는, 한국의 지역문화를 적극적으로 수용하면서 예수를 전했는지, 아니면 초대교회 이후 세계 종교로 성숙할 수 있었던 유럽지역의 문화를 위주로 한국 문화를 배척하면서 복음을 전했는지 알아보아야 합니다. 아울러 기독교의 기본적인 가치관과 한국문화가 서로 대립될 때 기독교가 어떤 자세를 취했는지도 중요한 문제입니다. 그러나 한국에서 기독교와 문화의 관계를 알기 위해 우리는 먼저 전통 한국문화를 살펴볼 필요가 있습니다.

전통적인 한국문화

전통 한국 문화는 주로 유교와 불교에서 많은 영향을 받았습니다. 장유유서를 비롯한 유교의 많은 가르침들은 권위와 차별로 대표됩니다. 모든 사람들을 여러 기준에 따라 차등을 두고, 각 사람들은 그에 따라 자신에게 주어진 다양한 권위를 가지고 공적, 사적인 생활을 하도록 강요되었습니다. 양반과 상놈, 사농공상, 남자와 여자, 나이, 직위, 당파, 지역 등 수많은 기준에 따라 위 아래가 정해지고 서로 다른 권위와 이해관계 속에서 살았습니다. 따라서 유교 문화는 수직적, 계층적, 배타적, 권위적, 형식적 문화를 양산할 수밖에 없었습니다. 또한 국가적 공동의식보다는 가문이나 혈족, 마을과 같은 소규모 공동체의식이 강한 사회였습니다. 자비로 대표되는 불교사상이 그나마 사회전반의 긴장과 갈등을 해소하는 역할을 감당했습니다.

한국문화의 뿌리 깊은 계층의식을 극명하게 보여 주는 것은 바로 한국 말입니다. 반말, 존댓말의 이원적 구조 내에서도 수많은 계층이 있어서 말을 주고받는 사람들의 관계를 정확하게 드러내어 줍니다. 말하는 사람들의 지위나 직업, 나이, 관계 등을 전혀 모르는 상태에서도 오가는 대화를 들어 보면 우리들은 그들의 신상에 관한 많은 것들을 알 수 있습니다. 즉 한국말의 기능은 사람들 간의 의사소통을 위한 것뿐 아니라 대화에 참여하는 사람들의 관계와 신분 등을 보여 주는 역할이 더욱 크다는 사실입니다. 그러나 이렇게 복잡한 언어체계는 종종 갈등과 다툼의 직접적인 원인이 됩니다. 대화에 참여하는 사람들이 상대방이 기대하는 기준에서 벗어나는 말을 한마디라도 하면 내용에 관계없이 일순간에 분위기가 험악해지고 생각할 수 있는 최악의 상태로 급변하는 것을 쉽게 봅니다.

한국의 기독교 문화

한국에서 기독교 문화의 변천은 시기적으로 크게 둘로 나누어 볼 수 있습니다. 기독교 초기 외국 선교사들의 전도, 교육, 의료 활동에도 불구하고 외국 종교라는 부정적 이미지로 인해 수적으로는 미약했지만, 복음과 함께 자연스럽게 서구 문화가 소개됨으로써 새로운 기독교 문화를 만들어 가면서 사회 개혁까지도 추구할 수 있었습니다. 복음과 더불어 소개된 서구 문화는 그러나 많은 부분에서 전통 한국 문화와 충돌을 일으켰습니다. 다양한 기준에 근거한 차별을 당연시해왔던 폐쇄된 한국 사회에 평등과 개방을 기본으로 한 기독교와 서구 문화는 엄청난 영향을 주지 않을 수 없었습니다.

특히 주일성수와 함께 제사, 술, 담배의 금지는 유교 문화와는 완전히 다른 새로운 기독교 문화를 대표하게 되었습니다. 따라서 당시 새로운

신앙과 신학 사이

종교인 기독교의 교인이 된다는 것은 단지 종교만을 바꾸는 것이 아니라 한 개인이 속한 가족과 기존의 모든 인간관계를 포기하고 전혀 낯선 사람들의 공동체에 가입하는 결단을 필요로 했습니다. 모든 가족이 다함께 참여하는 제사를 거부하는 일은 다른 가족들의 입장에선 외래 종교 때문에 조상과 자신들을 저버리는 행위이며, 술과 담배가 만남의 일상생활인 상황에서 그것을 피하는 행위는 만남 자체를 거부하는 것으로 이해되었습니다.

그러나 이러한 금지사항들은 사도행전 15:20의 내용과 비교할 때 과연 그에 합당한 신앙적 중요성이 있는지를 현대적 상황에서 본다면 여러 이견들이 있을 수 있습니다. 어쨌든 이러한 문화적 충돌로 인해 초기 기독교의 전파는 상당히 느린 속도로 이루어졌지만 내부적으로는 각 구성원들에게 기독교인이라고 하는 완전히 새로운 "정체성"(identity)을 확립해 줌으로써 강한 단결과 아울러 상당히 "배타적"(exclusive)인 기독교 문화를 창조해 나갔습니다. 이 단계에서 기독교는 대체적으로 전통 한국 문화를 이해하고 수용하려고 하기보다는 복음전파와 아울러 새로운 서구 문화와 가치관을 전하는 다분히 일방적이고 배타적인 자세를 취한 것으로 보입니다.

6.25전쟁 이후 남과 북으로 분열된 조국 땅에서 기독교 세력은 자유민주체제인 남한으로 결집하게 됩니다. 그 후 5.16혁명에 이어서 등장한 군사정부의 저돌적인 산업화 정책에 힘입어 한국 사회는 많은 분야에서의 희생을 바탕으로 점차 "경제성장"을 이루고 부의 축적을 달성합니다. 이러한 과정에서 한국의 기독교는 이 전파는 여러 곳에서 다른 모습을 갖게됩니다. 십일조를 비롯한 헌금의 절대화 및 그에 따르는 경제적 축복이 강조되었고 무엇보다도 전국민의 지상과제였던 산업발전과 경제성장의

논리를 자연스럽게 교회에 적용함으로써 신앙과 목회의 목표가 오로지 교회 성장인 것으로 모든 교인들에게 인식되었습니다.

또한 이러한 교회 성장을 위해 여러 방법들이 동원되었는데 신유의 은사를 통한 기적체험, 설교와 성경공부 등을 통한 은혜생활, 구역과 선교회를 비롯한 다양한 조직관리, 부흥회와 기도회 등의 신앙집회 등이 성장 중심 목회의 중요 요소가 되었습니다. 이 중에서도 성령의 은사를 강조하는 "성령운동"(charismatic movement)이 교회 성장에 큰 공헌을 함에 따라 이것이 특정 교회에만 국한되지 않고 교회 성장을 바라는 개신교회 전체의 보편적인 신앙활동으로 자리잡게 됩니다. 사회 전반을 휩쓸던 성장의 논리를 교회에서도 적극적으로 수용하였고 결과적으로는 경제성장을 능가하는 수적, 물질적 교회 성장을 이루었습니다.

여기서 특기할 사항은 경제 성장에 따른 다양한 사회 문제가 교회 안에서도 동일하게 나타났다는 사실입니다. 부의 공정한 분배를 이루지 못함에 따른 여러 사회계층의 위화감과 갈등이 교회 안에서도 똑같이 나타나는 것은 어쩔 수 없다고 하더라도 적어도 외형적인 교회성장을 이룬 교회와 목회자들이 재벌회사와 재벌회장들처럼 비춰지게 된 것은 슬픈 현실입니다. 교회의 물질적인 성장은 자연스럽게 낮고 천한 사람들에게 교회도 문턱이 높은 곳이 되어버렸습니다. 교회 안에 앉아 있는 사람들에게도 재력과 사회적인 지위, 그리고 교회활동에 상응하는 여러 직분들이 주어져 평등보다는 구별이 일상화되었습니다.

따라서 이 시기의 기독교는 사회전반의 문화와 충돌을 이루기보다는 오히려 사회의 문화를 적극적으로 수용했다고 말할 수 있습니다. 주일성수와 제사, 술, 담배의 금지는 계속되었지만 그것보다는 십일조와 각종

신앙과 신학 사이

헌금의 중요성이 더 큰 자리를 차지했고 이러한 헌금은 믿음을 키우고 하나님의 응답을 받는 효과적인 수단으로 인식되었습니다. 또한 성령운동은 지나치게 영적인 부분을 강조함으로써 미신적인 신비주의를 조장했습니다. 즉 한국의 전통적인 기복사상과 미신적인 요소들이 교회 안에 깊이 자리잡게 된 것입니다. 다양한 교회직분과 체계는 유교문화의 차별적, 권위적, 수직적, 형식적인 현상들을 불러올 수밖에 없었습니다.

그러나 이러한 전통 문화의 수용은 그것이 기본적으로 복음의 진리에 부합했기 때문이 아니라 성장을 위한 방편이었다는데 문제가 있습니다. 이러한 성장제일주의는 현재 한국 기독교문화의 근간을 이루고 있으며 한국사회에서 기독교의 대중화에 기여하는 이상으로 심각하게 사회문제화하고 있다는 것이 일반적인 시각입니다. 무엇보다도 성장제일주의의 가장 큰 문제점은 성장이라는 외형적 목표를 위해 복음의 기본적 가치관의 희생을 정당화하고 나아가 조장했다는 사실입니다. 종교가 기존의 문화와 충돌을 일으켜 사회적 긴장을 유발하는 것도 바람직하지 않지만 동시에 교세확장을 위해 무분별하게 사회구성원들의 취향을 따라가는 것도 바른 종교의 역할이 아닙니다.

현대사회의 대중적 흐름

지난 시대와 구별되는 현대사회의 큰 흐름은 여러 가지가 있겠지만 그 중에서도 개방과 실리, 평등과 다양성을 빼놓을 수 없습니다. 사람들은 점점 더 형식과 제약에 얽매이기 싫어하고 편견과 차별을 거부합니다. 따라서 현대사회는 "개방된 전문가"(open professional)를 지향하며 반권위, 탈권위를 통해서 실질적인 "평등주의"(egalitarianism)를 추구합니다. 단순한 연공서열주의나 형식주의는 공감을 얻지 못하며, 수평화되고 전문화되는 가운데 공정한 경쟁을 통한 실리추구가 많은 사람들로부터 동의를 쌓아가고 있습니다.

인터넷으로 대표되는 현대사회는 빠른 속도로 정보를 공유하며 전세계를 실시간으로 연결하여 일일생활권이 되고 있는 반면, 여러 민족들과 단체, 집단들은 자신들의 문화와 이익을 주장함으로써 점점 더 다양성을 추구하는 양면성을 보이고 있습니다. 서로 다르다고 하는 것을 문제로 생각하고 억지로 맞추려 하기 보다는 차이점을 인정하고 존중해 주기를 서로에게 원하는 것입니다. "차이"(difference)를 "차별"(discrimination)로 해결하려 했던 유교문화와는 달리 차이를 존중하고 포용하는 평등을 향해 현대사회는 나아가고 있습니다. 반면에 형식을 배제하고 권위를 거부하는 경향으로 인해 현대사회를 종교적인 관점에서는 "세속화(Secularising)"하고 있다고 말하기도 합니다.

현대사회에서 한국 기독교 문화의 미래

복음의 관점에서 기독교와 문화의 관계는 일차적으로는 중립적이라고 할 수 있습니다. 신앙생활에서 절대적으로 중요한 문제가 아니라면 어떤 문화라도 기독교는 용납할 수 있다고 봅니다. 그러나 대부분의 경우 문화는 그 문화에 속하는 사람들의 사고방식과 가치관, 종교적 신념 등을 포함하기 때문에 간단하게 말하기는 어렵습니다. 이런 경우 자신이 속한 문화에 대해 기독교는 단순한 금지나 수용보다는 복음의 관점에서 해당 문화를 긍정적으로 "재해석(Reinterpretation)"하고 건설적이고 "창조적인 대안(Creative alternative)"을 제시할 의무가 있습니다.

기독교가 선포하는 복음이란 결국 예수의 삶과 가르침, 죽음과 부활을 통해서 드러난 하나님나라의 정의와 진리, 평등과 자유입니다. 이러한 하나님나라의 관점에서 보면 이 세상의 어떤 문화라도 완전하지 못하며 따라서 대안이 없을 수 없습니다. 하나님나라를 향한 창조적 대안 제시 야말로 결국 하나님나라를 이 땅에 이루는 것이며 기독교 본연의 임무입니다. 기독교는 세상에 완전히 만족할 수도 없고 세상을 완전히 떠날 수도 없습니다. 예수의 초림과 재림 사이에 존재하는 기독교는 그의 모든 삶을 통해서 하나님나라를 드러내고 이루어 가야 하는 것입니다.

이러한 관점에서 보면 한국 사회의 기독교는 사회 전반의 문화를 거부하거나 무조건적으로 수용했을 뿐, 창조적인 대안 제시에는 이르지 못했음을 알 수 있습니다. 더군다나 현대 사회의 특징 중에서 많은 부분들은 복음의 기준에 비추어 합당한 부분들도 많은데 단지 기성 권위와 형식을 거부한다고 해서 일방적으로 세속화하고 있다고 단정짓고 무시하는 것은 절대 옳지 못합니다. 오히려 하나님나라의 관점에서 기독교 문화가 현대 사회보다 뒤떨어지는 많은 요소들이 있음은 놀랍고도 슬픈 일입니다.

여러 부분에서 현대 사회의 정의와 진리, 평등과 자유 개념을 한국기독교는 쫓아가지 못하고 있습니다. 사회에서조차 이루어가는 하나님나라를 기독교가 거부하는 것은 돌이킬 수 없는 죄악입니다. 한국 기독교에 우선적으로 필요한 것은 폐쇄적이고 억압적인 낡은 구조를 고쳐서 스스로를 개혁하고, 사회에서 앞선 부분들을 과감히 도입하는 포용적 (Inclusive)인 자세입니다. 그런 후에야 사회 전반의 문화를 향해 하나님나라를 선포하고 창조적 대안을 제시하는 건설적인 역할을 감당할 수 있습니다. 자기 개혁 없는 사회 개혁은 거짓입니다.

한국기독교는 왜곡된 교회구조를 불러온 성장제일주의에서 하루빨리 벗어나 섬김과 나눔의 자세를 가지고 하나님나라의 가치를 구현하는 문화창조를 통해 복음전파와 사회개혁에 전념해야 합니다. 기독교는 하나님나라와 세상의 가운데서 하나님나라를 향해 세상을 인도하도록 부름받았습니다. 세상이 완전한 하나님나라가 될 수는 없지만 그곳을 향해 가도록 끊임없이 비전을 제시하고 복음을 선포해야 합니다. 문화는 말없이 복음을 전달하는 최고의 통로입니다. (2001. 4)

2024.10 호주연합교회와 함께 기후위기 행동동참을 촉구하는 Jannali Uniting Church 교인들

신앙과 신학 사이

오강남 교수의 《예수는 없다》를 읽고

무엇보다도 《예수는 없다》는 그 반어법적인 제목으로 인해, 또한 도입부에서부터 기존의 신앙관을 문자주의를 근간으로 하는 근본주의로 규정짓고 다원주의를 과감히 소개함으로써 기독교 안팎에서 큰 논란을 불러일으키고 있다. 인터넷매체에서 이 책을 개괄적으로 소개한 것만으로도 엄청난 조회건수와 독자의견이 올라온 것에서 그 반향을 짐작할 수 있다. 그러나 아쉽게도 대다수의 독자의견은 전체적인 책의 내용 및 논리전개와는 무관하게 단지 종교다원주의에 관한 감정적인 대응으로 일관하고 있다.

그러나 수많은 신학적 개념들 중의 하나에 대해 마치 그동안 쌓아왔던 기독교의 모든 것이 무너지는 것처럼 흥분할 이유는 전혀 없다. 인간들의 신학적 사유(思惟)에 그렇게 쉽게 무너질 하나님과 그에 대한 믿음이라면 우리는 그동안 믿어 왔던 모든 것들을 심각하게 점검해 보아야 할것이다. 그렇지 않다면 사도행전 5장 가말리엘의 말처럼 만일 그것이 신학자들의 오로지 신학 자체를 위한 궤변에서 나온 것이라면 머지않아 스스로 무너질 것이요, 그렇지 않고 이 시대와 그의 자녀들에 대한 하나님의 분명하신 뜻이라면 우리들은 편협한 성경해석과 굳어져 버린 전통에 사로잡혀 우리들이 믿는다는 하나님을 거꾸로 대적하는 어리석은 자가 될 것이다(행5:33-39). 따라서 불필요한 감정적 대응을 자제하고 편안하고 냉정하게 《예수는 없다》를 읽어 보자.

이 세상에서 신앙을 갖는다는 것은 하나님을 추구하는 것이며, 특히 기독교는 예수를 통해서 하나님께로 나아가는 신앙여정(Faith journey)으로 우리를 인도한다. 따라서 예수에 대한 바른 이해는 바른 신앙생활의 첩경임이 분명하다. 이것을 위해 저자는 지금까지 우리들이 배워 왔던 전통적 교리 속에 갇힌 예수, 대속적 기독론의 예수만을 기계적으로 반복할 것이 아니라 오늘 여기에서 살아가는 내 자신의 실존적 물음을 통해서 새로운 예수상 즉 새로운 기독론(Christology)을 정립해야 한다고 역설한다.

이러한 새로운 예수상의 정립을 위해 그는 1) 배타적, 근본적, 절대적 신앙자세에서 포용적, 다원적, 상대적 신앙에로 '탈바꿈', 2) 성경을 문자대로 믿는다는 문자적, 획일적, 주관적 성경해석에서의 해방, 그리고 3) 현대사회에 합당한 깊고 의미 있는 하나님 이해(神觀)를 추구한 후 기독교 역사를 통해 형성된 교리 속의 예수가 아니라 역사적 예수(Historical Jesus), 인간 예수를 인식하도록 이끈다. 즉 예수는 무조건적으로 믿음과 숭배의 대상이 아니라 '자비에 입각한 삶의 스타일'을 몸소 실천하고 가르친 '성령의 사람'으로 이해해야 한다. 또한 예수의 제자가 된다는 것은 그의 '길벗'이 되어 그와 함께 그가 걸어갔던 '남을 위한 존재'의 길, 하나님 나라를 이 땅에 이루는 길을 걸어가는 것이다. 결국 기독교의 선교란 이러한 '남을 위한 존재'의 길로 사람들을 초대하고 권유하는 일이라고 저자는 주장한다.

현대사회를 살아가는 독자들은 우선 저자의 해박한 학문적 이론제시

신앙과 신학 사이

와 자료제공, 다양하고 창의적인 비유와 예화들을 통해서, 성경과 신학의 흐름 그리고 기독교에 대한 새롭고도 깊이 있는 이해를 하게 된다. 무엇보다 저자의 비교종교학적 표현들은 기독교를 개별적으로만 알아왔던 독자들에게 타종교의 언어를 통한 상호교차이해의 기회를 제공함으로써 저자가 의도하는 종교다원주의적 지평을 넓히는 기반을 제공한다. 신학을 배우지 않은 사람들에게는 신학일반입문으로도 충분할 만큼 신학전반을 다루고 있음도 큰 장점이다.

그러나 우리는《예수는 없다》의 주제인 새로운 예수상의 정립에서 이 책의 본래 의미를 찾아야 할 것이다. 이것을 위해서는 교회사를 통해서 형성된 전통적인 기독론을 벗어나서, 우리가 살아가는 시대의 구체적인 역사적 맥락과 삶의 정황 속에서 다시금 예수를 이해하고 해석하는 것이 필수적이라고 저자는 말한다. 기본적으로 저자가 제시하는 새로운 예수상은 인간 예수에 초점을 맞추고 동정녀 탄생을 포함한 예수의 탄생이야기가 역사적 사실이 아님을 강조함으로써 예수는 실제로 우리 모두와 동일한 한 사람으로 그의 삶을 시작한다.

청년 예수는 평범한 유대교인이었고 문맹의 목수로서 세례 요한의 제자였을지도 모른다. 한량 타입의 그는 그러나 '파격적인(Subversive)' 인물이어서 유대사회의 최대규범인 순결제도를 초월했고, 위선적이고 율법주의적인 종교지도자들에게는 과격한 욕설도 서슴지 않은 반면, 가난하고 소외된 민중을 위해서는 자비와 화해의 삶을 살았다. 그 과정에서 인간예수는 여러 차례의 깊은 깨침(성령체험)을 통해서 '우주의 궁극 실재(Reality)'에 접한 성인(聖人)으로 변해 간다.

저자가 사용하는 불교, 도교, 유교적인 용어 자체에 지나친 의미와 편견을 배제할 수 있다면 이러한 예수상이 우리에게 주는 도전은 엄청나다. 그저 단순히 믿음의 대상이고 구원과 영생, 복을 얻는데 필수적인 이름으로만 여기고 주문처럼 외우던 하나님과의 동격이신 예수가 아니라, 오늘 이 자리에서 우리들이 따르고 본받을 수 있는 형, 오빠, 친구, 동생으로 그는 우리에게 새롭게 다가온다. 어느 누구나 어떤 조건에서도 마음만 먹는다면 그와 같은 삶을 사는 것이 가능하다.

반면에 새로운 예수상을 주장하는 저자에게 신앙의 그리스도는 거부되거나 큰 의미가 없음이 분명하다. 그렇다면 공생애 기간의 기적의 이야기, 십자가 사건, 부활, 삼위일체 등을 저자가 제시하는 예수상에서는 어떻게 이해하고 받아들이는지 언급이 없어 매우 아쉽다. 우리와 동일한 인간 예수가 성경에 의하면 초자연적인 기적을 수 없이 행하고, 정치적 종교적 소요를 일으킨 다음 무기력하게 십자가형을 당한 후, 육체적으로 부활해서 많은 사람들 앞에 나타난 것 등에 대한 저자의 구체적인 견해가 따라야 좀 더 포괄적인 새로운 예수상이 정립될 수 있을 것이다.

더불어 1장 말미에서 제시한 '초이분법적(Trans-dualistic)사고' 다른 말로 'both/and의 논리' 또는 'E형 논리'를 3장의 신관(神觀)에 적용하여 신의 초월과 내재를 동시에 강조하는 '범재신론(汎在神論)' 또는 '변증법적 유신관'을 바람직한 신관으로 제시했는데, 마찬가지로 역사적 예수와 신앙의 그리스도를 함께 수용하는 기독론은 왜 채택하지 않았는지 궁금하다. 역사적 예수에 친숙한 독자들에게 신앙고백적 예수를 함께 강조하는 것이 신약성경 저자들의 의도였다면, 신앙고백적 예수에 친숙한 현대의 기독교인들에게도 그것과 더불어서 역사적 예수를 강조하는 것은 다원주의 사회의 중요덕목인 포용력(Inclusiveness)의 관점에서도 지극히 중요한 일이다.

신앙과 신학 사이

결과론적인 이야기지만 다른 아쉬움으로는 대다수 독자들의 현 상황을 고려하여 종교다원주의에 관한 모든 기술을 모아서 결론부분으로 돌렸다면 불필요한 오해를 조금이나마 줄일 수 있었으리라 생각된다. 종교다원주의는 단순한 하나의 사회현상이나 신사조의 흐름으로 가볍게 소개하기보다는, 오늘의 사회 전반에 대한 기독교의 철저한 역사적 책임의식과 자기반성, 하나님 나라를 위한 기독교의 진정한 겸손과 자기 희생에 대한 깊은 고뇌가 그 출발점이 되어야 한다고 믿는다.

또한 2장에서는 체계적으로 좀 더 상세한 성서비평학의 도입을 이루었다면 하는 바람이 남아있다. 그러나 전체적으로 오늘의 한국 기독교에 《예수는 없다》가 가져다줄 도전과 유익은 예측할 수 없을 정도임이 분명하다. 오늘날 우리들의 모든 부정적인 교회현실의 기저에는 이성과 신학의 부재가 자리잡고 있음을 보면서, 비록 그것이 역사적 사실이 아니라 하더라도, 여리고 성의 무너짐 같은 예상 밖의 대변혁이 《예수는 없다》와 같은 건강한 도서들의 지속적인 공급으로 인해 단기간에 한국기독교에서 실제로 일어날 것을 기대해본다. (2001.7)

호주연합교회의 목사 사례비

이 글을 쓰는 저는 호주연합교회(Uniting Church in Australia) 신학교에서 소정의 신학과정을 마치고, 호주연합교회에서 목사안수를 받고, 호주인 교회에서 목회를 한 지 6년이 되었습니다. 제가 이 글을 쓰는 이유는 목사 사례에 관한 여러분들의 관심에 외국교회의 하나의 실례로서 참고가 되었으면 하는 마음에서입니다.

여러분들의 이해를 돕기 위해 제가 소속된 호주연합교회를 잠시 소개해 드립니다. 호주연합교회는 1977년 호주의 장로교회, 감리교회 그리고 회중교회가 연합하여 만들어진 호주 고유의 개신교회입니다. 연합 당시 장로교회는 40%의 교회가 남아서 아직도 장로교회를 이어가고 있지만 감리교회와 회중교회는 거의 대부분이 연합에 참가했습니다. 호주연합교회의 교세는 가톨릭교회, 성공회에 이어 호주 내에서 세 번째입니다.

비슷한 교회연합으로는 캐나다연합교회(United Church of Canada)가 있습니다. 캐나다 역시 장로교회, 감리교회 그리고 회중교회가 1925년 연합을 했고, 캐나다에서도 20%의 장로교회가 연합하지 않고 남아서 장로교회를 이어 가고 있습니다. 캐나다연합교회의 교세는 가톨릭교회 다음으로 두 번째입니다. 캐나다연합교회에서는 한인 1세이신 이상철 목사님이 1988~89년 전국 총회장을 지내셨습니다. 캐나다연합교회와 호주연합교회는 교회 구조와 치리 면에서 유사한 부분도 있고 다른 부분도 많지만, 전반적으로 비슷한 신학적 이해와 목회의 방향을 추구하고 있습니다.

호주연합교회의 목사 사례에 대한 이해

호주연합교회의 목사 사례는 한국의 경우에 비추어 보면 매우 특이하다고 할 수 있습니다. 간단히 말씀드리면 호주연합교회의 모든 사역자들은 거의 동일한 사례를 받고 있습니다. 즉 성별, 나이, 경력, 학력, 교인 수 등에 따르는 차별이 전혀 없습니다. 실례로 1997년 1월 안수를 받고 제가 부임한 첫 교회는 다른 목사님과 공동목회를 하는 곳이었습니다. 저보다 나이도 많고 20년 정도 목회하신 여자 목사님이었는데, 교회에서는 같은 액수의 사례를 지급해 주었습니다. 물론 공동목회의 경우 담임과 부교역자와 같은 권한과 서열의 차이가 없이 동등한 자격에서 서로 목회를 위한 협력과 헌신을 합니다.

전반적으로 호주연합교회가 갖고 있는 목사 사례에 대한 이해는 수고의 대가나 임금의 성격이 전혀 없는 것은 아니지만, 기본적으로는 다른 생계수단을 갖고 있지 않은 전임사역자들을 위한 기본생활비의 지급이라는 것입니다. 즉 대부분 고등교육을 마치고 각자 자신의 전문분야에서 일을 하다가 소명을 받고 신학과정을 마치고 목회를 하는 전임사역자들의 생활을 교회에서 보장해 준다는 의미입니다. 치열한 생존경쟁 가운데 작은 능력의 차이조차 돈으로 구별하는 물질만능의 세상에서 하나님의 나라를 이루어 가는 교회마저도 목사 사례를 차등지급함으로써 무분별하게 '배타적인 공동체'(Exclusive Community)를 조장하는 것이 아니라, 우리의 여러 차이에도 불구하고 동등한 사례 지급을 통해서 서로의 필요를 인정하고 부족함을 함께 나눔으로써 사랑과 돌봄과 더불어 살아감의 '포용적인 공동체'(Inclusive Community)를 추구한다는 교회 전체의 신앙고백적 행위입니다.

호주연합교회의 목사 사례 책정

매해 연말이 되면 각 주총회에서는 다음 해의 목사 사례에 관한 지침을 모든 사역자들과 지역교회에 보냅니다. 여기에는 목사 사례 액수만 있을 뿐 성별, 나이, 경력, 학력, 교인 수 등에 따른 어떤 차이도 없습니다. 단지 유일한 차이는 교회에서 차량을 지급하는 경우, 혹은 자기 차량으로 목회하는 경우에는 목회를 위한 연간 주행거리에 따르는 기름값의 차이만 있습니다.

우선 최소 사례는 해마다 호주통계청에서 발표하는 가구당 평균 수입에 준해서 책정되며 물가상승률에 따라 인상됩니다. 즉 모든 호주연합교회 목회자는 호주의 평균가정보다 어렵지 않은 생활을 보장받습니다. 대부분의 부부가 맞벌이를 하는 호주의 상황에서 목회자의 배우자들도 자신의 일을 갖고 있으며 그런 경우 당연히 평균 이상의 생활이 가능합니다. (2025/2026 NSW/ACT 주총회 일년 사례비는 $82,602 - 2025년 11월 18일 기준으로 호주 1달러는 950원)

호주연합교회의 목회자에 대한 특혜

호주연합교회의 목사 사례에는 차량유지비를 포함한 목회 비용이 전부 포함된 액수이며 자녀교육비와 같은 보조는 없기 때문에, 한국교회에서 논란이 되는 정도의 특혜는 있을 수 없습니다. 다만 각 교회에서는 기본적으로 임대료를 받지 않는 사택을 제공하는 전통적인 특혜는 있습니다.

목회자들에게는 부수입의 특혜 가능성이 몇 가지 있는데, 첫째 호주연합교회 내에서 외부 설교자로 초청될 경우 NSW 주총회에서 정한 설교비는 첫 회 $105이며 같은 교회에서 당일 계속 설교하면 $45씩 추가됩니다. 장례예배를 맡을 경우 유족에게서 직접 사례는 받지 않고, 유족이 의뢰한 장의사에게 일괄지급한 비용 중에서 장의사 측이 $300-400 내외의 수표를 발행해 줍니다. 결혼식의 경우는 당사자에게서 직접 또는 교회를 통해서 $400-500 내외의 사례를 받습니다. 이와 같은 특별예배의 경우 모든 사례는 최소로 정함으로써 이미 기본생활을 유지하는 목회자에게 필요 이상의 마음을 갖지 않고 가능한 봉사와 섬김의 자세로 목회를 감당토록 합니다.

사례 책정을 위한 교회의 접근방법

목사 사례는 개교회에서 능력이 되면 넉넉히 주고 안 되면 할 수 없다는 식의 자세는 결코 신앙적인 것이 아닙니다. 예전처럼 기본생계조차 이어 가지 못하는 목회자의 가정은 교인들에게 아픔과 큰 부담을 줍니다. 대기업체의 회장 같은 경제력과 대우를 받는 목회자는 대부분의 교인들에게 하나님의 나라에서조차 감당할 수 없는 박탈감과 위화감을 줌으로써 목회자의 모든 목회활동을 통해서도 보상할 수 없는 상처를 남깁니다.

선진국 진입을 바라보는 오늘의 한국사회에서 적정한 목사 사례는 이미 교회적인 합의를 이루었다고 저는 생각합니다. 그것은 교인들의 평균 소득, 나아가서 전국민의 평균소득에 준해서 지급하는 것입니다. 너무나 단순하고도 명료한 이 사실을 교회와 목회자들이 애써 무시하려는 현실이 안타까울 뿐입니다. 개교회적으로 목회자와 교인들 간의 협의와 대화로 이 문제를 풀어가려는 것은 아주 안 하는 것보다는 낫겠지만, 목회자와 개교회가 선심을 쓰는 것처럼 여론화하는 것은 단순한 인기전술로 밖에는 보이지 않습니다.

적정한 목사 사례를 정하고 지급하는 일은 교회 전체적인 합의와 신학적인 검토, 구체적인 시행규칙제정을 위한 교회법 정비, 정당한 세금 납부와 목회 비용 면세 처리, 연말정산, 은급 적립 등을 위해 세무당국과의 협의와 같은 체계적이고 전문적인 작업을 수반합니다. 결코 개교회적으로 감당할 수도 없고 한다고 해도 그 효과는 미미합니다. 교회 전체적으로 전담위원회를 구성하고 전문가의 자문을 받아가며 내부적으로 처리하는 것이 효과적이라고 봅니다.

목사 사례와 하나님 나라

은퇴를 앞둔 60대의 목사, 대형교회의 목사, 신학박사 또는 목회학박사와 같은 고학력 목사들과 갓 안수받은 목사, 20-30명의 노인들 위주의 교회를 맡고 있는 목사, 신학학사 학위만 있는 목사들에게 동일한 사례를 지급하는 교회의 목사사례에 대한 신학적인 이해는 무엇일까요? 그것은 한 마디로 목회는 하나님의 것이라는 뜻입니다. 목사 사례는 교회를 부흥시키는 목사의 능력에 따라 지급하는 성과급이나 장려금, 보상금이 아니라는 것입니다.

우리는 흔히 부흥은 하나님께로부터 온다고 말하면서 부흥하는 교회의 목회자들에게 고액의 연봉을 지급하는 것은 부흥을 단순한 영업활동으로 전락시키는 행위입니다. 교회부흥을 목회자의 몸값을 올리기 위한 성공 스토리나 실적으로 취급해서는 안됩니다. 대형교회의 고학력 목회자들에게 천문학적인 사례와 선교구제비 등 교회예산 집행을 위임하는 것은 하나님 앞에서 인간의 평등과 한계, 그리고 목회활동과 모든 교인들의 삶 가운데 동일하게 함께 하시는 성령의 역사를 부정하는 죄악입니다.

목회자들의 다양한 은사와 실제적인 경력과 능력의 차이에도 불구하고 동일한 액수의 사례를 지급하는 것은 우리의 수고와 노력에도 불구하고 기본적으로 우리들에게 감동과 의지를 주셔서 목회를 이끌어 가는 분은 하나님이며, 모든 사역자들은 성령의 도우심 가운데 목회를 감당하고, 우리의 눈에 보이는 차이는 하나님 앞에서는 보잘 것 없다는 신앙의 고백이라고 생각합니다.

교회가 세상을 변화시키고 세상을 하나님의 나라로 인도하는 효과적인 길은 마이크로 복음을 외치거나 교회에서 찬송가를 요란하게 부르는 것보다는, 교회의 삶과 활동 중에 조용하면서도 단호하게 정의와 평등, 용서와 화해의 하나님 나라의 삶을 살아가는 것이라고 생각합니다. 목사 사례를 교인들의 평균수입에 맞춤으로써 교회는 말없이 무한경쟁의 세상을 향해 하나님 나라의 삶의 방식을 설교하게 됩니다. 자신들과 비슷하게 경제적인 아쉬움과 약간의 여유를 추구하며 살아가는 목회자 가정을 보면서, 교인들은 오늘 우리들의 삶 가운데 함께 하시는 예수 그리스도를 기억할 수 있을 것입니다. 하나님의 나라를 이루고 드러내는 우리들의 교회가 되기를 진심으로 기원합니다. (2003. 1)

나는 왜 호주연합교회에 속해 있는가?

　호주에 온 한인교인들이 호주연합교회를 경험하면서 느끼는 어려움은 일차적인 언어의 차이를 제외하더라도 너무나 광범위하고 포괄적이다. 호주연합교회를 이해하는 데 우리들이 갖는 어려움은 근본적으로 그것이 신학적 혁명이라고 할 정도의 새로운 이해와 자세의 변화를 필요로 하기 때문이다. 하지만 이러한 신학적 혁명의 내용은 실제로는 매우 역설적이다. 지금까지 필자의 경험으로 보면 한국의 보수적인 주류교회에서 신앙생활을 오래 한 교인들일수록 호주연합교회로 진입하는 신학적 혁명의 작업은 힘들고 오래 걸린다. 오히려 신앙의 연륜이 짧은 반면 상식과 이성을 존중하는 사람들에게 혁명의 산고는 빠르고 쉽게 지나간다. 마치 예수 당시에 유대교의 하나님을 깊이 알고 열심히 섬기던 기성종교인들은 그의 가르침을 이해하지 못하고 배척한 반면, 종교적 하나님을 알지 못하고 죄인으로 손가락질 받던 세리, 창녀, 병자들이 예수의 가르침을 기쁘게 받아들이고 그를 하나님의 아들로 믿은 것과 같다. 도대체 호주연합교회의 무엇이 우리들을 힘들게 하는 것일까?

　우선 우리들에게 전국적인 교회의 연합은 현실 너머의 이상이다. 백 년 남짓의 짧은 기독교 역사에서 우리들은 수많은 교회의 분열로 인해 도저히 치유될 수 없는 아픔을 가지고 있다. 오죽하면 우리들은 분열을 통해

　　　　　　　　　　　　　　　신앙과 신학 사이

서 교회를 성장시켰다는 논리를 제시할까? 하지만 이것이 사실이라면 분열을 통해서 성장한 것은 교회가 아니라 같은 형제자매를 향한 질투와 적개심일 뿐이다. 혹시 분열로 교회가 성장했다면 그 안에 가득 차 있는 것은 하나님의 영광이 아니라, 오로지 성장을 이룬 목회자 개인의 철저한 이기심과 대를 이어 물려주기에 충분한 권위일 뿐이다. 반면에 우리들이 잊지 말아야 할 것은 교회의 연합에는 자기 비움과 낮아짐, 그리고 다양성과 통일성의 조화가 필수적이라는 사실이다. 교회의 모든 것은 하나님의 소유라는 분명한 고백과 함께 서로 다름을 인정하고 존중하는 일 없이 연합은 결단코 이루어지지 않는다.

1977년 6월 22일 시드니 타운홀에서 역사적인 호주연합교회 창립예배를 드리기까지 70년 이상의 힘들고 긴 대화는 19세기 말부터 시작되었다. 감격적인 20세기의 시작에 앞서 호주 개신교회 지도자들은 새로운 시대를 맞이하면서 교회를 향한 하나님의 뜻이 무엇인지를 찾고자 흥분과 기대, 반성과 묵상 가운데 성령의 인도하심에 귀 기울였다. 교회는 역사 속에서 어떤 길을 걸어왔고, 어떤 삶을 살았는가? 과연 지금 이대로의 모습으로 우리 교회들은 20세기의 새 시대를 맞이할 수 있을까? 예수의 가르침을 다가오는 20세기의 교회는 어떻게 실천해야 하는가? 큰 교회보다는 바른 교회를 이루기 위해 이들은 20세기에 들어서면서 장로교, 감리교, 그리고 회중교회의 연합을 위한 대화를 시작했고 수많은 우여곡절을 거치면서도 끝내 세 교회의 연합을 이루었다.

호주연합교회의 또 다른 특징은 변화와 발전이다. 19세기 말 서구의 선교사들이 전해 준 것만을 오로지 간직하고 준수해야 할 모범으로 여기는 한국교회전통에서 보면 호주연합교회는 원칙 없는 교회이다. 어떤 것은 장로교 전통을 따르고, 어떤 것은 감리교, 혹은 회중교회의 전통을 따르다가 때로는 세 교회의 전통과는 전혀 무관한 새로운 제도와 원칙을 만든다. 이것은 연합을 위한 70여 년의 대화 중에 호주연합교회의 정체성을 이루는데 중요한 역할을 한 부분으로써, 새로운 교회는 세 교회의 전통과 역사를 존중하고 이어가지만 단순히 세 교회의 조합은 아니라는 것이다. 마치 기독교가 유대교의 전통과 히브리성서를 이어받았지만 예수를 통해서 구약의 하나님과 성서를 새롭게 해석하고 정경을 발전시킨 것과 같다.

따라서 호주연합교회는 오래된 교회이면서 동시에 새로운 교회이다. 전통을 존중하고 지키면서도 끊임없이 자신을 개혁해 나가는 교회이다. 변화와 개혁을 거부하고, 익숙한 것을 반복하려는 것은 인간 공통의 종교적 심성이다. 하지만 예배, 교회구조, 치리 등 모든 면에서 변화와 개혁을 거부하는 것은 현재 우리들의 하나님 나라가 제한적이며 부분적이라는 사실을 부정하는 일이다. 우리들은 완전하고 충만한 하나님의 나라를 향해서 나아가는 순례자일 뿐, 지금 이곳에서 그것을 이룰 수는 없다. 변화와 개혁을 위해 우리들은 열린 마음으로 편견 없이 상황을 파악하고 교회의 삶에 적용해야 한다.

또한 호주연합교회는 전도, 선교 그리고 사회정의를 구분하지 않는다. 우리들은 특정한 때와 장소에서 특정한 사람들에게 임하시는 하나님 임재의 특수성과 아울러 언제 어디서 누구에게나 임하시는 하나님 임재의 보편성을 믿는다. 따라서 하나님 나라의 정의, 평등, 자유, 해방은 신앙의 종류와 유무를 떠나서 언제 어디서 누구나 누려야 할 기본적인 인간의 권리이며 가치이다. 복음을 선포하는 것과 우리들의 삶 가운데서 정의를 이루는 일은 결코 다른 것이 아니다. 즉 구원의 완성은 개인적 성화와 더불어 사회정의의 구현으로 이루어진다고 믿기 때문에 교회의 현실참여는 필수적이다. 예수가 시작한 하나님 나라 운동은 우리 자신을 중심에 놓고 이웃을 우리에게로 이끄는 것이 아니라, 우리 자신을 끊임없이 변두리로 몰아가는 자기부정의 길이다. 세리, 창녀, 병자들을 예수는 집으로 부른 것이 아니라 그들에게 다가가서 함께 먹고 마시고 이야기를 듣고 고쳐주고 놀았다. 호주연합교회는 어린이, 여성, 장애인, 이민자, 원주민, 저소득층, 약물중독자, 동성애자 등 모든 사회적 약자에 대한 차별을 거부하며 그들의 권익 보호와 신장을 위해 애쓴다.

아울러 호주연합교회는 교회의 삶 속에서 안수받은 목회자와 일반성도들을 서로 다른 계층으로 구별하지 않는다. 성찬, 세례, 결혼 등 안수목회자의 일부 고유한 영역을 제외하고 목회자와 성도들은 서로 협력하고 상호보완적 관계를 추구한다. 공동목회(Team Ministry)란 기본적으로 목회자와 일반성도가 함께 목회를 이끌어간다는 뜻이다. 즉 목회는 목회자들만의 것이 아니라 모든 교인들의 것이다. 일반성도들은 목회자를 돕는 들러리나 보조자가 아니라, 목회자와 대등하게 능동적으로 목회에 참여하는 동역자이며, 때로는 목회자의 목회를 평가하고 그들의 이기적인 목회방향을 지적하고 바로잡는 감독자이다. 전국총회장, 주총회장, 노회장, 공동의회 의장, 교회의회 의장(당회장) 등 모든 교회직분은 일반성도들에게 열려 있다. 예배인도, 기도, 설교, 심방, 치리를 위한 개교회와 지역교회의 회의, 성경공부를 비롯한 모든 교회의 삶에 일반성도들이 주도적으로 참여함으로써 공동목회를 실천한다.

일찍이 1925년 장로교, 감리교, 회중교회의 연합을 이룬 캐나다연합교회와 더불어 호주연합교회는 분열과 다툼으로 얼룩진 이 세상에 주신 하나님의 귀한 선물이다. 호주연합교회에서 신학훈련과 안수를 받고 목회하면서 나는 끊임없이 하나님 나라를 배우고 만들어 나감을 느낀다. 호주연합교회의 조직과 자원을 이용하려는 사람은 많아도 교회의 근본정신을 따르고 전파하려는 사람은 줄어드는 현재의 상황은 분명히 위기이지만, 교회연합의 정신 속에서 나는 하나님을 새롭게 발견하고 예수를 새롭게 경험하며 성령의 새로운 인도하심을 따를 수 있기에 나는 여전히 자랑스러운 호주연합교회의 회원이다. (2005.10)

1993.12 고국방문시 아내 가족과 함께

신앙과 신학 사이

평화에 이르는 길

평화에 이르는 길을 말하기 전에 우리들은 먼저 평화가 무엇인지를 분명히 해야 한다. 평화란 단지 물질이 풍성하고 다툼이나 전쟁이 없는 상태인가? 생활이 넉넉하고 개인간의 분쟁이나 국가 간의 전쟁이 없는 것이 진정한 평화는 아니다. 우리들은 평화를 좀 더 적극적인 의미로 또한 관계적인 의미로 이해해야 한다. 개인과 개인 사이에, 국가와 국가 사이에 그리고 개인과 하나님 사이에 원한이나 분쟁이 없어야 할 뿐 아니라 적극적인 용서와 화해, 진실과 신뢰, 정의와 은혜가 있는 상태가 평화이다. 즉 평화는 단독으로 존재하는 것이 아니라 진실, 정의 그리고 화해와 더불어 함께 이루어진다.

그렇다면 과연 무엇이 먼저이고 무엇이 나중일까? 아니면 진실, 정의, 화해, 평화를 한번에 이루어야 할까? 나에게 있어 평화의 시작은 진실이다. 왜냐하면 다툼은 종종 거짓에서 시작하고 거짓말 때문에 커지며 진실이 없는 곳에 진정한 평화는 오지 않기 때문이다. 하지만 우리의 삶을 자세히 들여다보면 우리는 거짓을 조장하는 사회라는 것을 알 수 있다. 우리들은 너무나 자주 당장의 갈등이나 불화를 모면하기 위해 거짓말하는 것을 당연시한다.

TV 드라마에서 우리들은 당장의 문제를 모면하기 위해 가족이나 친구들을 속이는 장면을 보면서 그것을 아무렇지 않게 생각하게 된다. 특히 불치병에 걸린 가족이나 친구에게 하는 거짓말은 사랑의 행위로까지 받아들인다. 하지만 나중에 본인에게 그 사실이 밝혀졌을 때의 충격은 차라리 처음부터 사실을 말한 것과는 비교할 수 없을 정도로 크다. 아니면 끝까지 그 사실을 모르고 죽게 만들었다면 그것처럼 환자 본인에게 잔인한 일이 세상에 또 어디 있겠는가? 그는 자신에게 하나뿐인 삶을 정리하고 주위의 사랑하는 사람들과 이별의 순간을 나누고 감사함으로 죽음을 맞이할 수 있는 기회를 철저하게 박탈당한 채 어느 날 갑자기 죽음으로 끌려가고 만다. 따라서 나는 어떠한 경우에도 선의의 거짓말을 믿지 않는다. 왜냐하면 어떠한 거짓말도 결국에는 당사자에게 피해를 주게 되기 때문이다.

복잡하게 얽혀 있는 문제나 엄청나게 비극적인 사건일수록 먼저 해야할 일은 진실을 밝히는 일이다. 진실이 밝혀져야 책임소재를 따질 수 있고 정의를 세울 수 있다. 정의란 사회에서 삶의 혜택과 불이익이 분배되는 기준인데 이 기준이 일관되게 적용되면 정의가 있는 것이고 일관된 기준이 없으면 정의가 없는 것이다. 정의를 세우기 위해서는 우선 진실이 있어야 한다. 진실이 가려진 곳에는 억울하게 누명을 쓰고 고통받는 사람이 있는 반면 불이익을 받아야 될 사람이 오히려 혜택을 누리기 때문에 피해자들의 아픔은 커진다. 결국 정의의 실종은 피해자들에게는 이중의 고통일 뿐이다.

기독교인들에게 있어서 정의는 하나님의 제일의 속성이며 하나님의 임재에 그 기초를 두고 있다. 하나님은 언제 어디서나 가난한 사람들과 억눌린 사람들의 신실한 보호자이며 정의에 대한 하나님의 요구는 이스

신앙과 신학 사이

라엘이라고 하는 한 나라를 뛰어넘어 온 우주에 미친다. 하나님의 정의는 사회적 약자에 대한 특별한 관심으로 나타나기 때문에 하나님의 자녀들에게도 동일한 자세가 요구되며 사회 각 분야 시도사들의 정의에 내한 확고한 의지는 필수적이다.

진실이 밝혀지고 하나님의 정의가 이루어진 후에야 비로소 우리들은 화해를 말할 수 있다. 모든 사실이 밝혀지고 잘못된 것들이 바로잡힌 후에 중재자는 피해자에게 가해자와의 화해를 권유해야 한다. 선부른 화해 권유는 피해자의 상처를 더욱 깊게 만들 뿐이다. 화해는 이전에 서로 적대관계에 있던 사람들 사이의 발전되고 변화된 관계를 말한다. 화해는 단순히 과거의 망각이나 물질적 보상을 통해서 이룰 수 있는 것이 아니다. 진실이 알려지고 가해자와 피해자가 분명히 드러나서 정의가 이루어졌을 때 가해자는 피해자에게 용서를 구하고 피해자는 가해자를 용서함으로써 화해가 이루어진다. 성경은 이러한 사람들 사이의 화해를 권유할 뿐 아니라 그리스도를 통한 하나님과 온 인류의 새로운 관계에 화해의 더 큰 중점을 둔다.

따라서 평화는 한 두 사람의 결단이나 의지로 이루어지는 것이 아니다. 관련된 사람들 모두가 진실이 알려지는 것을 두려워하거나 방해해서는 안 되며 적극적으로 알고 있는 사실을 공표해야 한다. 객관적인 사실의 토대 위에 관련된 모든 사람들의 책임소재가 체계적이고 구체적으로 밝혀져서 정의를 이루어야 한다. 가해자들은 진술하게 자신들의 과오와 책임을 인정하고 피해자들에게 겸손하고 간절히 용서를 바라며, 피해자들은 부질없는 복수의 유혹을 물리치고 드러난 진실과 정의에 상처를 씻고 과감하게 용서의 은혜를 베풀 수 있어야 한다. 그리스도의 희생으로 하나님과 인류 사이에 화해가 이루어진 것처럼 최종적으로는 피해자들이

그리스도의 길을 따르지 않으면 사람들 사이의 화해는 이루어지지 않는다. (2006. 11)

    사랑과 진실이 눈을 맞추고 정의와 평화가 입을 맞추리라
    땅에서는 진실이 돋아 나오고 하늘에선 정의가 굽어 보리라
    야훼께서 복을 내리시리니 우리 땅이 열매를 맺어 주리라
    정의가 당신 앞을 걸어 나가고 평화가 그 발자취를 따라 가리라
    (시편 85:10-13)

2017.2 Dundas/Ermington Uniting Church 임직식

나는 왜 다시 가요를 부르는가?

내가 대중가요를 즐기기 시작한 것은 초등학교를 마칠 무렵으로 기억된다. 60년대 후반 조그만 트랜지스터 라디오를 갖게 되면서 나는 완전히 새로운 세상을 경험하기 시작했다. 라디오 음악 프로그램에 재미를 붙였고 당시 인기를 끌기 시작했던 심야방송에 빠져들어 중학교에 들어가서는 매일 밤을 라디오와 더불어 지냈다. 특히 외국가요(팝송)의 매력을 접하면서부터 용돈을 모아 레코드를 사 모으는 일이 큰 취미였다. 고등학교에 진학해서는 친구들과 기타를 치면서 좋아하는 노래를 부르곤 했는데 이때부터 음악은 나의 가장 큰 취미가 됐다. 대학생활 중에는 명동에서 생맥주를 마시면서 통기타 가수들의 생음악을 듣거나 귀가 아플 정도로 시끄러운 록음악을 듣곤 했으며 나이트 클럽에서 그룹사운드의 연주와 더불어 밤을 새기도 했다. 대학을 졸업하고 79년 사회생활을 시작하면서 음악감상을 위해 시간만 나면 세운상가와 충무로를 다니면서 오디오 시스템을 구입하기 시작했다. 내성적이고 감성적이었던 내게 음악이 없었다면 그 많은 젊은 날들을 어떻게 지냈을지 상상하기 어렵다.

결혼을 하고 1991년 호주에 기술이민을 와서도 시드니의 오디오 샵을 찾아 다니던 내가 대중음악을 멀리하게 된 것은 전적으로 신앙생활 때문이었다. 1991년 중순부터 새롭게 신앙의 은혜를 경험하면서 음악도 오로지 교회찬양만 부르고 듣게 되었다. 예수를 통해 주시는 하나님의 은혜와 사랑에 감사하는 찬양은 내 마음을 울렸고 찬송가를 부를 때마다 회개와 감사의 눈물이 그치지 않았다. 한동안 멀리 했던 기타를 다시 손에 잡게 된 것도 집에서 혼자 찬송을 부르기 위해서였다. 감격과 은혜에 젖어 혼자서 또는 아내와 함께 기타를 치면서 1~2시간 찬송을 부르고 기도를 하고 나면 성령의 충만함에 깊이 젖어 들었다. 이민 초기 자녀도 없었고 안정된 직업도 없던 우리 부부는 거의 모든 시간을 교회와 신앙생활로 보냈고, 나에게 찬송은 뒤늦게 신앙의 능력과 깊이를 경험하게 해 주는 최고의 길이었다. 찬양으로 하나님의 은혜를 나누기 위해 1993년부터 교회에서 청년들과 찬양팀을 조직해 저녁예배시간과 여러 집회에서 찬양을 인도하게 되었다. 세상적인 대중음악을 즐기면서 육신의 쾌락만을 추구하던 나를 신앙의 거룩함에 불러 주신 하나님의 은혜가 생각날 때마다 주책없이 눈물을 흘리곤 했다. 더 이상 대중음악은 듣고 싶지도 않았고 부를 마음은 추호도 없었다. 호주까지 가지고 와서 즐기려고 했던 대형 오디오 스피커도 미련 없이 처분해서 하나님께 드리고 나니 우리 부부에게 남은 것은 오로지 하나님과 교회를 향한 뜨거운 열정뿐이었다.

1996년 12월 여러 해의 신학 수업 후 안수를 받고 목회를 하면서 10년 이상 대중음악을 멀리 했던 내게 변화가 찾아온 것은 수년 전부터였다. 내가 대중음악을 멀리 한 것이 신앙적 각성이었다면 새롭게 대중음악을 접하게 된 것은 신학적 거듭남의 부산물이었다. 1999년부터 내게 다가온 신학적 거듭남의 중심에는 역사적 예수(Historical Jesus)에 대한 새로운 이해가 있었다. 하나님의 아들로서 예수의 신성과 능력만을 믿어 왔던 것에서, 사람의 아들로서 그의 인성과 연약함을 함께 보는 자세의 변화는 가히 코페르니쿠스적 발상의 전환을 내게 가져다주었다. 성스러움과 세속이라는 이분법적 자세로 모든 것을 가르기보다는, 보는 관점에 따라 한

가지 사물도 얼마든지 다르게 볼 수 있다는 새로운 깨달음이 내게 다가왔다. 거룩함은 교회에서만 찾을 수 있는 것이 아니며 하나님의 말씀은 성경에만 있는 것이 아니다. 진리는 기독교의 전유물이 아니며 성령은 기독교인들에게만 역사하는 것이 아니다.

새로운 깨달음으로 바라본 인간 예수는 세속적이며 지극히 육신적인 삶의 한가운데서 여전히 수많은 죄인들과 더불어 하나님의 나라를 이루어 가고 있었다. 십자가에서 죽음과 부활 그리고 승천으로 예수는 이 세상을 완전히 떠나 버린 것이 아니라 그는 끊임없이 이 죄 많은 세상으로 성육신(Incarnation)해서 찾아오고 있었다. 가난하고 억눌리고 고통과 절망 중에 있는 민중들의 고단한 삶 가운데, 학업과 세상과 장래에 대한 부담으로 짓눌린 청소년들의 뜨거운 삶 가운데, 직장과 사업과 가정의 염려로 불안한 기성세대들의 탐욕스런 삶 가운데, 쇠약해지는 육신과 정신으로 과거를 붙잡고 사는 노년층의 공허한 삶 가운데 그리고 이들 각자가 매 순간마다 부르는 수많은 대중가요 속에 예수는 찾아와 있었다.

두만강 푸른 물에 노 젓는 예수, 부산항으로 돌아오라는 예수, 우리의 만남은 우연이 아니라는 예수, 낙엽 지는 소리를 듣고 텅 빈 마음을 보는 예수, 쩨쩨하게 굴지 말고 가슴을 쫙 펴라고 말하는 예수, 시골길로 인도하는 예수(Take me home country roads), 삼포로 가는 예수, 자랑스런 마리아의 아들 예수(Proud Mary), 어쩌다 마주친 예수, 광야에서 만난 예수, 아름다운 강산에서 사는 예수, 강촌에 살고 싶다는 예수, 우리들을 사랑하지 않을 수 없다는 예수(Can't help falling in love), 세상 모르고 살았던 예수, 사람이 꽃보다 아름답다는 예수, 전설 속의 누군가처럼 날아간 예수, 이런 예수가 없었다면 나 어떡해?(2006.12)

노인숙소에서의 하루

노인숙소에서 지난 2001년 3월부터 half-time 원목(Chaplain)으로 사역하면서 나는 교회목회와는 다른 삶의 많은 부분들을 배우고 경험하고 있다. 호주에서 종합노인숙소는 셀프케어, 호스텔(로우케어), 너싱홈(하이케어)의 3단계로 되어 있다. 나의 하루는 보통 호스텔의 모닝티에서 시작된다. 샤워와 아침식사를 마친 후에 갖는 모닝티는 특히 노인들의 삶에서 중요한 부분이다. 추운 겨울에는 물론이고 무더운 여름에도 이들은 따뜻한 한 잔의 차를 너무나 즐긴다. 나 또한 30-40명의 노인들과 한 자리에서 인사와 이야기를 나눌 수 있는 소중한 자리이다. 늘 웃음으로 나와 우리 가족들 안부를 물어주는 마가렛, 모닝티가 끝나면 베란다에서 담배를 즐기는 빌, 몇 남지 않은 치아를 보이면서 반겨 주는 메이, 셀프케어부터 이곳에서 오래 생활해 왔지만 불평이 많고 까다로운 훠너, 너싱홈에 있는 아내를 염려하는 후레드, 파킨슨 병으로 팔을 떨면서도 내 손을 반갑게 잡아 주는 글레디스, 한동안 몸이 안 좋아 방에만 있다가 오랜만에 모닝티에 온 로마 할머니 등 모두가 친구처럼 나를 맞아 준다.

이들과 인사를 나누고 안부를 묻고 손을 잡고 등을 만져 주고 나서 나는 호스텔 각 방을 두루 살펴본다. 거동이 불편한 조이스는 5층의 자기 방에서 직원이 가져다준 모닝티를 비발디 음악과 함께 즐기고 있다. 크리스챤 사이언스 교회 소속으로 열심히 성경을 읽고 목요일 오전 호스텔 예배에도 빠지지 않고 참석한다. 가끔은 내 설교에 관해 질문하고 토론을 나누는데 신학적인 설명도 잘 받아들이는 진보적인 할머니이다. 2달 전 첫 증손녀가 태어난 것을 아직도 기뻐하고 있다. 디와이 호주연합교회 교인이었던 6층의 또 다른 조이스는 역시 교회생활을 오래한 교인답게 말도 잘하고 신앙심도 깊다. 가족 이야기를 물으면 아들 3형제 자랑으로 시작해서 내가 문을 나설 때까지 말이 끊이지를 않는다. 심장과 다리가 약해서 불편한 몸이지만 곧 결혼할 손녀딸 이야기를 들려주면서 얼굴에 웃음이 가득한 것을 보니 내 마음도 기쁘다.

7층에는 대체로 호스텔에서 상태가 좋은 분들이 많아 방마다 모두 다니면서 이야기를 하면 시간이 모자란다. 하지만 빈 라운지를 지나면서 그 자리에 늘 앉아 있던 마가렛이 떠오른다. 금요일 미용사가 오는 날마다 새로 머리를 단장하고 신문을 읽던 마가렛에게 나는 "Friday special?"이냐고 말을 걸곤 했는데 지난 달 말 갑작스럽게 세상을 떠났다. 사람은 가도 남아 있는 기억은 쉽게 지워지지 않는다. 7층의 리챠드는 장애가 있어 말을 정확하게 못 하지만 직원들과의 관계는 제일 좋은 할아버지이다. 나도 일주일에 한 번은 꼭 찾아가는데, 특히 코끼리를 좋아해서 한쪽의 티 테이블에는 열 개가 넘는 코끼리 모형들이 있고 코끼리 사진들로만 된 달력을 걸고 이불에도 코끼리 그림이 있다. 처음 내가 원목을 시작했을 때 아침에 찾아가면 직원들이 면도를 해 주면서 실수로 낸 얼굴의 상처가 그치지 않아 내게 있던 전기면도기를 가져다주었다. 요사이는 전기면도기를 쓰는 것도 힘이 드는지 나한테 부탁을 한다. 턱을 내밀고 있는 리챠드의 수염을 깎아 주다 보면 17년 전에 돌아가신 아버지 모습이 떠오른다. 1930년생이었으니 리챠드보다도 한 살 아래인데 생전에 가족들과 아주 불편한 관계였기에 장남인 나 역시 한 번도 다정히 이야기를 나눈 기억이 없다. 지금까지 살아 계신다면 이렇게 수염을 깎아 드리고 말 동무도 해 드리고 싶은데. 세월이 지나면서 원망은 흩어지고 후회만 남는다.

오후에는 너싱홈을 방문하거나 셀프케어 또는 병원 심방을 다닌다. 셀프케어의 덜시는 90이 넘은 나이인데도 작년까지는 너무나 정정해서 가끔 찾아오는 막내아들 로져와 함께 있으면 마치 부부 같아 보였다. 더보에서 조금 더 들어가는 내로마인에서 농장을 운영하면서 세 아들을 시드니의 사립학교 스콧컬리지에 보냈으니 자식교육에 큰 투자를 한 집안이다. 퍼스에서 대학교수를 하다가 은퇴한 아들 로져는 한국의 음성 꽃동네에 살면서 몇 년째 영어를 가르치는 독실한 가톨릭 교인이다. 시드니에 오면 꼭 어머니 덜시를 찾아와 함께 점심식사를 하며 나를 만나면 한국말로 인사를 건네는 로져를 보면 마음 한 구석에 큰 부담이 느껴진다. 역시 셀프케어에 사는 피터는 그동안 우울증 때문에 병원을 여러 차례 다녀왔다. 오랜만에 전화를 한 후 찾아가니 반갑게 맞아 준다. 평생을 독신으로 어머니를 모시고 살았으니 아무래도 가족이 없어 외로움이 심했으리라. 작년까지는 거의 매일 오전에 간단한 배낭을 매고 나가 점심 무렵까지 걸을 만큼 몸이 건강했었는데 병원에 다니면서 갑자기 늙은 그를 보니 마음이 아프다.

노인숙소에서 원목의 경험은 미래의 나를 오늘 보게 해 주는 자기 성찰의 기회이다. 20-30년 후의 나의 삶을 지금 볼 수 있음은 따라서 특권이며 은혜이다. 영원할 것 같은 젊음이 지나가면 걷잡을 수 없이 시간은 흐르고 기력은 쇠약해져서 무엇이든 남의 도움이 없이는 살 수 없게 된다. 노인숙소에 앉아 있는 미래의 나의 모습을 그려보면서 현재의 시간 속에 과거와 미래가 함께 살아 있음을 느낀다. 지금 내가 돌보는 노인들이 지

신앙과 신학 사이

난 날 나를 돌보아 주셨던 나의 아버지, 어머니, 할아버지, 할머니, 증조 할머니인 것을, 그리고 내가 돌보는 그들이 바로 내 자신인 것을 깨닫는 다. 목회란 남을 돕는 것이 아니라 결국 나를 돕는 것이다. (2007.3)

cir 1962 가족사진 (대전)

자연과 삶

4월이 되니 벌써 아침 저녁으로 추위가 느껴진다. 가을이 찾아오면 여름의 더운 기운은 점점 줄어들고 겨울의 찬 기운은 조금씩 자리를 넓혀간다. 긴 소매의 옷을 입는 시간은 늘어나고 열고 지내던 창문을 해가 지기 전에 닫는다. 해 뜨기 직전 어둔 새벽의 가을 아침은 이미 추운 겨울이 우리 곁에 있음을 알려 준다. 늘 똑같이 반복되는 날 같지만 어제와 오늘이 다르고 오늘과 내일이 다르다. 어릴 때 멋모르고 따라 부르던 노래들을 피아노, 클라리넷, 드럼으로 연주하는 아이들을 보면서 비로소 세월의 흐름을 깨닫지만, 이미 그들은 어제와 다른 수많은 오늘들을 지냈음을 나는 안다.

자연은 조급하지 않고 인내하는 삶을 가르쳐 준다. 하나의 잎이 가을에 떨어지기까지 얼마나 많은 봄과 여름의 날들을 지냈을까? 햇살을 받고 비를 맞고 바람을 견디며 하루하루 자신의 역할을 다한 후에 잎은 마침내 땅에 떨어진다. 나의 의지와 노력으로 짧은 시간에 나를 드러내며 무엇을 이루려고 애쓰기보다는, 어제와 다른 수많은 오늘들을 보낸 후에 하나의 잎이 땅에 떨어지듯, 아무에게도 들리지 않고 보이지 않지만 분명한 결실을 맺는 것이 자연의 길이다.

자연은 또한 겸손의 삶을 가르쳐준다. 한여름 강한 햇살을 뒤덮을 듯이 무성했던 짙푸른 잎들이 가을이 되어 색이 변하고 모습이 바뀌고 땅에 떨어져 점점 말라 비틀어지고 종래는 흔적도 없이 사라진다. 젊어서 여러 나라들을 다니면서 일하고 인생을 즐기다가 늙고 병 들어 노인숙소에서 쓸쓸히 지내는 많은 노인들을 보면 자연의 길을 따라갈 수밖에 없는 우리들의 삶인 것을 깨닫는다.

　반짝이던 눈은 흐릿해지고, 곱고 윤기 나던 피부는 거칠어지고, 곧고 매끈하던 손가락은 비틀어져서 마른 나뭇가지처럼 보인다. 싱싱하던 젊음의 향기는 사라지고 아무리 씻어도 늙음의 냄새는 가시지 않는다. 여기저기 아픈 곳이 많아 여러 의사들을 만나고 병원을 다니지만 결코 예전의 기력을 되찾을 수 없음을 안다. 그나마 의식이 있어 현재의 처지를 깨닫고 한숨을 쉬는 노인들은 다행한 일이다. 치매에 걸려 자신이 무슨 말을 하고 무엇을 하는지조차 모르는 경우는 주위에서 보기에 너무나 안타깝다.

　그러나 노년의 삶이 아름답고 깨끗하고 보람되지 못하다고 해서 차라리 젊고 예쁠 때 실컷 즐기고 일찍 죽겠는가? 아니면 늙고 병 들지 않도록 온갖 수단과 방법을 다하겠는가? 물론 자신의 몸과 마음을 돌보고 무리하지 않도록 조심하는 일은 필요하지만 나이가 들면서 기력이 떨어지고 병 드는 것은 잘못이 아니라 자연스러운 일이다. 문제는 노화의 과정을 거부하고 피하려는 자세이다. 자연의 가르침은 늙어감도 우리 삶의 여정에서 중요하고도 필요한 마지막 과정임을 일깨워 준다.

　나무 위에서 떨어지지 않고 늘 푸르른 잎이 있는가? 땅에 떨어져서도 말라 버리지 않고 흙으로 돌아가지 않는 잎이 있던가. 가을에 수북이 쌓였던 낙엽들은 어디론지 사라지고 새 봄의 나무에는 다시 잎들이 돋아나고 땅 위에는 풀들이 솟아나 지난 가을 죽음의 자리를 새로운 생명의 잔치로 바꾼다. 늙어서도 젊은 새끼들에게 쫓겨나지 않고 군림하는 맹수가 있는가? 지지 않고 향기가 끊이지 않는 꽃을 보았던가. 천하를 호령하던 호랑이도 늙고 병 들면 아무도 모르는 곳에서 조용히 숨을 거두고, 향기와 자태를 뽐내던 장미꽃도 시들어 마르면 쓰레기 더미에 버려진다.

진실로 추한 것은 늙음이 아니라 자연의 이치를 거스르려는 짓이다. 나이 들어서도 젊게 보이려고 애쓰는 가식, 자신의 늙음을 슬퍼하고 낙심하는 자학, 다음 세대에 자리와 권위를 넘겨주지 않으려는 탐욕, 물러나서도 어떻게든 관심을 끌고 영향력을 행사하려는 집착. 반면에 자연의 섭리를 따르는 삶은 늙고 병 들어도 추하지 않고 아름답다. 말라 비틀어진 낙엽이 썩어 다음 봄의 잎을 위한 거름이 되는 것이 당연하고 필요하듯, 한 인생이 태어나 자라서 자신의 사명을 마치고 늙고 병 들고 볼 것 없는 몸을 이끌고 처음 곳으로 되돌아가는 것은 지극히 정상적인 삶의 진실된 마침이기에 귀하고 아름답다. (2007. 4)

신앙과 신학 사이

진정으로 우리에게 필요한 것

나날이 발전하는 호주한인사회의 일원으로서 살아가는 일은 가슴 뿌듯하다. 유학생들과 단기체류자들을 포함한 한인인구가 10만 명에 이르고, 호주 사회 각 전문분야에서 일하는 한인들의 숫자 또한 계속 늘고 있다. 스트라스필드와 이스트우드에서는 한인이 운영하는 수많은 업소들의 한글간판 때문에 지역사회에서 문제가 될 정도이다. 주말에 한국식품점에 가면 컬러로 인쇄된 신문, 잡지 등을 무료로 한아름 가져와 일주일 내내 읽을 수 있다. 호주와 한국에서 수입된 수많은 상품들이 곳곳에서 넘쳐나고, 한인들 특유의 삶의 활기를 어디서나 느낄 수 있음은 참으로 기쁜 일이다.

이러한 호주한인사회가 지속적으로 발전하려면 무엇이 필요할까? 한인사회의 규모가 더욱 커져서 한인인구가 백만 명이 되고, 한인업소가 대부분의 지역상권을 장악하고, 의사, 변호사, 교수, 회계사, 정치인 중에 한인 출신들이 늘어나기만 하면 되는 일인가? 분명한 것은 단순한 수적인 증가가 교민사회의 발전과 성숙을 보장해 주지는 못한다는 사실이다. 오히려 무분별한 규모의 확대는 잠재적인 문제점들을 확대재생산할 가능성이 더 많다. 사회의 발전과 성숙은 단지 소득이나 재산 또는 매출이 늘어나는 것만을 의미하지는 않는다.

자라나는 아이들의 성장의 척도는 몸무게가 아니라 균형 잡힌 건강한 몸이듯, 교민사회 역시 균형 잡힌 건강한 발전이 필요하다. 한 사회의 균형과 건강의 기준은 복지라고 나는 믿는다. 부자가 많은 나라가 선진국이 아니라 공정한 분배와 더불어 소외되고 고통받는 이웃을 돌보는 나라가 선진국이다. 호주가 한국보다 선진국이라고 말하는 이유는 국민소득이 높기 때문이 아니라 잘 정비되고 철저하게 운영되는 복지제도와 더불어 국민들의 높은 복지의식이 있기 때문이다. 각 지역사회에서 자발적으로 이루어지는 다양한 모금과 자선프로그램은 진정한 이웃사랑이 어떤 것인지를 잘 보여 준다.

호주한인사회가 균형 잡힌 건강한 사회가 되기 위해서는 일차적으로 주위의 어려움에 처한 이웃들을 적극적으로 그리고 체계적으로 도와줄 수 있는 조직과 기금이 있어야 한다. 한주와 권능이 경우 많은 교민들의 사랑과 정성으로 넉넉하지는 않더라도 필요한 도움을 줄 수 있어 다행이었지만 아쉬움도 많다. 한인매체에서 이 문제를 집중적으로 다루지 않았다면 과연 모금활동이 가능했을까? 개인적인 자선의 손길에 의지하는 것 말고 다른 방법은 없는가? 문제가 생기기 전에 미리 자선기금을 적립해서 체계적이고 지속적으로 도울 수는 없을까? 그것이 가능하다면 현재 교민경제 규모에 비추어 우리들은 어느 정도의 자선기금을 만들 수 있을까?

교민경제 전체의 씀씀이를 몇 가지 관점에서 생각해 보자. 곧 치러질 한인회장 선거의 경우, 정치에 문외한인 필자의 단순계산으로도 전체적으로 백만 불 정도의 돈이 쓰이리라고 본다. 교민사회에서 20여 종의 각종 신문과 잡지가 매주 또는 매월 발행되는데, 운영비와 인쇄비로 일주일에 한 매체당 만 불만 필요하다고 해도 일 년에 1-2천만 불의 돈을 교민업소와 각종 단체에서 광고비로 지출해야 한다. 200개에 달하는 교회, 성당 그리고 사찰 등에서 일 년에 대략 수천만 불의 돈이 교민가정에서 나와 각종 종교모임과 행사에 쓰이고 있다.

이런 상황에서 한인사회를 위한 복지기금으로 백만 불을 조성하는 일이 불가능할까? 복을 받기 위해 일 년에 25만 불을 십일조로 교회에 내는 가정이 있는 현실에서 결국 문제는 돈보다는 마음이다. 이웃의 아픔을 내 것으로 아는 마음, 내가 번 돈이 모두 내 것이 아니라는 마음, 이웃이 있어야 나도 살아갈 수 있다는 마음, 비자 상태와 관계없이 호주에서 사는 모든 사람들이 우리의 소중한 이웃이라는 마음이 있다면 백만 불의 복지기금은 결코 꿈이 아니다. 아울러 복지기금의 뜻을 살리려면 열 명이 십만 불을 내기보다는 만 명이 내는 백 불 또는 천 명이 내는 천 불이 더욱 값지지 않을까?

하지만 한주와 권능이 경우에서도 분명히 드러났듯이 실제적이고 최종적인 도움은 결국 호주 정부를 통하지 않고는 불가능하다. 엄청난 병원치료비와 재활프로그램 비용, 정부주택과 영주비자 제공, 그리고 지속적인 복지수당 지급을 어떤 개인이나 단체가 어떻게 감당할 것인가? 호주에서 어떤 형태로든 다양한 복지혜택을 받고 사는 우리들의 의무는 따라서 철저한 세금납부가 되어야 한다. 신앙인이기 이전에 호주국민으로서 호주정부의 보호와 복지정책의 수혜자인 나와 우리 가정의 일차적인 십일조는 온전한 세금납부이다. (2007. 5)

나는 왜 아직도 호주인 목회를 하는가?

　호주연합교회 시드니 노회에서 1996년 12월 8일 목사안수 받고 목회를 시작한 지 11년째가 되었다. 그동안 아마데일과 올드 퉁가비를 거쳐 현재 이스트 킬라라 연합교회까지 모두 호주인 교회에서 목회를 하고 있다. 신학교 시절부터 주로 호주인들과 생활하다 보니 한인교민들을 만날 기회가 많지는 않았지만 어쩌다 처음 만나는 분들과 대화하면서 호주인 목회를 한다고 하면 '너무 좋겠다'고 말하는 분들이 있다. 왜 좋은지 물어보면 대부분 한인목회는 매우 힘들고 어렵지 않냐고 대답한다. 목회를 하지 않으면서도 목회자들의 입장을 충분히 이해한다는 뜻인지, 아니면 자신을 비롯한 한인교인들이 목회자를 힘들게 한다는 고백인지 분명하진 않지만….

　목회의 관점에서 본다면 호주인 목회나 한인목회나 근본적으로 다른 점은 없다. 주일예배를 준비해서 인도하고, 가정과 병원 등지로 심방을 다니고, 성경공부와 기도 모임 등 여러 프로그램들을 진행하는 것은 거의 같다. 하지만 서로 다른 문화와 역사를 가진 교회들의 목회내용은 너무나 다르다. 한 하나님을 믿고 같은 성경을 읽고 동일한 하나님의 말씀을 선포하면서도 구체적인 교회생활을 들여다보면 완전히 서로 다른 나라인 것처럼 보인다. 그동안의 목회경험으로 말한다면, 한인목회의 어려움이 있듯이 호주인 목회에도 어려움이 있고, 한인목회에 보람이 있듯이 호주인 목회에도 보람과 기쁨이 있다. 단순하게 어느 한쪽이 쉽고 다른 쪽이 힘든 것이 아니라, 내가 속하지 않은 한쪽의 상황을 구체적으로 경험해 보지 못해서 쉽다고 생각하는 것일 뿐이다. 오히려 다른 문화와 역사에서 자란 이방인으로서 호주인 목회를 하는 것에 갑절의 어려움이 있을 수 있다. 한국 방문 중에 누가 한국보다 호주에서의 생활이 훨씬 쉽지 않냐고 물으면 뭐라고 할 것인가?

한인교회는 한국, 미국, 호주에서 여러 해 동안 다녔지만 직접 한인목회를 하지 않은 필자의 입장에서 구체적으로 한인목회를 논할 마음은 없다. 반면 호주연합교회에서 호주인 목회를 하는 가장 큰 장점은 합리적이고 체계적인 교회제도와 규정을 들 수 있다. 신학과정부터 목회후보자를 선발하여 다양한 지원 제공, 안수와 목회 중에 남녀 간의 구별 배제, 현실에 맞는 최저사례비를 책정하여 교회규모나 목회경력에 관계없이 동등하게 지급, 목사 임기제에 따라 한 교회에서 10년 이내로 임직 제한, 목회지마다 교회규정에 합당한 사택의 무료제공, 교회가 정한 큰 테두리 안에서 신학과 교리의 자유로운 추구, 목회자의 무한책임과 일방적인 희생을 요구하지 않고 교인들과 동등한 개인생활과 가정생활 보장, 목회자와 가족들을 위한 복지제도 등 한인교회에서는 찾기 힘든 많은 이점이 있다.

하지만 호주인 목회에서의 어려움 또한 적지 않다. 무엇보다도 제일 큰 어려움은 호주의 사회환경에서 이전과 달리 교회의 위치가 낮아지고 교인들도 신앙생활에 큰 비중을 두지 않는다는 점이다. 모든 직장마다 근무시간은 늘어나고 주말에는 온갖 행사로 휴식의 시간이 없어진다. 장로를 비롯한 교회의 리더들조차 일 년의 1/3 이상 주일예배에 오지 못하는 상황에서 결과적으로 교회출석인원이 전성기 때의 10-20%에 머물다 보니 재정적 어려움이 크다. 주일예배와 주일학교의 인원이 줄고 대부분의 교회 프로그램은 횟수를 줄이거나 없애는 일이 많다. 목회자의 입장에서는 적은 인원으로 기존의 프로그램을 유지하는 것이 기본 과제이다. 끊임없이 새로운 행사를 시도하지만 교인들로부터 큰 반응을 얻기가 쉽지 않다. 교인들은 물론 아이들과도 서로 이름을 부르는 상황에서 한국적인 목회자의 권위란 처음부터 생각할 수도 없다. 대부분의 교회모임을 준비하고 정리하는 일은 목회자의 몫이다. 교회 옆의 사택에 사는 목회자에게는 종종 사찰의 임무도 포함된다.

이러한 어려움에 덧붙여 비영어권 이민자인 나에게는 영어를 비롯한 문화와 역사의 차이에서 오는 또 다른 어려움들이 늘 상존하고 있다. 또한 다수의 교인들의 동의로 목사 청빙을 받았지만 모든 교인들이 타문화권 출신인 나를 완전히 이해하고 모든 차이와 때때로의 실수를 용납하는 것은 아니다. 사실 대부분 호주교인들의 입장에서는 처음 접하는 한인목사를 어떻게 대해야 할지 몰라 서로의 관계를 정립하는데 여러 해가 걸리기도 한다. 그럼에도 나는 아직까지 호주인 목회에 큰 불만은 없다. 여러 장점들이 이러한 어려움을 보완해 주기도 하지만 호주인 목회에서 내가 경험하는 제일 큰 보람은 한인교회보다 앞선 상황에서의 목회경험이다.

세계적으로 유래가 없는 단기간의 기독교 성장과 여러 대형교회를 자랑하며 비어 가는 서구교회들을 염려하는 한인교회들도 이미 침체기에 접어들었음은 주지의 사실이다. 선진화를 향해 빠르게 변화하는 한국사회에서 교회의 쇠퇴가 본격적으로 시작되면 서구교회보다도 훨씬 급격하고 광범위하게 진행될 수 있다. 교회의 성장과 힘은 영원한 것이 아니다. 서구교회들이 처음부터 비어 있었다면 무엇 때문에 그 큰 교회당을 지었겠는가? 생존을 위한 그들의 수고와 노력은 오늘의 우리들에게 시사하는 바가 크다. 하지만 현재 한인교회의 모습은 다가오는 미래를 준비하고 있다고 보이지 않는다. 호주인 목회를 하면서 나를 키워 준 한인교회의 모습을 객관적으로 바라볼 수 있어서 감사하지만 현재로서는 그 모습에서 새로운 변화의 가능성이 보이지 않음은 마음 아픈 일이다. (2007.6)

2017.2 Royal Caribbean Cruise 가족여행

의식구조의 변화

어느 시대나 어떤 사회를 막론하고 사람들의 의식구조와 사고방식은 늘 변하기 마련이지만 역사 속에서 그 사회의 전반적인 특징으로 구별할 수 있는 의식구조와 사고방식이 존재하는 것도 분명한 사실이다. 우리들이 다양한 방법으로 이민의 삶을 살아가는 호주사회도 처음 경험하기에는 큰 변화가 없어 보이지만 10년, 20년, 30년의 시간을 지내다 보면 많은 부분에서 급격히 변해감을 느끼게 된다. 특별히 신앙생활과 관련된 의식구조의 변화의 추이를 살펴보는 일은 흥미로울 뿐 아니라 교회의 모습과 관련해서 오늘의 우리들에게 많은 것을 말해 준다. 참고로 주요부분은 프랜시스 모랜(F Moran)의 신간저서 《Beyond the culture of care》를 참고했음을 밝힌다.

1960년대 중반까지 호주사회 나아가 서구사회 전체적으로 교회가 사회와 사회구성원들에게 미치는 영향은 지대했다. 그들은 대부분 자신을 기독교 국가라 여겼고, 결과적으로 기독교 이념과 가치기준에 따라 사회를 이끌었다. 일요일은 모든 상업활동과 사회활동을 중단하는 휴식의 날(안식일)이었고, 부활절과 성탄절은 교회력을 따라 국가공휴일로 지켜왔다. 이 당시 사회를 지배했던 사고방식은 개개인의 신앙과 관계없이 무조건적으로 기독교적인 것이었다. 교회는 하나님의 대변자로써 구원의 설계도를 세상에 주었다. 즉 개인이 어떻게 살아야 하는지는 교회가 알고 있다는 뜻이었다. 세상에는 절대적인 진리가 존재하고 그것은 교회만이 갖고 있다고 가르쳤기 때문에 교회는 독단적이고 권위적일 수밖에 없었다. 교회는 확신을 가지고 흑백논리로 도덕률을 선포했다. 살아가면서 닥치는 모든 문제에는 정답이 있고, 그 정답은 하나님의 뜻이라고 믿어야 하는 교회의 가르침뿐이었다. 교회가 선포하는 가르침에 따르면 그에 상응하는 보상이 주어지고 그렇지 않으면 벌을 받는다고 믿었다. 이것이 1940, 50년대 그리고 1960년대 초까지 호주를 포함해서 서구사회를 지배했던 신학적 의식구조(Theological Mentality)이다.

하지만 여러 해 동안 세상을 가르치고 지도해 왔던 교회의 위치에 언제부터인가 변화가 오기 시작했다. 교회는 이제 더 이상 세상을 향해 일방적으로 외치는 것이 아니라 세상과 대화를 나누는 관계가 되었다. 즉 교회는 세상에게 말하는 동시에 세상이 하는 말을 듣고 자신의 삶을 검토하고 숙고해야 한다는 것을 뜻했다. 교회는 누구나 인정해야만 하는 진리를 가르치는 위치를 잃어버렸다. 교회의 위치가 변함에 따라 한 시대를 지배하던 의식구조에 근본적인 변화가 일어났다. 더 이상 진리는 가르치고 세상에 전파하고 보존해야 할 그런 절대적인 것이 되지 못했다. 오히려 모든 인류가 진리를 찾고 탐구하는 가운데 이제는 교회도 다른 이들과 더불어 함께 진리를 찾아가야 한다고 믿게 되었다. 좀 더 정확히 말하면 진리는 진리를 찾고자 하는 상황에 따라 상대적으로 변할 수 있는 것으로 여기게 되었다. 이로 말미암아 질문하고 개혁하고 실험하려는 새 흐름의 불이 당겨지게 된다. 교회가 세상을 향해 귀를 기울여야 하는 '상대적'인 입장에 처함에 따라, 수백 년 된 낡은 사회체계의 거대한 성벽이 소리 없이 무너져 내리고 말았다. 즉 이제는 대화적 의식구조(Dialogical Mentality)기 서구인들의 삶에 깊이 뿌리내리게 된다.

새로운 의식구조 속의 세상은 그들이 처한 여러 가지 윤리적인 문제들에 대해 군이 교회의 해답을 구하려 하지 않는다. 왜냐하면 권위적으로 주어진 흑백논리의 도덕체계는 끊임없이 변하는 주위 상황에 자신을 몰입시키려는 사람들의 삶에 아무런 의미를 주지 못하기 때문이다. '절대'와 '확신'이 '상대'와 '관계'에 자리를 빼앗김에 따라 대화적 의식구조가 신학적 의식구조를 대치해 버렸다. 하나님은 하늘에서 내려와 이 땅의 인간이 되었기에, 영적인 삶이란 결국 주위의 사람들과 함께 나누는 매일매일의 삶으로 바뀌었다. 하나님은 저 높은 하늘 위에 있는 것이 아니라, 나의 이웃과 배우자와 가족 그리고 공동체 속에서 발견된다. 신학적 의식구조 속에서는 정답에 대한 기계적인 학습과 권위에 대한 존경을 중요시했지만, 대화적 의식구조에서는 관계의 질을 중요시하기 때문에 지적인 것 보다는 경험적인 면에 중점을 둔다. 우리들의 모든 행위를 감독하는 멀리 계신 하나님 대신, 우리 곁에는 하나님이며 사람인 살아있는 예수가 있다.

흥미로운 점은 이러한 의식구조의 변화와 가톨릭 교회의 제2차 바티칸 공의회(1962-65)가 정확히 일치한다는 점이다. 이 공의회가 서구 교회와 사회에 미친 파급효과는 엄청난 것이었으며 사실 그 여진은 아직도 계속되고 있다고 해도 과언이 아니다. 교회가 사회의 의식구조를 주도적으로 바꿀 수는 없지만, 적어도 그 변화가 이루어지기 전에 변화의 바른 방향을 지적하고 목회적으로 신학적으로 안내하는 일은 다른 모든 일에 앞서 교회가 감당해야 할 본연의 임무이다. 시대적으로 뒤떨어지고 사회적으로 지탄받는 기복신앙에 편승해서 세력확장에나 몰두하는 세속적인 교회들에게 가톨릭 교회는 너무나 귀한 일을 했지만 현 교황(베네딕토 16세) 아래에서 값진 공의회 정신이 퇴색해 가는 것을 보는 일은 진정 마음 아프다. (2007. 7)

사찰 화장실의 성경구절

　일반인들이 볼 때 한국교회와 기독교는 지나치리만큼 자기중심적이고
세속적이다. 교회의 관점에서 아무리 중요한 것이라도 일반인들에게 똑
같은 이해와 동의를 강요할 수는 없다. 또한 교회나 교인들의 숫자가 늘
어날수록 교회는 자신을 낮추고 감추는 것이 예수를 따르는 자세이다.
하지만 한국교회나 목회자들은 힘이 약할 때는 자신을 낮추고 감추지만,
이해관계가 갈리거나 힘이 생기면 전혀 다른 모습을 보임으로써 이중적
이고 세속적이라고 비난받아 왔다. 무엇보다도 심각한 것은 전체적인 목
회방향과 선교정책이 물량주의와 형식주의로 흘렀다는 점이다. 진지하
게 오랫동안 자신의 삶을 나누는 목회와 선교가 아니라 외형적인 규모와
숫자에 급급하다 보니 곳곳에서 수많은 부작용이 누적되어 작금의 반기
독교 현상을 초래하고 말았다.

　이 일로 인해 벌어진 수많은 논란의 와중에서 인터넷에서 읽은 한 조계
종 스님의 댓글을 소개한다. 그는 이번 일로 기독교가 질타를 받지만 앞
으로를 위한 거름이 될 것이며, 기독교가 왜 미움과 혐오의 대상이 되었
는지 분석하고 고쳐서 성숙해지기를 기원하고, 다른 문화나 종교를 존중
하며 나와 생각이 다른 사람도 있다는 것을 인정할 때 모두가 화합할 것
이라고 썼다. 아울러 그는 사찰 화장실에 쓴 성경구절들은 이제 지우기

가 귀찮을 정도라는 말을 덧붙였다. 도대체 성경구절을 외우고 다닐 정도로 신앙심이 깊은 교인들이 무슨 생각으로 사찰 화장실을 이용한 후 벽에 낙서를 했을까?

이렇게 해서라도 불자들에게 하나님의 말씀이 전해진다면 결과적으로 하나님께 영광이 될 것이라고 생각했을까, 아니면 내가 용무가 급해서 들어갔지만 여전히 사찰은 복음화의 일차적인 대상이라는 선교적 사명감이 들었기 때문일까, 아니면 사탄의 소굴에서도 기 죽지 않고 성령의 능력에 힘 입어 행동했다는 신앙적 영웅심에서였을까? 하지만 나에게 "사찰 화장실의 성경구절"은 오늘 한국교회와 기독교의 일그러진 모습을 적나라하게 보여 주는 상징적 표현일 뿐이다. 공중도덕을 철저히 무시하는 이기주의, 나의 신앙만을 최고라고 생각하는 배타적이고 자기중심적인 교만, 내가 필요하면 어디라도 가고 필요가 충족되면 남은 자리를 돌보지 않고 떠나 버리는 얄팍한 세속주의, 언제 어디서든 신앙만이 최우선이라는 편협한 맹신.

결국 그것이 사찰 화장실의 성경구절이든, 교회 화장실의 불경구절이든, 회당 화장실의 코란구절이든, 공원 화장실의 음담패설이든 모두가 사회적으로 지탄받아 마땅한 저질행동이라는 점에서는 한 점의 차이도 없이 똑같다. 분명한 것은 우리가 다양한 모습으로 신앙의 길을 가는 이유는 좀 더 착하고 순수하고 온유하고 바른 삶을 살기 위함이다. 그 어떤 신비하고 엄청난 신앙적 경험을 준다 해도 결과적으로 이 땅에서의 평화로운 삶을 파괴하고 인류보편의 가치를 부정하게 만드는 신앙집단은 악취나는 쓰레기에 불과할 뿐이며 하나님의 나라에서 영원히 제거되어야 할 악이다. (2007.8)

나는 호주연방선거에서 무엇을 바라는가?

미국에서 3년의 유학생활을 경험한 나는 대부분의 영어권 국가들이 비슷할 것이라는 막연한 기대를 갖고 신혼이었던 1991년 아내와 함께 시드니에 도착했다. 하지만 힐스데일의 친구 집에서 처음 몇 주를 지내면서 호주와 미국이 완전히 다른 나라라는 것을 곧 피부로 느끼게 되었다. 미국의 자본주의에 비하면 호주의 다양하고 폭 넓은 복지정책은 사회주의 국가라고 느낄 정도였다. 시드니에 도착해서 세금 한 푼 내지 않은 입장에서 정부로부터 구직수당을 받으니 미안한 마음과 함께 낯선 이민생활에서 의지가 되었고, 나만 생각하고 살아가는 것이 아니라 함께 더불어 살아가는 복지사회에 대해 조금씩 실감하게 되었다. 1993년 7월 기다리던 아내의 첫 임신이 11주 만에 유산되어 RNS 병원에 입원했을 때 큰 슬픔 중에서도 Medicare(공공 의료 시스템)의 혜택을 직접 경험할 수 있었다. 그 후 1994년부터 2002년까지 네 아이를 모두 시드니의 공립병원에서 출산하고 키우고 공립학교에서 교육시키면서 우리 부부는 어느 누구보다도 호주의 복지정책과 다문화주의에 근거한 평등사회에 깊이 감사하고 있다.

늘 모든 것이 그대로인 듯한 호주사회도 엄청난 변화의 소용돌이를 지나가고 있다. 지난 1996년 자유연립당 정부가 들어선 이후 변화의 속도

는 더욱 빨라져서 호주인들도 정신을 못 차릴 지경이며 이민자들인 우리
들은 더욱 혼란스럽다. 모든 면에서 사회복지정책은 축소되거나 폐지되
고 있으며, 근로자 위주의 노사관계는 옛말이 되어버리고 대부분 직장인
들의 주당 40시간 근무시간은 실종된 지 오래이다. 명분 없는 이라크 전
쟁에 참전해서 매해 수십 억 불의 비용을 지출하면서도 세계의 평화는 점
점 요원해지고 동시에 테러의 위협으로 국민 전체가 지불해야 하는 대가
는 집계가 불가능할 정도이다. 지난 11년 동안 성공적인 경제정책의 열
매는 다 어디로 가고 일반인들은 엄청난 생필품 폭등과 천정부지로 치솟
은 부동산 가격에 오히려 경제가 성장하는 것이 두렵다.

내게 있어 이번 연방선거는 현 자유연립당 정부의 총체적 평가라는 의
미가 제일 크다. 그의 경제업적에도 불구하고 한 사람의 호주국민으로서
내가 하워드를 부끄럽게 여기는 것은 자신의 정치적 입지를 굳히기 위해
주류 백인사회의 입장만 대변하고 오히려 그가 돌보아야 할 사회적 약자
들을 매번 희생양으로 삼아왔기 때문이다. 그는 폴린 헨슨과 자신을 차
별화하면서도 호주 백인들의 인종적 편견과 근거 없는 불안감을 교묘히
부추김으로써 수많은 아시아 이민자들에게 아픔을 주었고 결국 호주사
회에서 다문화주의를 퇴보시켜 왔다. 또한 2001년 8월 439명의 아프가니
스탄 난민들을 구조한 탬파호 사건과 아울러 같은 해 10월 호주로 밀입국
하려던 223명의 난민들이 자신의 아이들을 바다로 내던졌다고 주장함으
로써 11월의 총선에서 난민 이슈를 부각시켜 승리했을 뿐 아니라 강경한
난민정책을 집행함으로써 높은 국민적 지지를 얻었지만 다음 해 상원 조
사위원회를 통해 그 주장이 거짓으로 판명되었다. 하워드의 교활함은 그
와 그의 각료들이 이미 선거가 있기 전부터 그 주장이 사실이 아님을 알
고 있었다는 데서 여실히 드러난다.

신앙과 신학 사이

무엇보다도 사회적 약자에 대한 그의 일방적 자세는 호주대륙에서 근본적으로 원주민들의 주권을 인정하지 않으며, 1900년대 초부터 1970년대까지 호주전역에 걸쳐 광범위하게 이루어졌던 원주민자녀 격리정책(Stolen Generation)에 대한 사과를 철저히 거부하도록 이끌었다. 아울러 2007년 6월 성폭행으로부터 원주민 자녀들을 보호한다는 명분으로 Nothern Territory에 공권력을 투입하는 강경책을 시행했지만 이는 원주민들의 삶의 질서를 파괴하고 지나간 원주민자녀 격리정책의 악몽을 떠올리게 함으로써 오히려 공포감을 조장할 뿐이었다. 원주민들의 삶에 문제가 많은 것은 사실이지만 이런 식의 일회성 선거과시용 작전보다는 장기간의 헌신되고 체계적인 접근이 절실히 필요하다. 동성결혼에 대한 그의 극력반대 역시 사회적 약자를 희생시켜 자신의 정치적 입지를 강화시킨다는 면에서 동일하다.

이번 연방총선의 백미는 하워드 총리 자신의 지역구이다. 그의 일생일대의 운명이 그가 그토록 무시하고 함부로 대해왔던 아시안 이민자들의 손에 달려 있다는 사실은 역사의 아이러니이다. 몇 주 전 그가 한인 유권자들에게 흘렸던 비굴한 웃음은 그가 이번 선거에서 이기든 지든 더 이상 우리들에게 오지 않을 것은 분명하다. 물론 정치인으로써 그의 생각이나 자세가 변할 수는 있겠지만, 지금까지의 선거유세에서 그는 한번도 아시안 이민자들이 호주사회를 이끌어 가는 소중한 일꾼들이며 자신이 섬겨야 할 선거구민임을 공표하지 않음으로 볼 때 그의 웃음이 단지 선거일 하루만의 동침을 위한 얄팍한 꼼수임을 어느 누가 모르랴.

한 나라의 지도자가 보수적이거나 진보적인 것은 역사적 상황에서 국민들이 선택할 일이지만 어떤 경우에든 진실과 정의 그리고 희망은 꼭 필요한 덕목이다. 호주에서 한인 유권자들의 숫자가 점점 늘어나고 있지만

단순히 숫자보다는 우리들의 냉철한 판단과 주관이 있을 때 호주사회의
발전과 더불어 한인들의 위상도 높아지리라 믿는다.(2007.11)

2025.11 유아 세례식 Jannali UC

신앙과 신학 사이

설날이 Chinese New Year인가?

설날은 음력을 기준으로 새로운 한 해를 시작하는 우리 민족 최대의 명절이다. 하지만 일제는 1930년대 후반부터 설날을 "구정"으로 바꾸고 양력에 따른 "신정"만을 지키도록 했다. 광복 후에도 양력이 기준력으로 사용됨으로써 양력설은 1989년까지 제도적으로 지속되었다. 음력설인 고유의 설은 '민속의 날'이란 이름으로 단 하루 공휴일이었으며, 이중과세라는 명목으로 오랫동안 억제되어 왔다.

그렇지만 우리 민족은 고유의 명절을 포기하지 않았으며, 그로 인해 1989년 2월 1일 정부가 '관공서의 공휴일에 관한 규정'을 고쳐 설날인 음력 1월 1일을 전후한 3일을 공휴일로 지정, 시행하여 이젠 설날이 완전한 민족명절로 다시 자리 잡았다. 2008년 설날은 2월 7일이며 연휴기간은 2월 6일부터 8일까지이다.

작년 12월 아이들 학교에서 온 편지에 2008년 새 학년이 시작한 후 2월 15일 Welcome Back Night에 참가를 권유하는 안내문이 있었다. 올해의 주제는 "Chinese New Year"이다. 아시안 이민자 자녀들이 상당수 있는 학교에서 음력설을 주제로 행사를 갖는 것은 반가운 일이지만 왜 음력설이 "Chinese New Year"가 되어야 하는가 하는 평상시의 의문이 다시 일었다.

　새로운 한 해의 시작은 정도의 차이는 있지만 어느 나라에서나 모든 사람들이 기뻐하고 서로의 소망을 빌어 주는 명절이다. 단지 차이는 양력 혹은 음력에 따라 날짜가 달라지는 것뿐이다. Australian New Year 따로 있고 Irish New Year 따로 있는 게 아니듯, Korean New Year와 Chinese New Year가 다른 것이 아니라 음력에 따른 한 해의 시작을 기념하는 것이다. 음력설을 명절로 지키는 아시아의 나라들은 한국과 중국을 비롯해서 부탄, 말레이시아, 몽골, 네팔, 필리핀, 싱가폴, 타일랜드, 베트남 등이 있는데 마치 중국인들만의 명절로 인식되는 것은 옳지 않다.

　점점 다문화되어 가는 호주사회에서 각각의 문화를 지키고 보존하는 일은 필요하지만 여러 민족 공통의 행사는 개방해서 함께 만들어가려는 노력이 필요하다. 음력설을 각 민족이 별도로 Korean New Year, Vietnamese New Year, Chinese New Year 등으로 경쟁하듯 하기 보다는 "Lunar New Year"라는 이름으로 함께 기념하는 게 훨씬 바람직하다.

　큰 규모의 차이나타운이 있는 샌프랜시스코를 비롯한 미국 대도시에서의 Chinese New Year는 오래 전부터 그들 고유의 행사로 자리 잡았기 때문에 바꿀 수 없겠지만 호주는 이제 시작하는 단계이므로 학교뿐 아니라 각 지역 카운슬의 음력설 행사를 여러 아시안 이민자들이 공동으로 준비해서 만들어 가도록 해야 한다. 그럼으로써 각 아시안 이민자 공동체들은 서로에 대한 이해의 폭을 넓히고 함께 협력하는 소중한 기회를 갖게 된다. 무엇보다도 호주 주류사회에 대해 아시안은 곧 중국인이라는 편견을 버리고 그 안에 여러 다양한 민족과 문화가 있음을 인식시킬 수 있다.

　　　　　　　　　　　　　　　　　　　　　　　　신앙과 신학 사이

하지만 음력설을 "Lunar New Year"로 바꾸는 일은 쉬운 일이 아니다. 이미 호주의 많은 언론들과 학교, 지역 카운슬 등에서는 음력설을 별 생각 없이 Chinese New Year라고 부르는 게 보편화되어가고 있다. 따라서 지금부터라도 우리들을 비롯한 아시안 이민자들이 부단히 관련기관에 문제제기를 하지 않으면 이러한 추세를 바꾸지 못할 것이다. 필자의 경우 아이들 학교의 교장 앞으로 편지를 보냈으며 다른 학교에서도 비슷한 사례가 있을 것 같아 교육부에 같은 내용의 편지를 보낼 계획이다.

만일 문제제기를 할 경우 한 가지 염두에 두어야 할 것은 이 문제를 인종차별(Racial Discrimination)로 주장하기 보다는 경솔함(Carelessness) 혹은 문화적 무지(Cultural Ignorance)라고 함으로써 불필요한 긴장조성이나 반작용을 피해야 한다는 사실이다. 호주 주류사회의 입장에서 다양한 문화적 이슈들에 대해 별다른 의도 없이 경솔한 편견이나 단순한 무지에 빠질 수 있으며 이것을 바로잡는 것은 각 이민자 공동체들의 책임이기 때문이다. 한인교민사회에서도 우리의 이민역사나 규모를 억지로 내세우기보다는 실질적인 우리의 목소리를 다양한 경로로 호주사회에 전달하고 주류사회의 편견과 무지를 바로잡는다면 우리의 이민역사와 규모는 자연히 알려지지 않을까?(2008.1)

한국인의 자존심과 긍지는 어디에 있는가?

가을로 접어드는 시드니의 5월은 너무나 아름답고 평화스럽다. 멀리 린필드가 보이는 교회 사택의 이층에서 이른 아침 안개가 자욱한 숲을 바라보면 마치 모든 세상이 평안과 고요에 잠긴 것 같은 착각에 빠진다. 하지만 벌써 며칠째 나의 마음은 허탈하고 참담해서 도저히 이 멋진 가을 아침을 차분히 맞이할 수 없다. 납덩이 같은 무거운 가슴을 안고 Mozart의 Requiem(진혼곡)을 듣는다. 20년 전에 떠난 조국이지만 그동안 힘들게 지켜왔던 한국인의 자존심과 긍지에 마지막 작별을 고하며.

2002년 말 교환목회로 인해 체류 중이던 캐나다의 워털루에서 설레는 가슴으로 맞이했던 전임 대통령의 당선 소식과는 달리 새 대통령은 지나온 행적이 너무나 분명했기에 애초부터 아무런 기대도 소망도 없었지만 국내 정치현안들은 제쳐 두고라도 취임 두 달 만에 주요 외국과의 관계에서 국가적인 자존심과 국민들의 긍지를 이렇게까지 비참하게 무너뜨릴 줄은 몰랐다.

한미동맹의 복원이라는 시대착오적이고 무뇌적인 구호를 들고 미국 대통령의 전용별장에서 부부가 하룻밤 지낸 대가로 한국의 안보와 경제와 국민건강의 모든 주권을 미국에 넘겨주고 나니 그가 주장하는 머슴이

신앙과 신학 사이

누구의 머슴을 말하는지 모를 지경이다. 완전히 성역이 되어버린 주한미군과 무기구매 문제는 말할 필요도 없지만 논란이 증폭되고 있는 쇠고기협정은 도대체 한국이 최소한도의 권리를 행사하는 주권국가인지 미국의 식민지인지 구별하기가 힘들다.

자국민의 건강에 위협이 될 가능성이 조금만 있어도 수입을 중단하고 현지에 조사단을 파견해 자체적인 검사를 하는 것이 국가의 당연한 권리이자 의무가 아닌가? 그런데 미국에서 광우병이 발생해도 한국은 수입을 중단할 수 없다면 그건 완전한 불평등 계약이다. 더구나 정권인수 과정에서부터 영어교육을 떠들어서 온 나라를 시끄럽게 했던 사람들이 국가 간 계약에서 중요한 내용은 모두 빠뜨리고, 미국 대사관이 정리해서 보내준 연방 관보의 내용조차 제대로 해석을 못해서 망신을 당하면서도 미국의 입장을 옹호하기 바쁜 정부관리들을 보는 일은 해외교민들에게조차 견딜 수 없는 고문이다. 한국의 주권은 어디에 있는가?

새 대통령의 일본 방문은 더욱 가관이었다. 일본에서 태어나 자랐던 어린 시절의 기억이 생생해서였을까? 일본 왕을 만나서 부부가 함께 겸손히 머리를 조아리면서 한국을 찾아와 줄 것을 간곡히 요청했다. 정신대를 비롯해서 일본 식민지 지배의 악몽에 아직도 치를 떠는 수많은 국민들이 있고, 지금도 한국의 아리따운 딸들이 인신매매조직에 팔려 일본에서 폭력배들과 AIDS 보균자들의 싸구려 성 노리개로 몸과 마음이 망가져 가는데 무조건 일본을 용서하고 과거는 잊어버린 채 무슨 실용을 하겠다는 말인가? 아무런 생각 없는 그의 행동에 힘입어 일본 정부는 재빠르게 독도는 일본 땅을 다시 외치고 있다. 한국은 과연 주권을 지킬 의지가 있는가?

서울에서 벌어진 올림픽 햇불 달리기(Torch relay)는 한국 주권의 현주소를 온 세계에 널리 알린 국치의 사건이었다. 중국 영사관이 한국 전역에서 실어 나른 중국 유학생들이 집회 신고도 없이 서울 한복판에 모여 소수의 친티벳 시위대와 주위에 있던 한국인들에게 폭력을 행사한 어처구니없는 일이 벌어졌다. 새 정부가 들어선 이후 국내의 시위대에는 백골단을 투입해 무차별 진압에 나선 경찰이 편협한 민족주의에 사로잡힌 중국인들의 무분별한 폭력은 방관하고 심지어 전경이 다치는데도 가만히 있었다는 사실은 도저히 믿기지 않는다. 도대체 한국의 경찰은 누구를 위한 경찰인가?

폭력사태 후 이 일은 선량한 중국 유학생들의 정의의 행동이었다는 중국 외교부 대변인의 말은 중국 유학생들보다도 더 폭력적이며 그들의 오만은 하늘을 찌른다. 폭력가담자는 CCTV 녹화를 분석해서 형사처벌하고 추방해 상처받은 한국인들의 자존심을 세워 주겠다던 정부의 단호한 발표는 그 후 아무런 소식이 없다. 겨우 중국 유학생 한 명을 찾아서 신청한 사전구속영장이 서울동부지법에서 기각되던 자리에, 13억 중국인민 중에서 한 사람 폭력용의자의 권익을 지키기 위해 참석한 중국 대사관의 조등우 영사는 한국 언론이 편협하다고 뻔뻔스런 훈계를 했다.

한국인들의 자존심과 긍지는 어디서 찾아야 하는가? 외국과의 관계에서 한국민들의 자존심과 긍지를 높여 주는 지도자는 정녕 없는가? 무엇 때문에 한국은 늘 외국의 눈치만 보며 언제까지나 불평등과 손해를 감당해야 하는가? 무너져 내리는 가슴을 쓰다듬으며 Jennifer Warnes와 Leonard Cohen이 부르는 "Joan of Arc"의 볼륨을 한껏 높인다. 혹시 한국 땅에서도 조국을 위기에서 구하고 자신은 결국 불타 죽은 쟌다르크가 나오려는가. (2008.5)

신앙과 신학 사이

나는 왜 촛불을 드는가?

지나온 한국역사를 뒤돌아보면 자랑스러움보다는 슬프고 부끄러운 일들이 더 많은데 그중에서도 가장 가슴 아픈 일은 주변 강대국들에게는 한없이 약했던 국가권력이 자국민들에게는 온갖 폭정과 수탈을 일삼았다는 사실이다. 이조 시대만 보더라도 왕권이나 양반계급에 대항해서 반대의 목소리를 내고 개혁을 주장한 사람들은 예외 없이 반역죄로 몰려 귀양을 가거나 능지처참 등 극형을 당했고 본인들뿐 아니라 3족(친가, 외가, 처가가 아니라 3대에 걸친 친족을 말함)을 멸하는 연좌제로 친척들까지 몰살을 당했다.

외국인인 일본인들이 한국을 강점했던 일제 시대는 더 말할 필요가 없을 정도로 권력은 국민들의 숨통을 억눌렀고 이것은 해방된 후에도 전통 아닌 전통이 되어 국가권력에는 무조건 순종해야만 살아남는다는 것을 국민들의 무의식 속에 깊숙이 집어넣었다. 그토록 바라던 해방 조국에 불어 닥친 사상논쟁의 광풍은 여러 정권이 반대파를 근원적으로 제거하여 무소불위의 권력을 국민들에게 각인시키는 최고의 도구였고, 거꾸로 지난 10년 동안에는 권력을 잃어버린 수구보수 세력이 집권층을 공격하는 단골메뉴였다. 흔히 "좌파정권"으로 매도되는 지난 10년 동안 많은 공과가 있었지만 내가 꼽는 제일의 치적은 오랜 세월 그 땅을 모질게도 짓눌렀던 서슬 퍼런 국가권력을 국민들 곁에서 때로는 농담도 나누고 때로는 싸우기도 하는 격의 없는 친구로 만들어 버렸다는 사실이다.

서울에서 2008년 5월 초부터 시작된 미국 쇠고기 수입반대 촛불집회는 이러한 국가권력에 대한 국민들의 변화된 인식을 극명하게 보여주고 있다. 불의와 부정을 보더라도 권력에 맞서 절대로 싸우지 말라는 비겁한 교훈을 받았던 이전 세대들과는 달리, 촛불집회를 처음 시작한 중고등학생들과 청년들은 이렇게 국가권력의 변화된 토양 위에서 자유로운 의사발표와 토론문화를 통해서 자신을 드러낸다. 40차례가 넘는 집회를 치르면서 쏟아져 나오는 수많은 구호들을 보면서 이 변화의 거대한 흐름을 느끼지 못하면 감각이 마비된 사람이다. 도대체 그 딱딱한 헌법 제1조를 신나게 노래하면서 대통령에게 경고를 보내는 10대들은 얼마나 귀여우면서도 무서운가? 화염병과 돌멩이 대신 촛불을 들고 춤추며 시위하는 그들은 앞으로 이 나라를 새로운 창의력과 신선한 역동성으로 이끌고 나갈 주역들이다.

따라서 이들을 바보, 천치, 정신이상자라 부르는 자들이 바로 바보, 천치, 정신이상자이다. 아름답고 사랑스런 이들에게 물대포를 쏘아 고막을 터뜨리고 잔인하게 군화발로 짓밟아 촛불을 강제로 끄려는 자들이 바로 사탄의 무리들이다. 순수한 마음으로 평화로운 집회를 갖는 이들에게 사상의 굴레를 씌우고 배후세력에게 조종당한다고 모함하는 이들이 바로 그 사상의 굴레에 갇혀서 권력에 눈 먼 배후세력에게 조종당하고 있는 것이다. 인터넷으로 뉴스만 보는 내가 무슨 근거로 이렇게 말할 수 있을까?

지난 일주일 동안 하이드 파크에서 열린 세 번의 촛불집회에 아이들과 함께 참가하면서 나는 새롭게 촛불을 경험할 수 있었다. 첫째, 촛불은 내

신앙과 신학 사이

게 마음에 소망이 있는 사람만 들 수 있다는 것을 일깨워 주었다. 촛불은 우리 마음의 순수한 소망으로 태우는 것이다. 마치 예전 우리의 어머니와 할머니들이 간절한 소망으로 정한수를 떠놓고 천지신명께 빌었듯 촛불집회는 단체로 국민적인 소망을 비는 거룩한 자리이다. 상한 갈대를 꺾지 않고 꺼져 가는 등불을 끄지 않으며 진리로 공의를 베푸는(이사야 42:3) 하나님에 대한 소망을 가지고 나는 촛불을 밝힌다.

촛불은 또한 평화를 사랑하는 마음이다. 자신의 의견을 평화 가운데 주장할 수 있는 사람들이 촛불을 든다. 스쳐가는 바람결에 흔들거리고 무심코 내뱉는 숨결에도 꺼져 버리는 연약한 촛불은 편견과 독선과 폭력을 용납하지 못한다. 6월 10일 백만 개의 거대한 촛불들이 행진하는 사진을 보았는가? 백만 개의 촛불들은 주위의 모든 것을 잔인하게 녹여 버리는 용광로가 된 것이 아니라 각자의 독립성을 유지하면서도 서로를 인정하고 포용하는 하늘의 은하수가 되어 평화 가운데 거대한 국민적 함성을 "명박산성" 너머 푸른 기와집으로 쏟아 부었다.

촛불의 또 다른 가르침은 평등이다. 촛불의 불꽃은 초의 크기에 관계없이 똑같이 빛난다. 오히려 굵은 초는 시간이 지날수록 자기 자신에 파묻혀 빛을 내지 못한다. 촛불을 드는 순간 우리 모두는 평등한 존재이며 우리 속에는 누구나 똑같이 진리의 빛이 타고 있음을 직감하게 된다. 우리들이 소유의 많고 적음이나 지위의 높고 낮음으로 다른 사람들을 평가해서는 안 된다는 것을 촛불은 내게 다시금 가르쳐 준다. 평등의 진리를 추구하는 사람들이 촛불을 밝히며, 촛불을 드는 순간 평등은 사상이 아니라 일상의 삶이 된다.

무엇보다도 촛불의 진정한 힘은 바로 자기희생이다. 촛불은 스스로를 태워 주위를 밝힌다. 촛불집회의 근본적인 파괴력은 참가자 모두의 자발적인 참여와 봉사에서 나온다. 누군가 청소년들을 동원한 후 목돈으로 초를 사서 나눠주고 배후세력이 행동계획을 세워서 인도한다는 삼류소설만도 못한 이야기를 하는 사람들에게서 현 시국의 본질적인 해결책을 기대하는 사람은 없다. 누구나 아는 가장 확실한 방법은 그들이 직접 촛불을 들고 집회에 참여해서 촛불의 진정한 의미를 경험하면 되는데 그게 과연 가능할까?(2008.6)

2011.9 뉴욕 가족 여행

신앙과 신학 사이

코미디 천국

2MB 정부의 남은 4년 7개월이 정말 기대된다. 점입가경이요 대기만성이라. 도대체 새 정부가 들어서고 하루에 몇 번씩 인터넷으로 뉴스를 봐도 그때마다 새로운 사건으로 관심을 집중시키니 그 소재와 출연진의 다양함이 정말 놀랍다. 쇠고기 문제만 하더라도 대통령으로부터 장관들, 한나라당 의원과 당직자들, 청와대 비서관에 이르기까지 하는 말마다 뉴스거리가 되고 들끓는 여론에 기름을 부었다. 지난 정부 탓으로 돌리는 것도 한두 번이고, 시행착오나 경험부족도 한두 달이면 족하다. 근본적인 문제는 무엇일까?

문제의 핵심은 대통령에게서 한 나라의 수반으로써 진실됨과 진정성이 전혀 보이지 않는다는 것이다. 21세기 대한민국에게 주어진 문제들 중 어느 하나도 쉽고 간단하게 해결될 수 있는 것은 없다. 대통령을 비롯한 정부의 책임자들은 이러한 문제들 하나하나마다 끝까지 고민하고 최선을 다해서 국민들의 어려움을 들어 주고 고통을 최소화하려고 노력하면서 가능한 정책을 제시하고 다양한 의견을 수렴하는 모습을 보여 줄 때 국민들은 100%까지는 아니더라도 그 정부를 신뢰하고 의지하게 된다.

하지만 지난 5개월 동안 현 성부가 보여 준 모습은 힘들고 어려운 문제들을 너무나 쉽고 단순하게 처리하는 무식함과 천박함만을 보여 주었다. 지배세력의 이러한 모습 앞에서 촛불들은 우리의 선조 민중들이 그랬듯 이것을 해학과 풍자로 승화시켰다. 하지만 촛불문화제에서 보는 코미디의 뒷맛은 늘 떫고 슬프다. 상식과 이성을 무시하는 코미디는 가상의 세계일 때는 재미있지만 그것이 매일 대해야 하는 일상의 삶이기에 너무나 힘들다.

일본정부의 중학교 사회교과서 학습지도요령 해설서에 독도영유권 주장이 수록되자 모든 언론은 2MB 정부의 실용외교는 4전4패라고 규정지었다. 미국, 중국, 북한에 이어 일본까지 어떻게 한 나라의 외교정책이 외교문외한이 보기에도 아무런 준비, 계획, 원칙 그리고 배짱 없이 추진되어 국제적인 망신거리가 되는지 처참할 따름이다. 실용외교의 일관된 패턴은 먼저 숙이고 들어가 모든 이권을 쥐어 주고 난 후 버림받는 것인데, 이것을 남녀사랑으로 비유하자면 결국 "사랑에 속고 돈에 울고"가 아닐까?

자국의 금강산 관광객이 북한군 총을 맞고 피를 흘리며 죽은 당일 오후에 국회개원 연설에서 아무 일 없었다는 듯 태연히 대북대화를 제의하는 대통령의 모습은, 한미 FTA를 위해 국민건강은 아랑곳하지 않고 쇠고기 수입문호를 하루 아침에 열어 준 것처럼 역시 코미디 천국의 주연으로써 전혀 손색이 없다. 수많은 국민들의 반대에도 불구하고 미국 쇠고기 고시를 강행하고 미국 축산업자들의 빠른 이익확보를 위해 쇠고기를 공개시식하면서 한우보다 맛있다고 떠벌리는 국무총리, 국회의원들, 그리고 재계와 의료계 대표들 역시 생각 없는 주연배우의 무뇌적인 조연들로 완벽한 팀을 이룬다.

　　　　　　　　　　　신앙과 신학 사이

천주교 정의구현 전국사제단의 시국미사에 이어 7월 3일 진보적인 개신교 목사 1,000여 명이 기독교계 시국기도회를 개최하자 기다렸다는 듯이 촛불집회 종료 서명운동을 기독교 목사 9,000명의 이름으로 발표했다. 마치 촛불집회 참가목사의 9배가 되는 목사들이 반대한다는 의미를 주려는 의도겠지만 사실 이 명단은 자원봉사자 40명이 45,000명의 목사들에게 전화를 걸어서 의사를 물어본 여론조사에 불과하며 그중 20%의 동의만 받았으니 결국 나머지 80%는 촛불집회를 지지한다는 의미가 아닐까?

급박히 돌아가는 촛불정국의 와중에 단역으로 출연해서 반짝인기를 끈 코미디언은 3조 6천억 재산의 "부유한 노동자" 국회의원이다. 그는 예전에도 여러 번 언론을 통해 자신의 존재를 확인시켜 주었지만, 6월 말 한나라당 대표경선 후보토론에서는 버스값이 70원 아니냐고 대답해 역시 크게 될 인물임을 보여 주더니 며칠 후 전당대회 정견발표에서 70원 발언을 만회하려고 보란 듯이 버스요금 T머니를 높이 꺼내들었는데 그것이 청소년용으로 드러나 여러 사람을 넘어가게 만들었다.

쇠고기 수입과 관련된 코미디에서 빠질 수 없는 조연들은 흘러간 "공안정국"편을 재방송하느라 바쁜 경찰과 검찰이다. 보수언론에 대한 광고 끊기 소비자 운동을 막으려고 인터넷 포탈사이트와 기사의 댓글을 수사해서 일부 누리꾼들을 출국금지 시킨 후 검찰은 "조선일보 서초지국"이라는 애칭으로 불린다. 노무현 정권에서는 방자히 대통령의 권위에 도전하면서 검찰권 독립을 주장하더니 하루 아침에 지난 날 지겹도록 보아왔던 권력의 시녀로 납작 엎드려 이제는 방송 프로그램 수사로 바쁘다.

종교계의 참어로 촛불집회가 평화롭게 다시 타오르자 경찰은 평화시위라도 모든 야간집회는 불법이며 엄단하겠다고 밝혔다. 이 후 바로 인터넷에는 2005년 당시 야당이던 한나라당 주도로 사학법 개정반대 야간 촛불집회에 엄숙한 표정으로 시청 앞에서 촛불을 들고 서있던 당시 이명박 서울시장과 박근혜 의원의 사진이 공개됐다. 이런 국민들을 30년 전의 녹슬고 이끼 낀 사고방식으로 엄히 다스리겠다고 몽둥이를 치켜든 권력의 손은 정녕 아무런 부끄러움도 못 느끼는가? 호주에 살면서 매일 한국의 코미디 천국을 보는 일 자체가 정말 한 편의 코미디이다. (2008. 7)

2010 East Killara Uniting Church

신앙과 신학 사이

옛 친구를 만나고 나서

오랜만에 만나는 옛 친구는 역시 정겹다. 2008년 7월 말 미국에서 일하는 대학친구가 호주에 출장 와서 우리 집에서 함께 즐거운 시간을 보냈다. 대학을 졸업하고 한국에서부터 시작해서 몇 년 전에는 미국 본사로 옮겨 같은 회사를 25년이 넘게 다니고 있는 친구이다. 그가 한 회사에서 일했던 동안 지나간 나의 사회생활을 뒤돌아본다.

1975년 적성에 맞아서라기보다는 당시 한국사회에서 수요가 높았던 전자공학과에 입학해 40여 명의 친구들과 함께 공부를 시작했다. 1979년 졸업 후 바로 대덕에 있는 연구소 컴퓨터 센터에서 프로그래머로 일을 시작해서 7년의 시간 동안 세 곳의 직장을 다녔다. 1986년부터 미국 LA에서 유학생으로 3년을 살면서 여러 곳에서 아르바이트를 했고 1989년 말 호주이민을 위해 한국으로 돌아와 이듬해 잠시 몸담았던 직장동료를 통해서 아내를 만나 겨우 노총각 신세를 면할 수 있었으니 졸업 후 10년 동안 일한 곳만 해도 셀 수가 없다.

1991년 3월 신혼의 살림을 접고 호주로 기술이민을 와서 시드니에 정착했다. 낯선 곳에서 새로운 사람들을 만나면서 직장을 구하려고 1년 반의 시간을 보낸 후 우리들이 결국 찾은 것은 새로운 일터가 아니라 새로운 일을 하게 하시는 하나님이었다. 내 삶의 주인이 내가 아닌 것을 깨닫고 하나님의 부르심에 따라 1993년부터 신학과정을 시작해서 1996년 12월 결혼 6주년 기념일에 목사안수를 받게 될 줄을 누가 알았으랴.

이제 목회를 한 지 12년이 되었으니 직업으로 본다면 내 삶에서는 제일 오래 되었지만 한 직장을 계속 다닌 그 친구에 비하면 너무나 짧은 세월이다. 이번에 삼성전자 부사장으로 진급한 다른 대학동창 역시 한 직장을 계속 다녀 성실함과 능력을 인정받은 좋은 경우이다. 더구나 대학에서의 전공분야에서 한 평생 일하는 동창들에 비하면 나는 그동안 몇 번의 변신을 했는지 모른다. 그들과 달리 끈기가 부족하고 집중하지 못하는 내 성격에 목회를 이만큼이라도 감당하는 것은 전적으로 하나님의 은혜이다.

이번에 다시 만나면서 대학 시절에는 알지 못했던 그 친구의 여러 부분을 발견하게 된 것도 새로운 즐거움이다. 30여 년의 세월이 흐른 후에 보는 친구는 예전에 알던 친구보다 훨씬 세심하고 자상하며 가정적이다. 호주출장을 오면서 헤어진 지 일주일 된 아내를 애틋하게 그리워하고 딸의 자상함과 대학에 들어간 아들의 의젓함을 너무나 뿌듯해한다. 함께 식사를 하고 와인 잔을 기울이면서도 감추어지지 않는 그의 꼼꼼함과 섬세함은 전통적인 "경상도 사나이"의 모습이라고 보기 어렵다.

다음 날 핌블의 본사에서 그를 다시 만나 잠시 시간을 내어 야외로 드라이브를 나갔다. 그는 자신의 모든 짐을 작은 여행용 가방에 넣어 어디든지 가지고 다녔다. 물론 그의 가방에는 출장업무에 필요한 노트북 컴퓨터와 서류들, 그리고 여러 여행도구들이 들어있으니 그에게는 매우 소중한 물건이었다. 커피를 마시려고 프리웨이의 휴게소에 들렀을 때도 그

신앙과 신학 사이

는 가방을 들고 차에서 내렸다.

커피를 마시는 중에 화장실을 다녀오면서도 가방을 가져가는 그를 보니 그의 조심성이 조금은 지나치다 싶은 생각이 들었다. 다시 차에 오르면서 그에게 이곳 호주는 아직까지는 안전한 편이고 내가 18년째 살고 있지만 아무런 사고가 없었고 특히 휴게소같이 잠시 들르는 곳에서는 전혀 걱정하지 않아도 된다는 것을 말해 주었다. 그 역시 전적으로 공감하면서도 만에 하나 그가 가방을 잃어버렸을 때의 상황이 너무나 염려스러워 약간은 불편하더라도 늘 가방을 가지고 다니는 것을 아예 원칙으로 정했단다.

가방에 들어 있는 여권은 현지의 미국대사관을 찾아가서 여러 과정을 거치면 그나마 재발급을 받을 수는 있겠지만, 수많은 회사 정보들과 업무 자료들이 들어있는 노트북과 서류파일들은 도저히 복구할 방법이 없으니 아무리 안전하다고 하는 곳에서도 그가 가는 곳마다 가방을 들고 다니는 것이 마음 편하다고 덧붙였다. 평소 조금씩 노력해서 불의의 사고를 예방하는 것이 그의 삶의 철학이었고 원칙인 것을 나는 깨달았다.

마찬가지로 일어날 가능성이 거의 없는 사고라 하더라도 그 결과가 감당할 수 없을 정도로 파국적이라면 우리들은 특별한 주의를 기울이는 것이 당연한 일이다. 개인으로 보면 비행기 추락으로 죽을 확률은 자동차 사고의 경우보다 훨씬 적지만 비행기 사고의 파급범위가 워낙 크기 때문에 현재 전세계적으로 모든 공항당국은 아무리 작은 사고의 경우에도 철저히 대비하고 엄청난 예산과 인원을 들여 기체점검과 보안검색에 최대한 노력하고 있다.

광우병은 초식동물인 소에게 동물성사료를 먹임으로써 시작되었다. 비용절감과 육질을 높이려는 축산업자들의 이기심에서 비롯된 광우병은 결국 인간의 탐욕이 어떻게 자연질서를 파괴하고 전인류에게 재앙을 불러왔는지를 보여 주는 대표적인 경우이다. 뒤늦게 사태의 심각성을 깨달은 각 나라 정부들의 노력으로 광우병의 확산은 줄어들고 있지만 아직도 그 위험은 상존하고 있다. 광우병에 대한 일반인들의 반응이 일면 지나친 면도 있지만 여기에는 분명한 근거와 함께 아직도 그 욕심을 버리지 못하는 축산업자들과 그들의 이익를 철저히 대변해 주는 미국정부가 있음을 잊어서는 안 된다.

광우병을 일으키는 변형프리온은 한번 인체에 들어오면 없앨 수도 없고 아주 소량으로도 발병이 되며 더 큰 문제는 그 잠복기간이 10-40년에 이르기 때문에 현재 얼마나 많은 사람들이 감염되었는지 알아내기가 매우 어렵다는 것이다. 즉 광우병의 속성을 알면 알수록 우리들이 두려움을 갖게 되는 것은 너무나 당연하다. 그럴 가능성은 거의 없지만 가방을 잃어버리면 겪게 될 어려움이 너무 크기 때문에 지나치리만큼 조심하는 그 친구를 누가 비난할 수 있겠는가? 아무리 가능성이 희박하더라도 비행기 사고를 방지하려는 공항당국의 철저한 보안검색을 누가 잘못됐다고 하겠는가?

따라서 무조건 미국정부를 믿으라는 한국정부의 태도는 맹신도들이 모인 교회에서라면 모를까 국민건강을 책임져야 할 주권국가의 자세는 결코 아닐뿐더러, 전수검사를 하는 영국이나 일본과는 달리 축산업자들의 압력으로 전체 사육소의 1%도 검사하지 않는 미국의 현실을 무시하는 무책임하고 어리석은 짓이다. 마치 지난 수십 년 동안 큰 비행기 추락사고가 없었으니 귀찮은 보안검색을 하지 말고 안심하고 미국국적 비행기를 타라고 한국정부가 국민들에게 선전하는 꼴이다.

결국 한 개를 얻겠다고 열 개, 백 개를 아무 생각 없이 내주는 2MB 정부의 단순 × 무식 × 용감함과, 강자만을 위한 정책을 집행하려는 뻔뻔함에 맞서 나는 시드니에서 작은 촛불을 든다. 광우병으로부터 자식들의 건강을 염려하는 부모들의 마음과, 눈에 넣어도 아프지 않을 손자들의 건강한 삶을 기원하는 할아버지 할머니들의 애틋한 마음이 너무나 당연하고 옳다는 것을 보여 주기 위해 나는 시드니에서 친구들과 함께 촛불을 든다.

자국의 축산업자들의 이익을 보호하기 위해 다른 나라의 수많은 사람들의 건강과 생명을 위험에 빠트리면서 온갖 압력을 통해 불평등한 계약을 강요하는 자칭 기독교인 대통령을 둔 타칭 기독교 국가인 미국의 비기독교적이며 반기독교적인 횡포에 맞서 나는 시드니에서 나의 기독교적인 양심에 따라 바람을 맞으며 촛불을 든다.

무엇보다도 하나님의 창조의 귀한 생명이며 인간들에게 그들의 몸을 늘 식량으로 제공해 주는 충직한 소들의 최소한의 존엄성과, 도살된 동료 소들의 부산물과 죽은 송아지까지도 창조의 질서를 거슬러 갈아 먹이는 잔인한 인간들의 비윤리성을 알리고 온 우주 만물들이 하나님의 창조질서를 따라 겸손히 살아갈 것을 촉구하기 위해 나는 시드니에서 나의 작은 촛불을 밝힌다. (2008. 9)

518 정신의 시대적 사명과 계승적 의의

　겨울로 접어드는 늦가을의 호주 시드니에서 한국의 5월을 추억하는 일이 점점 쉽지 않음을 느낍니다. 제가 태어난 달인 한국의 5월은 봄의 끝자락에서 눈 부시게 푸르른 신록의 계절이었던 것으로 기억합니다. 그러나 하늘이 주신 이 축복의 계절이 서로 다른 여러 모습으로 518을 겪고 현재를 살아가는 저희들에게는 정도의 차이는 있겠지만 "심적 외상 후 스트레스 장애"(Post Traumatic Stress Disorder)의 후유증으로 가끔씩 먹먹해지는 그런 계절이 되어버렸습니다. 물론 수많은 518 유가족들의 지금까지도 생생한 아픔과 서러움에 비할 수는 없겠죠.

　하지만 2014년 5월은 지나간 그 어떤 5월보다도 저희들 모두에게 더욱더 슬프고 처절한 고통의 시간의 연속이 되어 버렸습니다. 지난 4월 16일 이래로 만 한 달이 넘는 시간 동안 눈에 넣어도 아프지 않을 자식들과 가족들이 침몰하는 세월호에 갇혀 서서히 물속에서 죽어가는 모습을 무기력하게 바라보아야만 했던 가족들과 전국민들 모두 엄청난 심적 외상을 당했고 그 후에 다가오는 스트레스로 인한 장애로 아파하고 있습니다. 자식과 가족을 잃은 슬픔 중에 맞이해야 했던 어린이 날과 어버이 날은 그들 모두에게 또 얼마나 힘들었을까요? 이제 그 와중에서 518 민주화운동을 추억하며 기념하는 일은 정말 강인한 인내와 정신력을 필요로 합니다.

세월호 참사와 518의 광주를 연결 짓는 일은 아마도 어떤 사람들에게는 예수와 부처를 연결하려는 것처럼 생뚱맞은 일인지 모르겠습니다. 기독교의 예수와 불교의 부처가 도대체 무슨 연관이 있단 말입니까? 그러나 지난 2004년부터 종교간 대화모임에 참여하고 있는 저는 예수와 부처가 둘이 아니라 한 분이라는 생각을 자주 합니다. 즉 어떤 관점에서 보느냐에 따라 전혀 관계가 없기도 하고 결국 같은 사람처럼 생각되기도 합니다. 내 종교만의 입장에서 보는 사람들은 예수와 부처는 전혀 다른 두 사람일 뿐이지만, 나만을 생각하며 살아가던 우리들에게 이웃을 돌아보고 돌보며 살아가는 사랑과 자비의 깨달음을 주신 분이라는 관점에서 본다면 예수와 부처는 둘이 아니라 하나입니다.

세월호와 518은 전국민들에게 엄청난 심적 외상을 준 사건이라는 면에서 일단 공통점이 있지만 실제적인 사건의 내용에서도 공통점이 있을까요? 세월호의 비극은 우리들에게 무엇을 일깨워 줍니까? 선장과 선원들이 문제입니까? 안전을 희생해서라도 이익을 추구하는 해운사들이 문제입니까? 자리를 보존하고 서로를 돌봐 주는 공무원과 관련기관 임직원들이 문제입니까? 재난안전대책을 제대로 수립하지 못하고 감독하지 못한 대통령과 장관들이 문제입니까? 그러나 침몰하는 배에 갇혀 서서히 물에 빠져 죽어 가는 자식들을 바라보아야만 했던 부모들의 심정에서 생각한다면 이들 모두의 잘못입니다. 아니, 유가족들은 이들 모두가 그렇게 오랫동안 잘못하는데도 그냥 내버려 두었던 자신들의 잘못이라고 말하고 있습니다. 즉 세월호 참사는 우리 사회의 근본적인 변화와 지속적인 개혁이 필요함을 말해 줍니다.

그렇다면 518의 광주는 우리들에게 무엇을 일깨워 줍니까? 현장에서 무고한 양민에게 발포명령을 내린 장교들과 만행을 저지른 공수부대원들이 문제였습니까? 정권욕에 사로잡힌 정치군인이 문제였습니까? 무기력한 당시 대통령과 각료들, 이기적인 정치인들이 문제였습니까? 한국군의 작전지휘권을 갖고 있으면서도 이들의 부대이동과 민간인 학살을 철저히 묵인방조한 인권과 정의의 수호천사 미국이 문제였습니까? 자국 땅에서 자신들의 세금으로 운영되는 자국군인들의 총에 아들과 딸과 형제자매들과 가족들을 잃은 518 유가족들의 심정에서 생각한다면 이들 모두의 잘못입니다. 아니, 이들 모두가 잘못하도록 그냥 내버려 두었던 우리 모두의 잘못인 것입니다.

따라서 518 민주화운동은 동시대를 살았던 우리 모두에게 그리고 그 후에 태어나 살아가는 모든 세대들에게 인권, 민주, 정의, 자주의 소중함을 알려 준 민족 대각성의 불세례 경험이었습니다. 아울러 오랜 독재통치에 젖어 무기력함에 빠져 있던 국민 모두에게 부당한 권력에 대한 시민 저항과 불복종운동을 일으킨 민족계몽의 사건이었습니다. 518 민주화운동으로 인해 한국은 진정한 민주화의 길로 들어서는 근본적인 변화와 개혁이 가능케 되었던 것입니다.

장례식과 추도식에서 우리들은 슬픔 중에 고인을 추억하고 주고받은 사랑에 감사하는 것으로 끝나는 것이 아니라 앞으로의 삶에서 우리들이 이루어 가는 가족과 더불어 주위의 여러 이웃들과 함께 못다한 사랑과 용서를 나누며 살겠다는 다짐을 하게 됩니다. 마찬가지로 518 민주화운동 추모기념식에서도 우리들은 희생자들의 넋을 기리고 그들의 숭고한 희생으로 오늘 우리들이 누리는 인권과 민주, 정의와 자주에 감사하며 아직도 고통 중에 있는 남은 유가족들을 기억하는 것으로 끝나서는 안 됩니다.

21세기에 걸맞지 않는 과거의 권위주의, 남성중심주의, 지역혈연 연고

신앙과 신학 사이

주의, 학벌중심주의 등 수많은 개혁의 과제들을 감당하고, 아직도 사회 곳곳에서 어른거리는 청산되지 못한 친일, 친미, 반통일, 독재의 잔재들을 없애고, 가진 자들의 무한탐욕을 부추기는 신자유주의를 철저히 규제하고 부의 공정한 분배를 이루며, 현재와 미래 정부들의 부당한 정책입안, 부정한 정책집행 그리고 마땅히 감당해야 할 책임을 방기하는 무능을 철저히 감시감독하는 일들이 518 추모기념식에서 우리들이 해야 할 다짐들입니다.

하지만 일생일대의 대오각성과 개과천선도 살아가면서 점점 마음이 약해지고 유혹에 흔들리게 되며, 하늘의 신비를 육신으로 맛보는 성령의 불세례도 시간이 지나면 느낌이 흐려지고 땅의 평안에 안주하게 됩니다. 결국 518 영령들에게 빚진 우리들이 살아남아 세상과 유혹 중에서 흔들리지 않고 오늘의 다짐을 이루어 나가는 길은 끊임없이 1980년 5월 18일의 광주로 돌아가는 것입니다.

그날의 함성, 피 끓는 외침, 정당한 요구와 불의에 대한 항거에 돌아오는 것은 터지는 최루탄과 울리는 총성, 그 와중에 계엄군의 총탄이 머리를 관통해 피투성이가 된 채 죽어가던 23살된 5월의 신부 만삭의 최미애와 그의 몸 속에서 거세게 발길질을 하던 태아, 차갑게 식어가는 두 생명을 끌어안고 길바닥에서 울부짖던 어머니이자 할머니였던 김현녀 씨는 계엄군이 주검까지 뺏어간다는 소문에 서둘러 시신을 리어카에 싣고 공동묘지에 가매장한 후 계엄사에서 검시를 해야 한다고 해 18일 만에 다시 딸의 주검을 파헤친 후 망월동에 묻었으니 세상에 그렇게도 모진 어머니의 운명이 어디 또 있겠습니까?

하지만 아무리 힘들어도 우리들이 1980. 5. 18의 광주로 순례의 길을 가고 또 가는 것은 허망한 복수의 칼을 갈기 위함이 아니라 그것이 오늘을 살아가는 우리들의 사명을 다시금 되새기고 감당케 하는 힘이 되며, 근본적으로 우리 국민들 모두의 마음에 깊이 새겨진 심적 외상을 치유하는 길이기 때문입니다. 심적 외상은 시간이 지나면서 자연히 치유되고 없어지는 것이기 보다는 다시금 그 외상을 기억하고 찾아가서 그 의미를 찾고 그것에서 나의 존재이유를 찾고 나의 나아갈 길을 찾고 내가 그 길을 갈 때 비로소 온전히 치유되기 때문입니다. 한국사회의 인권과 민주, 정의와 자주의 확립은 사회의 당연한 발전을 위함일 뿐 아니라 광주민주화운동에서 받은 우리 국민들 모두의 심적 외상 후 스트레스 장애를 없애 주는 근본적이고 효율적인 집단 치료의 길입니다.

오늘의 추모기념식 역시 또 다른 광주로의 순례의 길임을 믿으며 우리의 사명을 되새기고 아울러 치유함을 받는 자리가 되기를 간절히 기원합니다. (시드니 한인회 518 추모기념식 2014. 5)

자녀를 통해 주시는 하나님의 놀라운 은혜

1991년 3월 저희 부부는 호주 시드니에 기술 이민(컴퓨터 프로그래밍) 온 후 바로 시드니 한인연합교회에 등록하고 출석하기 시작했습니다. 34살과 30살의 당시로는 상당한 노총각 노처녀가 만나 결혼하고 3개월 만에 낯선 곳에 이민 와서 집과 직장과 살림 장만 보다도 더 급했던 것은 자녀출산이었습니다. 이미 한참 늦은 나이였지만 그래도 하루라도 더 늦기 전에 아이를 낳아야겠다고 마음먹었고 또 얼마든지 할 수 있다고 생각했습니다.

하지만 다른 바쁜 일도 없었던 신혼부부는 교회의 모든 예배와 모임에 참석하면서 점점 자녀출산도 육신의 의욕이 아니라 신앙의 의지가 필요하다고 느끼기 시작했습니다. 그리고 그에 대한 신앙의 갈급함 보다도 저희 부부는 목회의 소명을 더 강하게 느끼기 시작했습니다. 1991년에 이어서 1992년 말까지 일 년 반을 거의 자녀를 위한 기도와 아울러 서서히 우리들을 사로잡는 목회소명을 위해 기도하면서 저희들은 육신의 일보다는 신앙의 일이 먼저임을 깨달았습니다.

기도와 자문의 과정을 거쳐 1993년 2월 호주연합교회 신학교(United Theological College, North Parramatta)에 등록하고 아무런 사전준비와 훈련도 없었던 신학과정을 영어로 시작했습니다. 1993년 6월 거의 2년을 기다렸던 첫 임신이 11주만에 유산으로 끝나면서 저희 부부에게는 감당키 힘든 시련과 고난의 시기가 되었지만 같은 해 다시 임신이 되면서 1994년 5월 결국 은혜의 열매인 딸 Christine(은실 恩實)과 감격적인 만남을 가졌습니다. 늦은 나이에 정말 어렵게 은실이를 만난 저희 부부는 더 이상의 자녀에 대한 기대가 없었던 가운데 신학 4년차인 1996년 5월 은혜의 기쁨인 둘째 아들 Stephen(은희 恩憙)를 덤으로 만나게 되었습니다.

1996년 12월 목사안수를 받고 첫 임지인 Armidale로 이사를 가던 저희 부부는 마치 창세기 31장 밧단아람에서 얻은 자식들과 짐승 떼를 거느리고 가나안으로 돌아가는 야곱이 된 것 같았습니다. 1999년 3월 시드니로 돌아온 저희 부부에게 하나님은 넘치는 자녀의 복을 주셔서 은혜의 덕 셋째 딸 Rachel(은덕 恩德)까지 만날 수 있었습니다. 한때는 자녀가 없어 한인연합교회의 여러 교우들과 더불어 합심기도하던 가정이 세 자녀가 되었으니 마음 한편에 이제 자녀 출산보다는 목회에 더욱 전념해야겠다는 생각에 아내와 상의 후에 제가 수술을 받았습니다. 하지만 2002년 8월 넷째 아들을 낳은 후에 비로소 하나님의 계획을 인간의 생각으로 바꿀 수는 없다는 것을 깊이 깨달았습니다. 그리고 그를 은혜의 놀라움 Joshua(은경 恩驚)으로 이름 지었습니다.

지나간 저의 삶에서 전혀 하나님을 모르고 신앙 없이 살다가 교회출석을 하면서 하나님은 알지만 신앙의 깊이를 모르던 시절을 지나 신앙과 목회에 전념하게 된 것처럼 자녀가 하나도 없던 가정에 은혜의 열매가 찾아오고 은혜의 기쁨을 누리게 되며 은혜의 덕을 쌓고 끝내 넘치는 은혜의 풍성함에 놀랄 만큼 은혜를 베푸시는 하나님을 찬양하며 진정한 감사를 드립니다. 그리고 이렇게 한 가정에 베푸시는 하나님의 은혜의 역사에 시드니 한인연합교회와 신실한 교인들이 함께하셨음을 아울러 감사드립니다.

2024년 2월 현재 네 자녀 모두 20대를 지내며 각자 자신의 분야에서 일과 학업을 계속하고 있어 늘 감사한 마음입니다. 지나간 15년을 크리스틴은 피아노, 스티븐은 트럼펫과 드럼, 레이첼은 첼로 그리고 죠슈아는 바이올린과 피아노로 교회예배에서 반주를 했고, 완전 독립한 스티븐을 제외하고, 현재도 세 자녀들은 거의 매주 제가 섬기는 교회에서 악기로 봉사하고 있습니다.

"여호와께 감사하며 그 이름을 불러 아뢰며 그 행사를 만민 중에 알게 할지어다(시 105:1)"
(시드니한인연합교회 50주년 기념 2024. 2)

《신앙과 신학 사이》의 출간에 이르기까지

내가 철이 들어 기독교를 처음으로 접하게 된 것은 1972년 미션스쿨이었던 신일고의 채플에서였다. 월요일 첫 시간이었는데 당시엔 종교의 자유가 없던 시절이니 의무 규정이었고 매년 영락교회로 수양회를 가곤 했다. 반면 의무규정은 아니었지만 친구들을 따라서 몇 차례 일요일 교회에 가서 정식으로 예배를 드리기도 했고 특히 독실한 기독교인이었던 친구와 YFC(Youth for Christ)서클에도 몇 차례 갔던 기억이 있다. 하지만 믿음이나 구원에 관한 체계적인 설명이나 논리를 듣고 이해하거나 동의하는 일 없이 그저 어깨너머로만 구경하는 수준이었다.

고3 때 어머니께서 교통사고를 당해 여러 달 병원에 입원하셨고 당시옆 침대 환자를 심방 오신 목사님의 인도로 퇴원 후 교회 출석을 시작하셔서 나도 대학 입학 후 1975년부터 동생들과 더불어 삼선감리교회에 나가기 시작했다. 대학생이 되었지만 신앙적 이해나 믿음의 확신은 여전히 없는 상태에서 성가대에 참여하면서 또래의 남자 여자 친구들과 어울리는 게 교회 출석의 이유가 되었다. 몇몇 친구들과 더불어 나 역시도 술, 담배를 하곤 했지만 교회라는 틀 안에서 교제와 활동이었기에 크게 문제가 되거나 심각한 사고는 없었다. 대학에 다니는 동안 대학 친구들보다도 고등학교 친구들과 자주 만나면서 음주가무에 빠져 학업에는 전혀 흥미가 없었다.

　대학졸업 후 1979년 9월부터 대덕연구단지와 그후 서울의 연구소들에서 컴퓨터 프로그래밍을 7년 가까이하면서 사회생활을 이유로 교회는 어쩌다 한번 나가게 되었고 신앙과는 아무런 인연이 없는 것처럼 생각되었다. 그렇게 지내던 1986년 8월 가정 사정으로 인해 별 준비도 의지도 없이 유학생 신분으로 외갓집 식구들이 있는 미국 LA에 가서 3년을 지내게 된다. 서른이 넘은 나이에 미혼으로 취직도 못하고 학업에 전념하지도 못하는 어정쩡한 상태에서도 몇 군데 교회를 다녔지만 늘 그랬듯 성전의 마당만 밟고 다녔지 한 번도 지성소 안에까지 들어가는 신앙의 경험과 깨달음을 구하는 노력과 의지는 여전히 없었다.

　미국에 있으면서 여름방학에 고국을 방문 중 호주대사관에 이민신청을 하고 1989년 대사관의 재인터뷰 요청에 따라 1989년 말 미국 생활을 정리하고 귀국하여 호주이민을 본격적으로 준비하게 되었다. 1990년 호주대사관에서 가비자를 받고 바로 이어서 아내를 만나 2주 만에 서류수속을 위해 혼인신고를 마쳤다. 1990년 12월 8일 친구들 중에서는 마지막으로 결혼을 하고 가비자 수령 후 6개월이 되기 바로 전인 1991년 3월 호주 시드니에 도착했다. 만 서른에 처음 한국을 떠난 이래 본격적인 호주이민 생활의 출발은 숨가쁘게 시작되었고 특히 아내를 통한 신앙의 도전은 이전에 어디에서 어느 누구로부터도 받은 적이 없었다.

　이제 와서 보면 당시는 우리에게 닥칠 변화와 변혁의 거대한 폭풍우가 서서히 몰려오기 직전의 긴장된 시기였지만 시드니에 둥지를 튼 나이 먹은 신혼부부의 이민생활은 매우 느리고도 여유롭게 시작되었다. 우리는 시드니 스트라스필드의 한인연합교회를 찾아 등록하고 넉넉하지는 않았지만 정부로부터 바로 복지수당을 받으면서 느긋하게 프로그래머 구직 활동에 함께 나서기로 했다. 결혼 전 LA에서 3년 동안의 외국 생활 경험이 있던 나는 아내와 함께 시작하는 호주 이민을 인간적인 노력보다는 신앙의 힘에 의지해서 풀어 나가고 싶은 마음이 강하게 들었다. 어떻게 이런 생각을 하게 되었을까?

처음 아내를 만나고 시드니에 도착하기까지 6개월 동안 이미 우리는 일상의 삶에서 신앙을 어디에 적용하고 하나님의 뜻을 어떻게 이루어 가야 하는지 서로 대화하고 하나씩 실천하는 가운데 드디어 나는 나도 모르는 사이에 신앙의 여정을 시작하게 되었다. 신일고 채플을 통해 처음 접한 기독교의 주변을 배회하다 19년 만에 나는 마침내 믿음의 열차에 올라탈 수 있었다. 하지만 아직 하나님의 자녀가 되고 예수의 제자의 길을 온전히 떠난 것은 아니었다. 시드니에서 본격적인 신앙의 훈련과 소명의 확신은 교회의 구역예배 참여와 활동을 통해서였다.

신실한 구역인도자와 믿음의 가족들과의 예배와 교제, 토론과 독서를 통해서 나는 비로소 거대한 신앙의 바다를 향해 조금씩 헤엄쳐 나아가게 되었다. 신앙의 깨달음 위에서 바로 술과 담배를 끊었고 가정예배를 드리면서 조그만 신앙의 불꽃을 키우는 한편 매주 금요일 구역예배는 그동안 가져왔던 의문에 대해 토론하고 이해를 쌓아가는 귀한 자리가 되었다. 돌보아야 할 자녀도 생업을 위한 직업도 없이 신혼부부는 오로지 교회출석, 가정예배, 수요예배, 구역예배, 독서와 토론, 부흥회 참석, 그리고 찬양과 기도로 드넓은 호주대륙 위에서 1년 반의 시간을 오직 신앙만을 위해 살았고 결국 1992년 말 부르심을 확신하기에 이르렀다.

다른 모든 일과 마찬가지로 믿음의 세계에서도 한 단계에 도달하면 끝이 아니라 다음 단계로 넘어가야 하는 법. 소명의 확신은 어떤 무엇을 이룬 것이 아니라 그 앞에 더 큰 것이 기다리고 있다는 하나의 표지판일 뿐이라는 것을 이제야 깨닫는다. 소명의 확신 뒤에 곧바로 따라오는 질문은 - 그럼 무엇을 할 것인가? 여러 신앙의 선배와 동료들은 신학을 추천했지만 아무런 사전지식과 준비가 없는 상태에서 나는 신학이라는 학문이 주는 중압감과 경외감으로 인해 선뜻 나설 수 없었다. 나 같은 사람이, 지금 이 나이에, 어디서, 어떻게 공부를 하고 누구와 함께 무슨 일을 할 수 있을까?

어느 것 하나 분명하고 확실하게 말해 주는 사람도 없고 찾아가서 물어볼 곳도 없는 상태에서 그러나 가만히 앉아서 기다릴 수는 없었다. 이제는 분명한 기도의 제목을 가졌으니 가정예배와 개인기도 시간에 집중적으로 하늘의 뜻을 구하는 한편 아무도 없는 아파트에 아내 혼자 두고 멀리 떨어진 곳에서 기도처소를 구해 일주일씩 금식기도를 다녀오기도 했다. 결국 1993년 2월 내가 속한 호주연합교회(Uniting Church in Australia)의 신학교(United Theological College, North Parramatta)에 등록을 하고 신학의 완전 문외한이 영어로 신학공부의 첫발을 내디뎠다.

1972년 신일고 채플에서 어렴풋이 시작된 나의 신앙 여정을 21년 후 이 억만 리 떨어진 곳에서 호주인 동료들과 함께 걸어가게 되리라고는 전혀 상상할 수 없었다. 하지만 37세의 나이에 완전히 새로운 곳에서 아무런 사전지식도 없이 영어로 신학을 한다는 것은 분명 엄청난 고난의 길이었지만 다른 한편으로는 축복이었다는 사실을 목회를 시작하면서 조금씩 깨닫게 되었다. 아무런 사전지식이 없다는 말은 말 그대로 머리 속에 이미 들어있는 신학에 관한 지식이 없다 보니 배우는 내용을 임의로 재단하지 않고 그대로 받아들였다는 사실이다. 물론 배우는 내용이 전혀 수긍

이 되지 않았으면 학업을 중단했을 수밖에….

특별히 호주연합교회는 장로교회, 감리교회 그리고 회중교회가 1977년 연합하여 만들어진 호주 유일의 개신교회로써 한인들에게 많이 알려진 장로교회, 감리교회와 유사한 부분도 있지만 여러 면에서 고유한 신학, 조직과 체계, 목회와 목양의 방법으로 인해 호주에 도착한 한인교인들과 목회자들이 다양한 어려움을 겪게 되는 것도 사실이었다. 어쨌든 아무리 기도로 준비했어도 처음부터 풀타임으로 공부를 시작할 수는 없어 파트타임으로 등록을 하고 대망의 신학생의 길을 걷게 되었다. 결국 통상 3년이 걸리는 과정을 나는 4년에 걸쳐 마치고 1996년 12월 8일 결혼 6주년 기념일에 목사안수를 받았다.

신앙의 관점에서 1990년 12월 결혼을 하고 1996년 12월 목사안수에 이르기까지 6년의 결혼기간을 뒤돌아보면서 나는 깊은 감회에 젖어들게 된다. 신앙적 깨달음과 아무런 이해도 없이 결혼생활을 시작해서 아내로부터의 도전과 아울러 호주이민의 삶을 신앙으로 개척해 보겠다는 무모함이 더해져 시드니에서 신앙의 바탕을 뒤늦게 갖춰 나갔고 4년의 신학과정을 마치고 안수목회를 시작하기에 이르렀다. 특별히 감사했던 것은 6년 전 종교교회의 결혼식에서 주례를 맡으셨던 나원용 감독 목사님께서 목사안수식에 참석하셔서 직접 권면의 말씀을 주셨던 일이다. 결혼 후 우리의 모든 변화와 새 삶은 온전히 하나님께서 하신 일이라는 보증을 하신 셈이다.

가정적으로도 1996년 12월까지 지나간 6년 결혼기간 동안 1993년의 유산, 1994년 첫딸 크리스틴과 1996년 첫아들 스티븐이 태어나는 슬픔과 기쁨이 이어졌다. 이후 첫 임지 아마데일(Armidale)에서 2년의 사역을 마치고 시드니로 돌아와 1999년 셋째 레이첼을 만날 수 있었고 이후 기적적으로 2002년 넷째 죠슈아까지 더해 주셔서 늦게까지 풍성한 자녀의 복을 누리게 되었다. 1997년 1월부터 시작한 나의 목회는 나름 기쁨과 고난의 연속이었다. 한 교회에서의 장기적인 사역이 아니라 주로 50% 목회를 두 군데에서 때로는 한 곳을 맡아 여러 지역에서 다양한 목회를 경험하면서 신학적 묵상(Theological Reflection)의 많은 기회를 갖게 되었다.

사실 이러한 경험을 칼럼으로 정리하고 인터넷과 시드니의 교민매체에 여러 해에 걸쳐 발표한 것이 《신앙과 신학 사이》를 출간하게 된 직접적인 요인이다. 신학과 목회란 결국 하나님의 자녀들과 만남과 대화를 이어 가면서 경험하는 다양한 기쁨과 슬픔과 고민을 하나님의 말씀으로 뒤돌아보고 오늘 우리들의 삶을 거룩한 타자의 눈으로 재해석하려고 애쓰는 끊임없는 몸부림이라는 관점에서 볼 때 나의 글쓰기도 신학과 목회의 일부분임은 분명하다.

아울러 칼럼을 발표하면서 독자들로부터 주로 이메일을 통한 다양한 반응이 있었는데 특히 호주연합교회 한인교회 협의회 명의로 2004년 6월 25일 호주일보에 실린 전면광고 형식의 성명서는 내 생애 최고의 훈장이 되었다. 2004년 6월에 발표한 칼럼 "나는 왜 부처님 오신 날 절에 가는가?"에 대한 반론형식의 성명서는 사전에 당사자인 나에게 아무런 접촉도 없이 일방적으로 발표되었고 그 내용은 일반인들의 상식에도 미치지 못하는 인격모독성의 광고지 수준으로 처음에는 내 눈을 의심할 만큼 경악스러웠다.

하지만 같은 목회자들이 무엇 때문에 이러한 자해성의 전면광고를 교인이 목회를 위해 드린 헌금을 이용해서 일반신문에 실었는지 이해하는

데는 긴 시간이 필요하지 않았다. 내 글을 읽은 교인들의 반응과 질문에 대해 다문화/다종교화하는 현대사회에서 좀 더 포용적이고 열린 자세로 함께 신앙의 길을 걸어가도록 권유하는 대신, 합리적 믿음을 적대시하고 악마화하는 배타적 자세가 순수하고 바른 신앙이라고 고집해 온 그들이 취할 수 있는 유일한 해결책이었기 때문이다. 결과적으로 같은 호주연합교회에 속한 교회와 목회자들이라도 어떤 신학과 목회철학을 따르느냐에 따라 도저히 화합할 수 없는 길을 걷게 된다는 것을 깨달았다.

성 명 서

지난 2004년 6월 11일 한국신문에 이영대 목사
(Old Toongabbie 호주연합교회)가 쓴
"나는 왜 부처님 오신날, 절에 가는가" 라는 칼럼에 대하여,
호주연합교회 한인교회 협의회는 다음과 같이 입장을 밝히며,
이영대 목사가 하나님과 교회 앞에 진실하게 회개하기를 촉구한다.

본 성명서는 이영대 목사의 글을 통해, 사랑하는 우리 교민들이 기독교와 호주연합교회에 대하여 혼동을 가져오거나 잘못 이해 또는 오해할 위험성이 매우 크다고 생각하여, 기독교에 대한 올바른 진리를 밝히기 위하여 호주연합교회 한인교회 협의회의 이름으로 작성하였음을 밝힌다.

먼저 호주연합교회소속 목사인 이영대 목사가 그릇된 신앙노선과 잘못된 인본주의적 판단 기준으로, 하나님과 여러 교회, 그리고 여러 성도님들과 교민여러분의 건전한 신앙생활에 큰 상처를 주었음을 매우 가슴 아프고 최송스럽게 생각하며, 동역자로서 잘못된 길로 가고 있는 이영대 목사를 초심에 바로잡기 못한 우리들의 잘못을 이 자리를 빌어 하나님께 회개한다.

먼저, 이영대 목사가 한 "나는 왜 부처님 오신날, 절에 가는가" 라는 글은 하나님의 말씀인 성경의 권위와 무오성(완전하신 하나님의 감동으로 씌어진 성경에는 잘못된 것이 존재하지 않음)을 부인하고 있으며, 무엇보다도 기독교의 가장 핵심적인 가르침인 "구원론"을 부인하고 있는 듯, 기독교의 근본을 인정하지 않음은 물론이요, 다란히 종교론을 주장하고 인간의 지성과 감성을 하나님보다 우선하는 인본주의적 사고방식을 표방으로써, 자칫 본인이 최선의 종교인양 행사를 하며, 본인의 입터리 기독교 신앙관을 글로 주장하는 매우 위험한 발상을 하고 있는바, 이영대 목사는 본인의 잘못됨을 하나님과 교회 앞에 진정하고 하루속히 회개하기를 호주연합교회 한인교회 협의회는 강력하게 촉구하는 바이다.

성경은 1600년에 걸쳐 40여명의 기자(성경은 사람에 의해 기록되어졌으나 자신의 생각과 의견을 쓴 것이 아니라 하나님의 감동으로 기록된 것이므로 저자가 아닌 기자라는 표현이 더 정확하다)에 의해 쓰여진 책이다. 그러나 성경은 기자가 누구이든, 어느 시대에 기록되었던지 모두 하나님의 영(성령)의 인도하심에 따라 기록한 것으로 모든 내용이 일맥상통하고 잘못 기록된 것이 전혀 없으며 더우기 시대와 장소를 초월하여 오늘날도 말씀을 읽고 묵상하는 사람이나, 사회나, 국가에 하나님께서 변화를 일으키서는 권위가 있다. 하나님의 살아있는 말씀이지, 이영대 목사가 주장하는 따라 저자들이 편견을 가지고 자기의 주관적인 입장을 기록한 바구어 책이 결코 아니다.

또한 성경은 이 세상 죄를 사하시고 하나님과 우리 인간과의 관계를 회복시키기 위하여 하나님의 아들이신 예수님께서 이 땅에 오셔서 십자가에서 우리를 대신하여 죄값을 치루었기 때문이며, 이 세상에 있는 유일한 구원의 방법은 예수 그리스도를 나의 구주로 영접하는 믿음을 가지는 것 밖에 없음을 말합한다. 이영대 목사는 자비를 통한 진정한 사람과 평화에 대한 가르침이 너무나 귀중하다고 하셨는데, 구원을 받지 못한 이 세상의 사랑과 평화는 단지 이 땅에서 잠시 감정적으로 느끼는 사랑과 평화에 불과할 뿐이지 영원히 지속되는 참된 사랑과 평화가 될 수가 없다. 진정한 사랑과 평화는 예수님을 나의 구주로 고백하고 날마다 성령의 인도하심에 따라 살아갈 때 누릴 수 있는 하나님께서 주시는 복이기 때문이다.

진리는 비교로 얻어지는 것이 아니다. 따라서 최선이 아니라 유일한 신만이 진리가 될 수 있다. 이영대 목사가 주장하는 것과 같이 수많은 종교들을 연구하고 비교하여 결론에 도달하여 선택한 종교라면 그 종교는 이미 진리가 아니다. 하나님은 유한한 존재인, 사도적 증거이고, 오직 구원은 예수 그리스도만께 선택한 신이라면 어떤 전지전능한 신이 될 수 있을 것인가? 그 것은 하나님에서 가장 싫어하시는 우상에 불과할 것이다. 진리는 천지를 만드시고 오늘도 살아서 역사하시는 선하신 하나님 한분 밖에 없다. 하나님은 우리가 선택할 대상이 아니라 우리가 하나님에서 선택한 대상이므로 우리는 하나님을 믿고 예배를 드린다.

호주연합교회는 세계의 모든 교회와의 유대 하에, 그리스도의 선물이며, 그리스도의 교회를 향하는 뜻인, 하나 됨을 증거 하고자 하며, 성경이 유일한 계약인, 사도적 증거이고, 오직 구원은 예수 그리스도만께 선택한 임을 고백하며, 다시 한번 물의를 일으킨 이영대 목사의 글이 교민사회에 누를 끼치게 됨을 심히 유감스럽고 최송스럽게 생각하고 조속한 시일 내에 하나님의 용서하심으로 이영대 목사가 참된 목자의 길로 돌아오기를 기도 드린다.

2004년 6월 25일

호주연합교회 한인교회 협의회
회장 지태영 목사와 회원교회 목사 일동

《신앙과 신학 사이》는 이렇게 양립 불가능한 신학노선과 목회철학 사이에서 오로지 목회자들이 전하는 소위 "하나님의 말씀"만을 절대적 진리라고 믿고 따르도록 강요받는 현대의 교인들에게 좀 더 변화되고 새로워지는 삶과 신앙을 수용하는 한편 전통적이고 합리적인 성경해석과 말씀적용에서 벗어나지 않는 대안을 제시하는 일을 추구한다. 왜냐하면 믿음과 은혜만을 지나치게 추구해 온 한국교회는 이제 믿음과 은혜의 영양과잉을 넘어 중독 상태에 빠진 지 오래되었기 때문이다. 결국 그 기저에는 물질적이고 육신적인 복을 사모하는 맹목적인 신앙만이 중요하고 신학적 사색과 이해를 추구하는 믿음(Faith Seeking Understanding)은 백해무익이라는 편견이 굳게 자리 잡고 있다.

반면에 우리에게 절실히 필요한 것은 신앙과 신학은 배타적이 아니라 상호보완적이라는 사실이다. 신앙이 시대에 뒤떨어진 무속과 기복으로 흐르지 않으려면 그 신앙을 신학적으로 사색하고 이해하려는 노력이 필수적이다. 마찬가지로 신학이 추상적이고 사변적으로 흘러 생명을 잃어버리지 않으려면 건전한 믿음과 은혜의 뒷받침이 필요하다. 믿음과 은혜만을 강조하다 보면 성경해석은 문자주의에 갇히고 때로는 신비주의에 빠져 성경의 글자들을 초월하여 역사하는 하나님 안의 예수를 보지 못하게 되고, 신학에만 몰입하면 마음은 굳게 닫히고 공감을 상실한 채 자신만의 높고 견고한 성안에 갇히게 된다.

《신앙과 신학 사이》는 전체적으로 세 부분으로 이루어져 있다. "1부 전통의 새로운 해석과 적용"에서는 전통적으로 중요시해 온 교회와 신앙의 여러 주제들을 다루면서 그것을 지속하도록 권유하는 동시에 그 의미와 실천방식에 파격적으로 새로운 이해와 방향을 제시하는 일에 초점을 맞춘다. 즉 그 본래의 의미와 목적을 잃어버리고 기계적이고 맹목적으로

하는 신앙생활이 아니라, 균형 잡힌 성서해석학적 기반에서 성경 전체에 흐르는 정신을 최대한 존중하는 새로운 이해와 실천을 강조한다.

"2부 전통의 다른 해석과 적용"에서는 여러 현대적 주제들에 대해서 마찬가지로 일관된 성서해석학적 자세를 견지하지만 전통적인 교리와는 완전히 반대되는 혁명적 결론을 제시함으로써 큰 논란이 되었다. 왜냐하면 이러한 현대적 주제들에 관련된 성경의 일부 구절들을 전통적인 문자적 해석만을 따르게 되면 우리들은 변화된 시대상황과 일반인들의 보편적 인식과는 완전히 괴리되어 화석화된 박물관의 교리만을 붙들고 있게된다.

이것을 바로잡기 위해서 비록 문자적 해석과는 다르더라도 성경의 기저에 도도히 흐르는 자유, 평등, 해방, 정의, 용서, 사랑, 인권 등의 '기독교적 핵심가치'(Christian Ethos)에 합당한 성서해석을 따랐다. 즉 이들 성경구절의 문자적 해석이 성경의 기본정신과 충돌이 있을 경우 우리들은 문자적 해석에 어긋나더라도 그보다 더 중요한 핵심가치를 따라야 한다는 것이 나의 결론이다.

"3부 신앙과 삶 그리고 교회"는 한 신앙인으로써 이 시대를 살아가면서 느끼고 경험했던 여러 이야기들과 서평 그리고 많은 한인들에게 생소한 호주연합교회를 소개하는 내용이다. 전체적으로 볼 때《신앙과 신학 사이》는 서른 살 이후 40여 년을 이민자로 그리고 목회자로 살아가면서 다양한 신앙적 그리고 신학적 렌즈들을 통해서 교회와 세상을 바라보고 경험한 후 뒤돌아본 나의 이야기들이다.

문자적 해석과 성경의 기본정신과의 관계를 널리 알려진 아기와 목욕통 이야기로 비유하자면 목욕통을 잃지 않기 위해 아기를 목욕물과 함께 버려서는 안 된다는 것이다. 진짜 중요한 것은 한 생명이지 아기를 담은 목욕통이 아니기 때문이다. 그 대표적인 예로 2부에서 동성애에 관한 칼럼이 세 편이 있는데 이것은 여러 현대적 주제들 중에서도 여전히 한국에서 논란이 크고 아직까지도 많은 신앙인들이 넘지 못하는 커다란 장애물이 되고 있다. 그 이유는 일부 잘못 해석되는 부분들을 제외하더라도 몇몇 성경구절들은 문자적으로 볼 때 동성애를 반대하고 정죄하는 것은 분명하기 때문이다.

하지만 성경에 문자적으로 표기되어 있다고 해서 그것을 그대로 하나님의 말씀이라고 단정짓는 것은 위험하고도 잘못된 성경해석이다. (참조: 나는 왜 게리 집에 갔는가?, 나는 왜 동성애를 수용하는가?, 호주연합교회와 동성애) 이들 칼럼에서 지적했듯 우리들은 성경의 여러 구절들을 문자적으로 따르지 않고 있는 게 엄연한 사실이다. 물론 성경의 대부분은 문자적으로 읽고 해석해도 전혀 문제없고 우리들의 삶과 신앙 여정에 너무나 귀한 말씀들이지만 일부는 수천 년 전의 문화적 편견과 현대의 과학적 상식에 비추어 오류임이 명백하기 때문에 막무가내로 이들 모두 거룩한 하나님의 말씀이라고 우기게 되면 점점 기독교는 사회에서 도태되고 극단적 사이비 이단 집단으로까지 전락하게 된다.

호주는 세계 23번째로 2017.12.9 호주연방하원에서 압도적 표차로 동성결혼을 합법화했다. 2001 네덜란드를 시작으로 2025.11 기준 동성결혼을 합법화한 39개의 모든 나라들에서 교회와 기독교인들은 어떻게 해야 할까? 더 나아가 아직도 동성결혼이 인정되지 않는 나라에서 교회와 기독교인들은 떳떳이 동성애자들을 차별하고 핍박해도 괜찮은 일일까? 그들의 평등권과 인권은 보호받을 가치가 없고 예수의 사랑의 대상에서 제외되었다고 말할 수 있을까? 현대사회에서 삶의 기본상식과 인간의 존엄성을 그 어떤 이유로도 성경과 교회에서 무시하고 배척한다면 기독교는 더 이상 우리들의 삶을 인도하는 종교가 될 수 없다.

　이 자리를 빌려 《신앙과 신학 사이》의 출간에 큰 도움을 주신 도서출판 좋은땅의 담당자분들께 이 자리를 빌어 진심으로 감사의 말씀을 드린다. 아울러 모든 칼럼들은 이영대의 이름으로 발표되었지만 엄밀한 의미에서 숨겨진 공저자가 있다. 바로 아내인 김성연. 대부분의 칼럼들은 1차로 일주일 정도에 걸쳐 내가 쓰고 나면 아내의 검토 후 치열한 토의를 거쳐 수정의 단계를 1-2주일 동안 수없이 거친 후에 인터넷으로 최종본의 송고를 마쳤기에 실질적으로 모든 칼럼들의 한 줄 한 줄은 우리 두 사람이 함께 썼다고 해야 맞는 말이다. 익명의 공저자인 김성연에게 마음 깊이 감사를 드린다. 아울러 60년 이상의 애증의 시간을 함께 살아온 육신의 형제들인 영희, 영재, 영란, 영미 그리고 영애에게 감사와 사랑을 전한다.

　하지만 뒤늦게 신앙생활을 시작하고 신학과정을 힘들게 마친 후 대단한 목회경력도 없이 여러 해 동안 칼럼을 쓰고 출간까지 하게 된 것은 전적으로 하나님의 은혜임을 고백하지 않을 수 없다. 신앙과 신학의 길은 전체 삶의 과정에서 역사하시는 하나님의 발자취와 인도하고 도우시는 손길을 뒤늦게 발견하는 어리석은 인간들이 반성문을 쓰는 것임을 늘 깨닫는다. 지나간 자신의 삶을 뒤돌아보는 믿음의 길이 계속될수록 더 멀리 그리고 더 깊이 우리들은 과거를 들여다보고 현재를 살아가며 미래를 준비하게 된다. 그 모든 과정 가운데 살아 역사하시는 성령이 함께 하심을 고백하며 주께 찬양을 드립니다.

2025.11.30 호주 뉴사우스웨일즈 자낼리에서 이영대

신앙과 신학 사이

© 이영대, 2026

초판 1쇄 발행 2026년 3월 1일

지은이   이영대
펴낸이   이기봉
편집   좋은땅 편집팀
펴낸곳   도서출판 좋은땅
주소   서울특별시 마포구 양화로12길 26 지월드빌딩 (서교동 395-7)
전화   02)374-8616~7
팩스   02)374-8614
이메일   gworldbook@naver.com
홈페이지   www.g-world.co.kr

ISBN   979-11-388-5503-7 (03230)